Steuer Check-up 2022

Building a better working world

Steuer Check-up 2022

Autoren

Daniel Käshammer
Steuerberater

Dr. Andreas S. Bolik
Steuerberater

Verona Franke
Rechtsanwältin, Steuerberaterin

Dr. Cornelia Kindler
Steuerberaterin

Haufe Group
Freiburg · München

Vorwort

Zum Ende der im Sommer 2021 ausgelaufenen 19. Legislaturperiode hat der Gesetzgeber noch einige steuerliche Gesetzgebungsverfahren zum Abschluss gebracht. Im Fokus der schon länger erwarteten Umsetzung der ATAD-Richtlinie standen etwa die Einführung von Betriebsausgabenabzugsbeschränkungen in Zusammenhang mit hybriden Gestaltungen. Dieses Verfahren wurde auch genutzt, um die Wegzugsteuer neu zu regeln. Hier entschied sich der Gesetzgeber mit seiner „One-Fits-All-Lösung" für eine erhebliche Verschärfung für EU/EWR-Wegzugsfälle.

Beim Körperschaftsteuermodernisierungsgesetz stand neben der Neufassung der Behandlung von organschaftlichen Mehr- und Minderabführungen das Optionsmodell im Fokus, das für Personengesellschaften ein Wahlrecht eröffnet, sich wie eine Kapitalgesellschaft besteuern zu lassen.

Für Furore sorgte in diesem Jahr das Bundesverfassungsgericht mit seinen Entscheidungen zur grenzüberschreitenden Konzernfinanzierung sowie zur Höhe der Verzinsung von Steuererstattungen und Steuernachzahlungen. Während zu ersterem das Verfassungsgericht dem Bundesfinanzhof zu beachtende Punkte bei der Neuaufrollung seines Urteils aufzeigte, verpflichtete es den Gesetzgeber bei der Frage der Zinshöhe, bis Mitte nächsten Jahres für Verzinsungszeiträume ab 2019 eine Neuregelung zu treffen. Zu dem Handling bis dahin hat sich die Finanzverwaltung in einer ihrer zahlreichen Verlautbarungen geäußert.

Dass auch die Zukunft steuerlich spannend bleibt, zeigt ein Blick in den von der neuen Ampelkoalition im November 2021 vorgelegten Koalitionsvertrag. Zu einem „großen Wurf" bei der Unternehmensbesteuerung dürfte es zwar wohl nicht kommen. Zu erwarten sind jedoch klima- und umweltbezogene steuerliche Änderungen sowie eine weitere Digitalisierung des Besteuerungsverfahrens.

Mit dem Steuer Check-up 2022 wollen wir einen für die Praxis wichtigen Überblick über die steuerlichen Änderungen des abgelaufenen Jahres leisten, die Auswirkungen auf den Veranlagungszeitraum 2021 bzw. vorausschauend auf nachfolgende Veranlagungszeiträume haben. Einen Anspruch auf Vollständigkeit kann der vorliegende Überblick schon allein aufgrund der Vielzahl der steuerlichen Neuerungen nicht haben und auch eine sorgfältige Prüfung im Einzelfall nicht ersetzen.

Wie in den Vorjahren ist auch der vorliegende Steuer Check-up eine echte Teamleistung – Dank gilt allen direkt und indirekt Mitwirkenden für ihre engagierte und wertvolle Unterstützung!

Vor der Lektüre des Steuer Check-up können Sie vorab Ihr Wissen zu ausgewählten Neuerungen in einem **Online-Quiz** testen. Das Quiz steht für Sie unter www.haufe.de/experten-quiz zur Verfügung (für die Nutzung des Quizes verwenden Sie bitte folgenden Code: steuercheckup2022).

Auf der Abrufseite https://mybook.haufe.de/code/steuercheckup2022 können Sie sich außerdem auch die elektronische Variante des Steuer Check-up 2022 als **e-PDF** herunterladen (falls nach einem Code gefragt wird: steuercheckup2022).

Bewahren Sie steuerlich den Überblick mit dem Steuer-Check-up 2022!

Freiburg, Stuttgart, Eschborn, Berlin — Die Autoren

Inhalt

Steuerrückblick

1 Das betrifft alle Steuerpflichtigen

1.1 Erhöhung Grundfreibetrag und Kinderfreibetrag

Mit dem Zweiten Familienentlastungsgesetz v. 1.12.2020 (BGBl 2020 I S. 2616) wurde für Familien ab Januar 2021 u.a. das Kindergeld um 15 EUR für jedes Kind (§ 66 EStG) sowie der **Kinderfreibetrag** und der Betreuungsfreibetrag (Betreuungs- und Erziehungs- oder Ausbildungsbedarf) um jeweils 144 EUR auf **2.730 EUR** bzw. **1.464 EUR** (§ 32 Abs. 6 Satz 1 EStG) erhöht. Zudem erhöht sich ab dem VZ 2021 der einkommensteuerliche **Grundfreibetrag** (§ 32a Abs. 1 EStG) um 336 EUR (3,57 %) auf **9.744 EUR**. Eine zahlenmäßig entsprechende Erhöhung erfolgt für den Abzug von Unterhaltsleistungen (§ 33a Abs. 1 Satz 1 EStG). Analog verschieben sich auch die Eckwerte des Einkommensteuertarifs im VZ 2021, und zwar um 1,52 %. Der Spitzensteuersatz in Höhe von 42 % beginnt im VZ 2021 damit ab einem zu versteuernden Jahreseinkommen von 57.919 EUR.

Hinweis

Der **Entlastungsbetrag für Alleinerziehende** (§ 24b EStG) wurde zunächst durch das 2. Corona-Steuerhilfegesetz v. 29.6.2020 (BGBl 2020 I S. 1512) für die VZ 2020 und 2021 befristet auf 4.008 EUR erhöht, ab dem VZ 2022 wurde die Befristung aufgrund einer Regelung im Jahressteuergesetz 2020 v. 21.12.2020 (BGBl 2020 I S. 3096) aufgehoben.

1.2 Behinderten-Pauschbetrag und Pflege-Pauschbetrag

Wegen der Aufwendungen für die Hilfe bei den gewöhnlichen und regelmäßig wiederkehrenden Verrichtungen des täglichen Lebens, für die Pflege sowie für einen erhöhten Wäschebedarf können Menschen mit Behinderungen unter den Voraussetzungen des § 33b Abs. 2 EStG anstelle einer Steuerermäßigung gem. § 33 EStG (mit Einzelnachweis der Aufwendungen) einen Pauschbetrag nach § 33b EStG geltend machen (Behinderten-Pauschbetrag).

Für behinderte Menschen mit einem Grad der Behinderung unter 50 war der Ansatz des Pauschbetrags bisher an bestimmte Voraussetzungen geknüpft, wie z.B.

ein „Anspruch auf gesetzliche Rentenbezüge aufgrund der Behinderung“ und eine „dauernde Einbuße der körperlichen Beweglichkeit“. Mit dem Behinderten-Pauschbetragsgesetz v. 9.12.2020 (BGBl 2020 I S. 2770) sind diese Zusatzvoraussetzungen erstmals ab dem VZ 2021 entfallen. Stattdessen gelten ab VZ 2021 **verdoppelte Behinderten-Pauschbeträge**.

Zugleich wurde die hinsichtlich des Grads der Behinderung veraltete Systematik an das Sozialrecht angeglichen. Daher wird eine Behinderung nunmehr bereits ab einem Grad der Behinderung von 20 (bisher 25) festgestellt und die Systematik in 10er Schritten bis zu einem Grad der Behinderung von 100 fortgeschrieben:

Pauschbeträge VZ 2020		**Pauschbeträge ab VZ 2021**	
Grad der Behinderung von	Pauschbetrag in EUR	Grad der Behinderung von	Pauschbetrag in EUR
		20	384
25 und 30	310	30	620
35 und 40	430	40	860
45 und 50	570	50	1.140
55 und 60	720	60	1.440
65 und 70	890	70	1.780
75 und 80	1.060	80	2.120
85 und 90	1.230	90	2.460
95 und 100	1.420	100	2.840

In einem neuen § 33 **Abs. 2a** EStG wurde außerdem eine **behinderungsbedingte Fahrtkosten-Pauschale** eingeführt, die erstmals ab VZ 2021 gilt. Diese beträgt

- **900 EUR** für Menschen mit einem Grad der Behinderung von mindestens 80 oder mit einem Grad der Behinderung von mindestens 70 und dem Merkzeichen „G“.
- **4.500 EUR** für Menschen mit dem Merkzeichen „aG“, „BL“ „TBL“ oder „H“.

Hinweis

Die Fahrtkosten-Pauschale deckt alle Aufwendungen für die durch die Behinderung veranlassten Fahrten ab einschließlich z. B. der Fahrten mit öffentlichen

Verkehrsmitteln oder Taxis. Darüber hinaus sind **keine weiteren behinderungsbedingten Fahrtkosten** als außergewöhnliche Belastung berücksichtigungsfähig. Die Pauschale ist statt der bisher individuell ermittelten Aufwendungen für Fahrtkosten von Menschen mit Behinderung unter **Abzug der zumutbaren Belastung** zu berücksichtigen.

Für Steuerpflichtige, die eine bedürftige Person pflegen, wurde mit dem Behinderten-Pauschbetragsgesetz außerdem der **Pflege-Pauschbetrag** gem. § 33b Abs. 6 EStG geändert. Ab VZ 2021

- ist die Geltendmachung des Pflege-Pauschbetrags auch unabhängig vom Vorliegen des Kriteriums „hilflos" bei der zu pflegenden Person möglich,
- wird der Pflege-Pauschbetrag bei der Pflege von Personen mit den Pflegegraden 4 und 5 erhöht (von 924 EUR auf 1.800 EUR) und
- wird ein Pflege-Pauschbetrag bei der Pflege von Personen mit den Pflegegraden 2 (600 EUR) und 3 (1.100 EUR) eingeführt.

Hinweis

Voraussetzungen für die Gewährung des Pflege-Pauschbetrags ist neben der häuslichen Pflege, dass der pflegende Steuerpflichtige für seine Pflege keine Einnahmen erhält.

1.3 Übungsleiterfreibetrag und Ehrenamtsfreibetrag

Im Rahmen des Jahressteuergesetzes 2020 v. 21.12.2020 (BGBl 2020 I S. 3096) wurde der Übungsleiterfreibetrag nach § 3 Nr. 26 Satz 1 EStG von 2.400 EUR auf **3.000 EUR** erhöht. Ebenfalls erhöht wurde der Ehrenamtsfreibetrag (§ 3 Nr. 26a Satz 1 EStG), und zwar von 720 EUR auf **840 EUR**. Beide Erhöhungen greifen ab dem VZ 2021.

1.4 Verfassungswidrigkeit der Zinshöhe bei Steuernachzahlungen und -erstattungen

Nach Ablauf der Karenzzeit (grundsätzlich 15 Monate) werden Steuernachzahlungen bzw. Steuererstattungen mit einem Zinssatz von 0,5 % pro Monat verzinst

(§§ 233a, 238 AO). Das BVerfG sieht in der Verzinsung von Steuernachforderungen mit diesem Zinssatz eine Benachteiligung der Steuerpflichtigen, deren Steuer erst nach Ablauf der Karenzzeit festgesetzt wird, gegenüber Steuerpflichtigen, deren Steuer innerhalb der Karenzzeit (und damit ohne Zinsfestsetzung) festgesetzt wird, eine Ungleichbehandlung nach Art. 3 GG. Für **Verzinsungszeiträume ab 2014** sieht das BVerfG die Verzinsung von Steuernachforderungen und von Steuererstattungen in § 233a AO i.V.m. 238 Abs. 1 Satz 1 AO als **verfassungswidrig** an, soweit der Zinsberechnung ein Zinssatz von 0,5 % pro Monat zugrunde gelegt wird (BVerfG, Beschluss v. 8.7.2021, 1 BvR 2237/14, 1 BvR 2422/17).

Hinweis

Dabei wies das BVerfG u.a. darauf hin, dass sich im Jahr 2014 der typisierende Zinssatz von jährlich 6 % bereits so weit vom tatsächlichen Marktzinsniveau entfernt habe, dass er in etwa das Doppelte des höchsten überhaupt noch erzielbaren Habenzinssatzes ausmachte und daher realitätsfern sei.

Trotz der Unvereinbarkeitserklärung der Zinssätze ab 2014 mit dem Grundgesetz ordnete das BVerfG eine Weitergeltung der Norm für Verzinsungszeiträume vom 1.1.2014 bis zum 31.12.2018 an. Für **Verzinsungszeiträume ab 2019** ist dagegen der Gesetzgeber verpflichtet, bis zum 31.7.2022 eine verfassungsmäßige Neuregelung zu treffen.

Hinweis

Eine Erstreckung der Unvereinbarkeitserklärung auf andere Verzinsungstatbestände der Abgabenordnung (z.B. Stundungs-, Hinterziehungs- und Aussetzungszinsen) kommt nicht in Betracht. Jedoch kennt beispielsweise das Einkommensteuergesetz Verzinsungsregeln, die einen Zinsabschöpfungscharakter haben (z.B. § 4 Abs. 4a Satz 3 EStG, anhängig beim BFH unter dem Az. IV R 19/19). Hier bleibt abzuwarten, ob und wie der Gesetzgeber den Beschluss zum Anlass nimmt, auch bei diesen Regelungen Änderungen vorzunehmen.

Beim BVerfG ist derzeit ein Verfahren zur Höhe des **Diskontierungszinssatzes für Pensionsrückstellungen** gem. § 6a Abs. 3 Satz 3 EStG in der 2015 geltenden Fassung anhängig (2 BvL 22/17). Den Abzinsungssatz von 5,5 % für unverzinsliche

Verbindlichkeiten (§ 6 Abs. 1 Nr. 3 Satz 1 EStG) hatte der BFH zumindest für das Jahr 2010 verfassungsrechtlich nicht beanstandet (BFH, Urteil v. 22.5.2019, X R 19/17). Außerdem ist beim BFH derzeit unter dem Az. XI B 44/21 ein Beschwerdeverfahren gegen den AdV-Beschluss des FG Münster v. 5.5.2021 (13 V 505/21, das Jahr 2013 betreffend) anhängig. Das FG Münster hat sowohl für das Jahr 2013 als auch das Jahr 2016 (vgl. Urteil v. 22.7.2021, 10 K 1707/20, Revision zugelassen) keine verfassungsrechtlichen Bedenken an der Höhe des Abzinsungssatzes. Eine andere Auffassung vertritt insoweit das FG Hamburg, das hinsichtlich der Streitjahre 2013 und 2015 ernstliche Zweifel an der Verfassungsmäßigkeit hegt (FG Hamburg, Beschluss v. 31.1.2019, 2 V 112/18).

Hinweis

Betroffene Veranlagungen sollten vor dem Hintergrund der noch anhängigen Verfahren offengehalten werden. Die Bedenken dürften auch auf den Abzinsungssatz für Rückstellungen nach § 6 Abs. 1 Nr. 3a Buchst. e) EStG übertragbar sein.

Mit BMF-Schreiben v. 17.9.2021 (BStBl 2021 I S. 1759) reagierte die Finanzverwaltung auf den o.g. BVerfG-Beschluss. Danach sind sämtliche erstmalige **Festsetzungen von Nachzahlungs- und Erstattungszinsen** für Verzinsungszeiträume **ab dem 1.1.2019** gem. § 165 Abs. 1 Satz 4 AO i.V.m. § 239 Abs. 1 Satz 1 AO **auszusetzen**. Nach rückwirkender Gesetzesänderung soll die Zinsfestsetzung ggf. nachgeholt werden. Ebenso haben die Finanzämter zu verfahren, wenn Zinsfestsetzungen aufgrund von § 164 Abs. 2 AO (Vorbehalt der Nachprüfung) geändert oder berichtigt werden. Werden Zinsfestsetzungen nach anderen Korrekturvorschriften – zugunsten oder zuungunsten des Steuerpflichtigen – geändert oder berichtigt, sind nur die betragsmäßig neu festzusetzenden Zinsen auszusetzen. Damit sollen unangetastete Zinsen weiter vorläufig bleiben, neue Zinsfestsetzungen für Verzinsungszeiträume ab dem 1.1.2019 ausgesetzt werden.

Hinweis

Steuerpflichtige, die Nachzahlungszinsen für Verzinsungszeiträume ab dem 1.1.2019 bereits vor der BVerfG-Entscheidung entrichtet haben und die aus Liquiditätsgründen ein Interesse daran haben, diese vor gesetzlicher Neuregelung erstattet zu bekommen, sollten prüfen, einen Antrag auf **Aufhebung der Vollziehung in Höhe des Zinsanteils für Verzinsungszeiträume ab dem 1.1.2019 zu stellen**. Wird dem Antrag stattgegeben, ist zu beachten, dass von der Vollziehung ausgesetzte Nachzahlungszinsen nach Inkrafttreten der rückwirkenden Gesetzesänderung entsprechend nachzuentrichten sind.

Für Verzinsungszeiträume **bis zum 31.12.2018** sind Festsetzungen für **endgültig** zu erklären. Einspruchsverfahren, ebenso wie finanzgerichtliche Verfahren für Verzinsungszeiträume ab dem 1.1.2019, sind auszusetzen. Einsprüche gegen eine Aussetzung der Festsetzung von Erstattungszinsen für Zinsläufe ab 2019 wird die Finanzverwaltung ablehnen.

Hinweis

Nicht geäußert hat sich das BMF zu weiteren Praxisproblemen, insbesondere der Frage nach einem **Vertrauensschutz** nach § 176 Abs. 1 Satz 1 Nr. 1 AO für **Erstattungszinsen**.

Mit Allgemeinverfügung der obersten Finanzbehörden der Länder v. 29.11.2021 weist die Finanzverwaltung sämtliche bis zum 29.11.2021 anhängige und zulässige Einsprüche gegen Zinsfestsetzungen für Verzinsungszeiträume vor dem 1.1.2019 zurück, soweit mit ihnen der Grundgesetzverstoß der Zinshöhe geltend gemacht wird (entsprechend für anhängige, außerhalb eines Einspruchs- oder Klageverfahrens gestellte und zulässige Anträge auf Änderung einer Zinsfestsetzung). Gegen die Allgemeinverfügung kann innerhalb eines Jahres (beginnend am Tag nach der Herausgabe des Bundessteuerblattes, in dem diese veröffentlicht wird) Klage erhoben werden.

1.5 Sachliche Unbilligkeit bei Erstattungszinsen

Während Zinsen auf Steuererstattungen (§ 233a AO) beim Steuerpflichtigen zu Einkünften aus Kapitalvermögen i.S. des § 20 Abs. 1 Nr. 7 EStG (bzw. über § 20 Abs. 8 EStG zu anderen Einkünften) führen, bleiben **Zinsen auf Steuernachforderungen** steuerlich **unberücksichtigt**. Darin sieht die Finanzverwaltung grundsätzlich auch keine sachliche Unbilligkeit i.S.v. § 163 AO. Davon abweichend kann ein **Billigkeitsantrag** aber in Betracht kommen, soweit den Erstattungszinsen nicht abziehbare Nachzahlungszinsen gegenüberstehen, die auf demselben Ereignis beruhen. Mit BMF-Schreiben v. 16.3.2021 (BStBl 2021 I S. 353) ersetzt das BMF sein bisheriges diesbezügliches Anwendungsschreiben v. 5.10.2000 (BStBl 2000 I S. 1508). Danach kann es in Einzelfällen zu einem sachlich unbilligen Ergebnis führen, wenn – bezogen auf die Steuerbemessungsgrundlage der Einkommen- oder Körperschaftsteuer – sowohl Steuernachforderungen als auch Steuererstattungen gegenüber demselben Steuerpflichtigen auf ein und demselben Ereignis beruhen.

Hinweis

Im neuen BMF-Schreiben wurden auch zwei weitere Beispielsfälle ergänzt. Danach ist etwa auch bei Umqualifizierung von erklärten Einkünften aus selbstständiger Arbeit in Einkünfte aus Gewerbebetrieb, durch welche sich einerseits Nachzahlungszinsen zur Gewerbesteuer ergeben, andererseits aber auch Erstattungszinsen von der Einkommensteuer durch die Anrechnung nach § 35 EStG, eine sachliche Unbilligkeit gegeben.

1.6 Teilabschaffung des Solidaritätszuschlags

Durch das Gesetz zur Rückführung des Solidaritätszuschlags 1995 (BGBl 2019 I S. 2115) wurde der Solidaritätszuschlag ab 1.1.2021 teilweise abgeschafft. Im ersten Schritt wurden die Freigrenzen (bezogen auf die tarifliche Einkommensteuer) angehoben. Bisher wurde der Zuschlag nur erhoben, wenn die tarifliche Einkommensteuer bei Einzelveranlagung den Betrag von 972 EUR bzw. bei Zusammenveranlagung den Betrag von 1.944 EUR übersteigt (§ 3 SolzG 1995). Ab 2021 beträgt diese Freigrenze in der Einzelveranlagung 16.956 EUR (§ 3 Abs. 3 Satz 1 Nr. 1 SolZG) und im Fall der Zusammenveranlagung 33.912 EUR (§ 3 Abs. 3 Satz 1 Nr. 2 SolZG). Analog wurden die Freigrenzen im Lohnsteuerabzug in § 3 Abs. 4 und 4a SolZG angehoben bzw. für sonstige Bezüge neu eingeführt.

Hinweis

Beim Solidaritätszuschlag auf **Kapitalerträge** bleibt die Abgabe grundsätzlich in voller Höhe erhalten. Nur in Fällen, in denen die Günstigerprüfung nach § 32d Abs. 6 EStG angewendet wird und die Kapitalerträge dem persönlichen Einkommensteuersatz unterliegen, kommen auch bei Kapitalerträgen die höheren Freigrenzen zur Anwendung.

Der Zuschlagssatz liegt grundsätzlich unverändert bei 5,5 % (auf die tarifliche Einkommensteuer). In der sog. Milderungszone, die oberhalb der Freigrenzen einsetzt, wird die Belastung mit Solidaritätszuschlag durch einen höheren Steuersatz an die Normalbelastung heranführt. Dieser erhöhte Satz ist ab dem 1.1.2021 von 20 % und auf 11,9 % gesunken (§ 4 Satz 1 SolZG). Für Einkommensbezieher oberhalb der Milderungszone kommt es zu keiner Entlastung. Ebenso bleibt es für die Körperschaftsteuer wie bisher beim Solidaritätszuschlag i. H. v. 5,5 % ohne Anwendung einer Freigrenze.

Hinweis
Die Gesetzesanpassungen greifen erstmals für den VZ 2021 bzw. für in 2021 bezogene und zufließende Bezüge.

1.7 Vorläufige Festsetzungen des Solidaritätszuschlags

Das BMF hat mit Schreiben v. 4.1.2021 (BStBl 2021 I S. 49) den Vorläufigkeitsvermerk in Bezug auf den Solidaritätszuschlag (Soli) erweitert. Er erfasst bezüglich der Festsetzungen des Soli für die Veranlagungszeiträume ab 2020 auch die Frage, ob die fortgeltende Erhebung des Soli nach Auslaufen des Solidarpakts II zum 31.12.2019 verfassungsgemäß ist.

Hinweis
Beim BVerfG ist unter dem Az. 2 BvR 1505/20 eine **Verfassungsbeschwerde** gegen die Fortführung der Erhebung des Solidaritätszuschlags über das Jahr 2019 hinaus (zuletzt geändert durch das „Gesetz zur Rückführung des Solidaritätszuschlags“) anhängig. Beim BFH ist ein Revisionsverfahren gegen das Urteil des FG Nürnberg v. 29.7.2020 (3 K 1098/19) anhängig, das ebenfalls die Frage der Verfassungsmäßigkeit des Solidaritätszuschlags ab 2020 zum Gegenstand hat (Az. beim BFH: IX R 15/20).

1.8 Kassensicherungsverordnung

Der Inhalt der am 1.8.2021 grundsätzlich in Kraft getretenen Kassensicherungsverordnung (BGBl 2021 I S. 3295) ist im Wesentlichen die Ausweitung des Anwendungsbereichs auf EU-Taxameter und Wegstreckenzähler (ab 2024) und die Aufnahme von zwei weiteren Mindestangaben für den Beleg. Kassen- und Parkscheinautomaten im Parkierungsbereich und Ladepunkte für Elektro- und Hybridfahrzeuge sind nicht im Anwendungsbereich enthalten. Diesen Aspekt zog das BMF durch das Schreiben v. 3.5.2021 (BStBl 2021 I S. 679) zur Vermeidung einer nur vorübergehenden Aufrüstung vor.

Hinweis
Mit Ablauf der antragslosen Billigkeitsmaßnahmen, die alle Bundesländer bis auf Bremen bis zum 31.3.2021 gewährt hatten, muss jedes Kassensystem entsprechend den gesetzlichen Anforderungen des § 146a AO mit einer technischen **Sicherheitseinrichtung** (**TSE**) verbunden sein. Auf Antrag ist ggf. eine Erleichterung nach § 148 AO möglich. Bauartbedingt nicht nachrüstbare Kassen, welche nach dem 25.11.2010 und vor dem 1.1.2020 angeschafft wurden, dürfen bis zum 31.12.2022 weiter genutzt werden (Art. 97 § 30 Abs. 3 EGAO).

1.9 Steuerliche Anerkennung von Bewirtungsaufwendungen

Der Abzug von angemessenen Bewirtungsaufwendungen als Betriebsausgaben erfordert nach § 4 Abs. 5 Satz 1 Nr. 2 Satz 2 EStG einen schriftlichen Nachweis über Ort, Tag, Teilnehmer und Anlass der Bewirtung sowie die Höhe der Aufwendungen. In den Einkommensteuerrichtlinien (R 4.10 Abs. 5 bis 9 EStR) werden diese Anforderungen konkretisiert. Mit Schreiben v. 30.6.2021 (BStBl 2021 I S. 908) hat die Finanzverwaltung ihr Anwendungsschreiben zur steuerlichen Anerkennung von Aufwendungen für die Bewirtung von Personen aus geschäftlichem Anlass als Betriebsausgaben aktualisiert.

Im Vergleich zum bisherigen BMF-Schreiben v. 21.11.1994 (BStBl 1994 I S. 855) sind u.a. die Ausführungen zu den erforderlichen **formalen Inhalten** wie der Steuernummer oder Umsatzsteuer-Identifikationsnummer, dem Ausstellungsdatum und der fortlaufenden Rechnungsnummer neu.

Mit dem Schreiben werden auch die aktuellen digitalen Entwicklungen (elektronische Abbildung der Nachweisvoraussetzungen, KassenSichV) aufgegriffen. Wird für die Erstellung der Bewirtungsrechnung ein elektronisches Aufzeichnungssystem mit Kassenfunktion i.S. des § 146a Abs. 1 AO i.V.m. § 1 KassenSichV benutzt, wird für den Betriebsausgabenabzug nur eine maschinell erstellte, elektronisch aufgezeichnete und mit Hilfe einer zertifizierten technischen Sicherheitseinrichtung (**TSE**) **abgesicherte Rechnung** anerkannt. Der zu erstellende Beleg, der die Angaben gem. § 6 KassenSichV enthält, stellt bei einem Rechnungsbetrag bis 250 EUR eine ordnungsgemäße Rechnung i.S. des § 14 UStG i.V.m. § 33 UStDV dar. Rechnungen in anderer Form erfüllen laut BMF die Nachweisvoraussetzungen nicht und führen daher zum vollständigen Ausschluss des Betriebsausgabenabzugs. Das BMF äußert sich in diesem Zusammenhang auch zu den Folgen des Ausfalls der TSE oder zu Fällen, in denen Bewirtungsleistungen zu einem späteren Zeitpunkt als dem Tag der Bewirtung in Rechnung gestellt und unbar bezahlt werden.

Das Schreiben v. 30.6.2021 behandelt außerdem die vollständige elektronische Abbildung der Nachweisvoraussetzungen mittels eines **digitalen** oder digitalisierten **Eigenbelegs** des Steuerpflichtigen.

Hinweis

Laut BMF-Schreiben gelten die vorstehenden Anforderungen auch bei **Auslandsbewirtungen.** In Ausnahmefällen könne aber auch eine ausländische, diese Anforderungen nicht insgesamt erfüllende Rechnung genügen, wenn der Steuerpflichtige glaubhaft macht, dass im jeweiligen ausländischen Staat keine Verpflichtung zur Erstellung maschineller Belege besteht.

Das neue Schreiben ist in allen offenen Fällen mit der Maßgabe anzuwenden, dass die im jeweiligen Veranlagungszeitraum maßgeblichen Betragsgrenzen des § 33 UStDV zu beachten sind. Für bis zum 31.12.2022 ausgestellte Belege über Bewirtungsaufwendungen ist der Betriebsausgabenabzug unabhängig von den nach der KassenSichV geforderten Angaben zulässig.

1.10 BMF-Entwurf zu Kryptowährungen

In einem ausführlichen Entwurf (am 17.6.2021 auf der Homepage des BMF veröffentlicht) äußert sich das BMF zu seiner geplanten Auffassung zur ertragsteuerlichen Behandlung von Kryptowährungen und Token. Laut Entwurf sind **virtuelle Währungen** als digital dargestellte Werteinheiten von Währungen definiert, die von keiner Zentralbank oder öffentlichen Stelle emittiert oder garantiert werden und nicht den gesetzlichen Status einer Währung oder von Geld besitzen. Von dieser Definition sind auch **Token** (digitale Werteinheiten, die Ansprüche oder

Rechte verkörpern, deren Funktionen variieren) erfasst. Im Zusammenhang mit virtuellen Währungen und Tokens können diverse Einkunftsarten vorliegen.

Bei im **Privatvermögen** gehaltenen Einheiten liegt laut BMF-Entwurf sowohl beim **Tausch von virtuellen Währungen** in staatliche Währungen als auch beim Tausch in andere virtuelle Währungen eine Veräußerung vor. Die Veräußerungsfrist gem. § 23 Abs. 1 Satz 1 Nr. 2 EStG soll nach jedem Tausch neu beginnen. Bei der Ermittlung des Veräußerungsgewinns soll die Anwendung der First in First out (FiFo)-Methode zulässig sein. Durch sog. **Lending** (Überlassung der virtuellen Währung gegen zusätzliche Einheiten) soll sich die Veräußerungsfrist auf zehn Jahre verlängern. Bei sog. **Forks** (Aufspaltungen einer Währung, ähnlich zu einem Aktiensplit) sollen die Anschaffungskosten aufzuteilen sein. Der Anschaffungszeitpunkt der alten Einheiten soll auch der Anschaffungszeitpunkt der neuen Einheiten sein.

Im **Betriebsvermögen** sind die Einheiten einer **virtuellen Währung** laut BMF-Entwurf nach den allgemeinen Grundsätzen als nicht abnutzbares Wirtschaftsgut zu bilanzieren. Im Betriebsvermögen gehaltene **Token** sollen sowohl Eigen- als auch Fremdkapital darstellen können.

Je nach Ausgestaltung können sie im **Privatvermögen** auch als Wertpapiere oder andere Finanzinstrumente anzusehen sein. Dafür müssen sie laut dem Entwurf die Voraussetzungen des § 2 Abs. 4 i.V.m. Abs. 1 WpHG erfüllen. So können auch Kapitalforderungen i.S. des § 20 Abs. 1 Nr. 7 EStG vorliegen.

Hinweis

Daneben äußert sich das BMF auch zum sog. **Mining** (dem Erschaffen virtueller Währungen) und sog. **Airdrops** (unentgeltliche Verteilungen von virtuellen Währungen oder Token). Nicht im Entwurf enthalten ist die Auffassung des BMF zu etwaigen Mitwirkungs- und Aufzeichnungspflichten der Steuerpflichtigen. Zum Redaktionsschluss (29.11.2021) lag noch kein finales Schreiben vor.

1.11 Haushaltsnahe Dienstleistungen: Straßenreinigung und Winterdienst

Laut BFH sind die Kosten der Straßenreinigung und des Winterdienstes auf dem Gehweg grundsätzlich nach § 35a Abs. 2 EStG (haushaltsnahe Dienstleistungen) begünstigt. Nicht begünstigt sei dagegen die Reinigung der Fahrbahn einer öffentlichen Straße. Darüber hinaus sah der BFH Aufwendungen für Arbeiten, die für die Reparatur eines Hoftores in einer Werkstatt angefallen sind, als nicht begünstigt an. Laut BFH sind nur Aufwendungen zu berücksichtigen, deren Leistungen auch im Haushalt tatsächlich anfallen (BFH, Urteil v. 13.5.2020, VI R 4/18, BStBl 2021 II S. 669).

Dem ist das BMF mit Schreiben v. 1.9.2021 (BStBl 2021 I S. 1494) gefolgt und hat die Beispiele „Straßenreinigung“ und „Winterdienst“ neu gefasst. Zudem sind laut BMF Handwerkerleistungen der öffentlichen Hand, die nicht nur einzelnen Haushalten, sondern allen an den Maßnahmen der öffentlichen Hand beteiligten Haushalten zugutekommen, nicht begünstigt (z.B. Erschließung einer Straße).

Hinweis

Nach § 35a Abs. 2 Satz 1 und Abs. 3 Satz 1 EStG können 20 % der Aufwendungen für haushaltsnahe Dienstleistungen (höchstens 4.000 EUR) bzw. 20 % der Aufwendungen für Handwerkerleistungen (höchstens 1.200 EUR) direkt von der Einkommensteuer abgezogen werden. Begünstigt sind nur **Arbeitskosten**, nicht aber Kosten für Material. Zudem muss die **Zahlung auf das Konto des Handwerkers** erfolgen und ein Nachweis in Form einer Rechnung vorliegen.

1.12 Maßnahmen im Zusammenhang mit den Unwetterereignissen im Juli 2021

Als Reaktion auf die Unwetterereignisse im Juli 2021 erließen die Bundesländer Nordrhein-Westfalen, Rheinland-Pfalz und Bayern eigene Katastrophenerlasse (vgl. für NRW Erlass FM NRW v. 16.7.2021, DStR 2021 S. 1762). Diese enthielten die Möglichkeit von **Stundungsanträgen** für nachweislich unmittelbar und nicht unerheblich betroffene Steuerpflichtige bis zum 31.10.2021.

Daneben äußerten sich die Erlasse u.a. zur

- möglichen Nutzung von **Sonderabschreibungen**,
- Bildung von **Rücklagen für Ersatzbeschaffungen**,
- vereinfachten Geltendmachung von Aufwendungen für die Wiederherstellung beschädigter Betriebsgebäude und beschädigter beweglicher Anlagegüter als **Erhaltungsaufwand** und

- vereinfachten Geltendmachung von Aufwendungen zur Beseitigung der Hochwasserschäden am Grund und Boden als **sofort abziehbare Betriebsausgaben**.

Außerdem enthalten die Erlasse Ausführungen zu den lohnsteuerlichen Begünstigungen von **Zuwendungen des Arbeitgebers** an Arbeitnehmer, die von dem Hochwasser betroffen sind, sowie zur Behandlung von Arbeitslohnspenden.

Für bis zum 31.10.2021 geleistete **Spenden** wird auf die Möglichkeit von Erleichterungen zum Nachweis steuerbegünstigter Zuwendungen verwiesen. Ebenso bestehen Erleichterungen für Spendenaktionen von gemeinnützigen Körperschaften für durch das Hochwasser geschädigte Personen.

Laut Pressemitteilung des BMF v. 23.7.2021 haben sich auch Bund und Länder auf die Erweiterung der steuerlichen Erleichterungen verständigt und die Berücksichtigung von Maßnahmen auch in nicht vom Hochwasser betroffenen Ländern geregelt. Das BMF wies dabei u.a. auf folgende Maßnahmen hin:

- **Geringere Nachweispflichten** bei der Prüfung der wirtschaftlichen Hilfsbedürftigkeit.
- Ermöglichung des Einsatzes eigener **Mittel gemeinnütziger Körperschaften** zur Unterstützung der Betroffenen auch außerhalb der Satzungszwecke.
- Gewährung des Betriebsausgabenabzugs für zahlreiche **Zuwendungen aus dem Betriebsvermögen**.
- Möglichkeit für **Arbeitgeber**, ihren geschädigten Angestellten unentgeltlich Verpflegung zur Verfügung zu stellen und z.B. Fahrzeuge, Wohnungen und Unterkünfte steuerfrei zur Nutzung zu überlassen.

Hinweis

Laut BMF-Schreiben v. 23.7.2021 (BStBl 2021 I S. 1024) zu **umsatzsteuerlichen Maßnahmen** konnte bei Unternehmen, die von der Flutkatastrophe betroffenen sind, auf entsprechenden Antrag die Umsatzsteuer-Sondervorauszahlung 2021 ggf. bis auf Null herabgesetzt werden, ohne dass die gewährte Dauerfristverlängerung durch die Erstattung bzw. Festsetzung auf Null berührt wird.

Bei der katastrophenbedingten (unentgeltlichen) **Überlassung von Wohnraum** sowohl durch Unternehmen der öffentlichen Hand als auch durch Unternehmen der Privatwirtschaft soll von einer Besteuerung einer unentgeltlichen Wertabgabe nach § 3 Abs. 9a UStG und einer Vorsteuerkorrektur nach § 15a UStG abgesehen werden. Bei einer unentgeltlichen **Überlassung von Investitionsgütern bzw. sonstigen Hilfen** (z.B. Personalgestellung, Aufräumarbeiten mit eigenem Gerät und/ oder Personal) zur Bewältigung der unwetterbedingten Schäden und Folgen der Flutkatastrophe soll ebenfalls auf eine Besteuerung einer unentgeltlichen Wertabgabe verzichtet werden. Des Weiteren sollen anlässlich der Flutkatastrophe erfolgte **Sachspenden** nicht umsatzbesteuert werden. Unter bestimmten Voraussetzungen soll der Vorsteuer-Abzug ermöglicht werden (BMF, Schreiben v. 23.7.2021, BStBl 2021 I S. 1024). In Zusammenspiel mit dem BMF-Schreiben v. 28.10.2021 gelten diese Vereinfachungen grundsätzlich bis zum 31.12.2021. Zum allg. BMF-Schreiben zur Erleichterung von Sachspenden siehe Kapitel Rückblick Tz. 2.8.15.

1.13 Coronabedingte steuerliche Hilfsmaßnahmen

1.13.1 Stundungs- und Vollstreckungsmaßnahmen

Mit Schreiben v. 22.12.2020 (BStBl 2021 I S. 45) verlängerte das BMF bestimmte steuerliche Maßnahmen zur Berücksichtigung der Auswirkungen des Coronavirus. So konnten nachweislich unmittelbar und nicht unerheblich negativ wirtschaftlich von der Pandemie betroffene Unternehmen bis zum 31.3.2021 Anträge auf **zinsfreie Steuerstundungen** bis längstens Ende Juni 2021 unter Darlegung ihrer Verhältnisse der bis zum 31.3.2021 fälligen Steuern stellen – ohne strenge Anforderungen der Finanzverwaltung. Unter den gleichen Voraussetzungen und ebenfalls für bis zum 31.3.2021 fällig gewordene Steuern gewährte die Finanzverwaltung einen **Vollstreckungsaufschub** bis Ende Juni 2021.

Hinweis

Im Vergleich zum BMF-Schreiben v. 19.3.2020 (BStBl 2020 I S. 262) enthielt das Schreiben v. 22.12.2020 (BStBl 2021 I S. 45) erstmals auch Regelungen zur Gewährung von **Anschluss-Stundungen** über den 30.6.2021 hinaus für die bis Ende März 2021 fälligen Steuern und knüpft die Stundung in diesen Fällen an eine Ratenzahlung. Analog gewährt die Finanzverwaltung einen **Vollstreckungsaufschub** bis Ende 2021 bei Vereinbarung einer Ratenzahlung für die bis zum 31.3.2021 fällig werdenden Steuern und erlässt bis dahin insoweit entstandene Säumniszuschläge. Weiterhin sollen Steuervorauszahlungen im vereinfachten Verfahren angepasst werden können.

Laut Beschluss des FG Berlin-Brandenburg v. 20.11.2020 (10 V 10146/20) gelten die Regelungen des BMF-Schreibens v. 19.3.2020 grundsätzlich auch für **Steuerrückstände** aus der Zeit **vor der Pandemie**. Für einen Vollstreckungsaufschub bis zum 31.12.2020 ist es (entgegen der Auffassung der Finanzverwaltung) nicht erforderlich darzulegen, dass die Rückstände bis zum 31.12.2020 getilgt werden können. Es muss aber eine Aussicht auf zügige Tilgung nach der Pandemie bestehen. Zur Nachweisführung der Betroffenheit muss der Steuerpflichtige auch **nachweisen** können, dass er **zahlungsunfähig** ist; das heißt, er muss seine Einkommens- und Vermögensverhältnisse offenlegen. Ein bloßer Gewinneinbruch reicht nicht aus.

Hinweis

Gegen den Beschluss des FG Berlin-Brandenburg ist beim BFH eine Beschwerde anhängig. Es bleibt daher abzuwarten, wie sich der BFH hierzu positioniert (anhängig unter VII B 178/20 (AdV)).

Mit BMF-Schreiben v. 7.12.2021 (zuvor 18.3.2021, BStBl 2021 I S. 337) **verlängerte** das BMF nochmals die **Antragsfrist für erleichterte Stundungen** sowie Vollstreckungsaufschübe für unmittelbar von der Corona-Pandemie betroffene Steuerpflichtige. Anträge auf Stundungen oder Vollstreckungsaufschübe können somit im vereinfachten Verfahren bis 31.1.2022 für bis zum 31.1.2022 fällig werdende Steuern gestellt werden. Die steuerlichen Maßnahmen werden längstens bis zum 31.3.2022 gewährt. Anschluss-Stundungen sowie Verlängerungen des Vollstreckungsaufschubs darüber hinaus, längstens bis zum 30.6.2022, sind unter den besonderen Voraussetzungen einer Ratenzahlungsvereinbarung möglich.

Hinweis

Anträge zur Anpassung von Vorauszahlungen auf die ESt und KSt 2021 und 2022 können im vereinfachten Verfahren bis zum 30.6.2022 unter Darlegung der Verhältnisse gestellt werden.

1.13.2 Temporäre Anhebung beim Verlustrücktrag

Auch im Jahr 2021 greifen noch die durch das Zweite Corona-Steuerhilfegesetz v. 29.6.2020 (BGBl. 2020 I S. 1512) und nochmals durch das Dritte Corona-Steuerhilfegesetz v. 10.3.2021 (BGBl 2020 I S. 330) temporär für die Jahre 2020 und 2021 erhöhten **Höchstbetragsgrenzen** beim Verlustrücktrag (§ 10d Abs. 1 Satz 1 EStG) auf 10 Mio. EUR (bzw. 20 Mio. EUR bei Zusammenveranlagung).

Hinweis

Ab 2022 ist der Verlustrücktrag wieder begrenzt auf 1 Mio. EUR bei Einzelveranlagung und auf 2 Mio. EUR bei Zusammenveranlagung.

Mit dem Dritten Corona-Steuerhilfegesetz wurde auch der zeitliche Anwendungsbereich des vorläufigen Verlustrücktrags nach § 111 EStG um 1 Jahr verlängert (§ 111 Abs. 9 EStG). Dies begründet die Pflicht zur Abgabe einer Einkommensteuererklärung für VZ 2021 (§ 111 Abs. 5 EStG).

1.13.3 Verlängerte Abgabefristen für bestimmte Jahressteuererklärungen 2019

Für die Jahressteuererklärung 2019 wurde durch das „Gesetz zur Verlängerung der Aussetzung der Insolvenzantragspflicht und des Anfechtungsschutzes für pandemiebedingte Stundungen sowie zur Verlängerung der Steuererklärungsfrist in beratenen Fällen und der zinsfreien Karenzzeit für den Veranlagungszeitraum 2019" v. 15.2.2021 (BGBl 2021 I S. 237) einmalig die Frist zur Erklärungsabgabe **in Fällen steuerlicher Beratung** auf den 31.8.2021 und im Gleichklang der Beginn des Zinslaufs auf den 1.10.2021 gesetzlich verschoben (Art. 97 § 36 Abs. 1 EGAO).

Hinweis

Mit BMF-Schreiben v. 15.4.2021 (BStBl 2021 I S. 615) äußert sich die Finanzverwaltung zu Anwendungsfragen, insbesondere hinsichtlich der Festsetzung von Verspätungszuschlägen nach § 152 AO. Klarstellend wird ausgeführt, dass in Fällen der **Abgabe** der Steuererklärung **vor Ablauf** der auf den 31.8.2021 **verlängerten Frist** nach § 149 Abs. 3 AO kein Verspätungszuschlag festgesetzt wird, auch wenn die in § 152 Abs. 2 Nr. 1 und 2 AO genannte Frist überschritten wird (diese wurde im Rahmen der vorstehend genannten Gesetzesänderung nicht angepasst).

Bei Überschreiten der auf den 31.8.2021 verlängerten Frist (ohne dass diese nochmals auf Antrag zusätzlich verlängert wurde) werden Verspätungszuschläge, wie bei Erklärungssäumnis gewohnt, von Amts wegen (ohne Ermessen) festgesetzt. Eine abweichende Ermessensentscheidung ist dabei in Ausnahmefällen nach § 152 Abs. 3 AO möglich.

In Bezug auf die ebenfalls verlängerte **zinsfreie Karenzzeit** nach § 233a Abs. 2 AO führt das BMF aus, dass die gesetzliche Verlängerung gleichermaßen für Nachzahlungs- wie für Erstattungszinsen gilt und nicht auf beratene Fälle beschränkt ist.

1.13.4 Verlängerte Abgabefristen für Jahressteuererklärungen 2020

Durch das ATAD-Umsetzungsgesetz v. 25.6.2021 (BGBl 2021 I S. 2035) wurden die Abgabefristen für die Jahressteuererklärungen 2020 sowie korrespondierend die Zinsläufe sowohl für die beratenen als auch die nicht beratenen Fälle gesetzlich verlängert.

Danach wurde die Frist zur Erklärungsabgabe (sowie gleichermaßen für deren Vorabanforderung) in Fällen steuerlicher Beratung um drei Monate auf den 31.5.2022 gesetzlich verschoben; in Fällen nicht steuerlich beratener Steuerpflichtiger auf den 31.10.2021 (§ 149 Abs. 2 und 3 AO). Auch der Beginn des Zinslaufs nach § 233a Abs. 2 AO wurde entsprechend auf den 1.7.2022 verschoben (vgl. Art. 97 § 36 Abs. 3 EGAO). Zudem wurde geregelt, dass auch Verspätungszuschläge erst nach 17 (statt 14 Monaten) nach Ablauf des Kalenderjahres 2020 festgesetzt werden.

Hinweis

Mit BMF-Schreiben v. 20.7.2021 (BStBl 2021 I S. 984) äußerte sich die Finanzverwaltung zu Anwendungsfragen. Danach sind die gesetzlichen Fristverlängerungen **von Amts wegen** zu beachten, was einen Antrag des Steuerpflichtigen entbehrlich macht. Bei nicht-beratenen Fällen bleibt außerdem die Möglichkeit, über die gesetzliche Verlängerung hinaus Fristverlängerung zu beantragen bzw. zu gewähren, unberührt. In steuerlich beratenen Fällen können die (verlängerten) Fristen dagegen nur verlängert werden, wenn der Steuerpflichtige und sein Vertreter nachweislich ohne Verschulden verhindert waren, die Erklärungsfrist einzuhalten. In steuerlich beratenen Fällen kann auch weiterhin von der sog. **Vorabanforderung** Gebrauch gemacht werden. Hinsichtlich der verlängerten zinsfreien Karenzzeit führt das BMF aus, dass die gesetzliche Verlängerung gleichermaßen für Nachzahlungs- wie für Erstattungszinsen gilt und nicht auf beratene Fälle beschränkt ist.

1.13.5 Zeitlich befristete Homeoffice-Pauschale

Mit dem Jahressteuergesetz 2020 v. 21.12.2020 (BGBl 2020 I S. 3096) wurde zeitlich befristet für die Jahre 2020 und 2021 die sog. Homeoffice-Pauschale eingeführt (§ 4 Abs. 5 Satz 1 Nr. 6b Satz 4 EStG). Danach kann für jeden Kalendertag, an dem die betriebliche oder berufliche Tätigkeit ausschließlich in der häuslichen Wohnung ausgeübt und keine außerhalb der häuslichen Wohnung belegene Betriebsstätte aufgesucht wird, eine Pauschale von 5 EUR geltend gemacht werden, ohne dass die formellen Voraussetzungen eines häuslichen Arbeitszimmers vorliegen müssen. Die Pauschale ist der Höhe nach auf 600 EUR im Wirtschafts- bzw. Kalenderjahr begrenzt.

Hinweis

Nicht von der Homeoffice-Pauschale abgegolten sind Aufwendungen für Arbeitsmittel (z.B. Monitor, Schreibtischstuhl), deren Absetzbarkeit im Rahmen der jeweiligen Einkunftsart bei Erfüllen der Voraussetzungen in Betracht kommt (vgl. zur Möglichkeit der Digital-AfA ab 2021 Kapitel Rückblick Tz. 1.14).

1.13.6 Verlängerung der Konsultationsvereinbarungen für Grenzpendler

In 2020 hat Deutschland mit Österreich, den Niederlanden, Belgien, Luxemburg, der Schweiz, Frankreich und Polen verschiedene Konsultationsvereinbarungen hinsichtlich der steuerlichen Beurteilung von Covid-19-bedingten Homeoffice-Tätigkeiten von Grenzpendlern (bzw. auch von grenzüberschreitend tätigen Arbeitnehmern, wobei die Besonderheiten der einzelnen Vereinbarungen zu beachten sind) abgeschlossen. Diese Vereinbarungen laufen auch grundsätzlich im Jahr 2021 weiter.

Hinweis

Die Konsultationsvereinbarungen regeln u.a., dass Arbeitstage von grenzüberschreitend tätigen Arbeitnehmern, die wegen der Maßnahmen zur Bekämpfung der Covid-19 Pandemie von Zuhause aus arbeiten müssen, grundsätzlich wie normale Arbeitstage in dem Staat behandelt werden, in dem die Tätigkeit normalerweise ohne die coronabedingte Homeoffice-Tätigkeit erfolgt. Für

Arbeitstage, die unabhängig von diesen Maßnahmen im Homeoffice oder in einem anderen Land verbracht worden wären, gilt diese Tatsachenfiktion nicht.

1.13.7 Spenden- und Zuwendungserleichterungen

Bereits in 2020 hat das BMF die steuerliche Handhabung von Spenden im Zusammenhang mit der Corona-Pandemie vereinfacht (BMF, Schreiben v. 9.4.2020, BStBl 2020 I S. 498). Die Regelungen betrafen u. a. Zuwendungsnachweise, Personal- und Raumüberlassungen und andere Hilfsleistungen zur Bewältigung der Corona-Krise. Mit Schreiben v. 26.5.2020 (BStBl 2020 I S. 543) wurden Erleichterungen im Hinblick auf die Aufstockung von Kurzarbeitergeld und Fortsetzung der Zahlung von Übungsleiter- und Ehrenamtspauschale ergänzt. Die Regelungen galten bislang für Unterstützungsmaßnahmen, die vom 1.3.2020 bis längstens zum 31.12.2020 durchgeführt wurden. Mit BMF-Schreiben v. 18.12.2020 (BStBl 2021 I S. 57) wurden sie bis zum 31.12.2021 verlängert.

Hinweis

Dabei hat das BMF auch Ergänzungen vorgenommen. So wird es etwa nicht beanstandet, wenn **Hilfeleistungen** von bestimmten **steuerbegünstigten Körperschaften** an Krankenhäuser oder Alten- und Pflegeheime sowohl ertragsteuerlich als auch umsatzsteuerlich dem Zweckbetrieb i. S. des § 65 AO zugeordnet werden. Für die Anwendung bestimmter Umsatzsteuerbefreiungen ist eine Anerkennung als gemeinnützige Einrichtung nicht erforderlich. Dies betrifft z. B. die Überlassung von Sachmitteln, Räumen oder Arbeitnehmern zwischen Einrichtungen, deren Umsätze nach § 4 Nr. 16 UStG steuerbefreit sind. Auch wird von der Besteuerung bestimmter unentgeltlicher Wertabgaben zur Bewältigung der Corona-Krise im Billigkeitswege abgesehen.

1.13.8 Steuerbefreiung von Corona-Prämien

Durch das Abzugsteuerentlastungsmodernisierungsgesetz (AbzStEntModG) v. 2.6.2021 (BGBl 2021 I S. 1259) wurde der Zahlungszeitraum für die Steuerbefreiung des Corona-Bonus nach § 3 Nr. 11a EStG i. H. v. bis zu 1.500 EUR bis zum 31.3.2022 verlängert.

Hinweis

Die Fristverlängerung führt aber nicht dazu, dass die 1.500 EUR mehrfach steuerfrei ausgezahlt werden können. Lediglich der Zeitraum für die Gewährung des Betrags wird gestreckt.

1.14 Nutzung einer sog. Digital-AfA

Mit BMF-Schreiben v. 26.2.2021 (BStBl I 2021 S. 298) ermöglicht die Finanzverwaltung die Nutzung einer gesonderten Digital-AfA, die abweichend von der bisherigen regelmäßigen Abschreibung von drei Jahren für bestimmte digitale Wirtschaftsgüter die Möglichkeit einer einjährigen Abschreibungsdauer einräumt (Wahlrecht). Danach kann für bestimmte **Computerhardware** (einschließlich der dazu gehörenden Peripheriegeräte) und die für die Dateneingabe und -verarbeitung erforderliche **Betriebs- und Anwendersoftware** eine auf ein Jahr reduzierte betriebsgewöhnliche Nutzungsdauer zugrunde gelegt werden.

Hinweis

Die entsprechenden Anschaffungs- und Herstellungskosten können daher im Rahmen eines **Wahlrechts** im Jahr der Anschaffung bzw. Herstellung in voller Höhe abgezogen werden.

Die begünstigte Computerhardware schließt auch **Tablet-Computer** und **Thin-Clients** sowie dazugehörige **Peripheriegeräte** (Maus, Tastatur und auch Beamer, Drucker und andere Geräte nach dem Prinzip „Eingabe-Verarbeitung-Ausgabe“), Netzteile und Dockingstationen ein. Die abschließende Aufzählung bezieht sich nur auf Computerhardware, die den EU-Anforderungen an die umweltgerechte Gestaltung von Computern und Computerservern entspricht. Software ist nicht nur als Standardsoftware, sondern auch als Individualsoftware begünstigt (einschließlich ERP-Software und Software für Warenwirtschaftssysteme sowie Anwendungssoftware zur Unternehmensverwaltung oder Prozess-Steuerung).

Hinweis

Die Regelungen des BMF-Schreibens sind erstmals für Wirtschaftsjahre anzuwenden, die nach dem 31.12.2020 enden. Sie können aber auch auf Wirtschaftsgüter angewendet werden, die vorher bereits angeschafft oder hergestellt wurden. Bestehende Restbuchwerte aus in früheren Jahren angeschafften oder hergestellten digitalen Wirtschaftsgütern können daher in 2021 ebenfalls vollständig auf Null abgeschrieben werden. Die Regelungen des alten BMF-Schreibens vom 18.11.2005 sowie die entsprechende Regelung in der amtlichen AfA-Tabelle sind letztmals für Wirtschaftsjahre anzuwenden, die vor dem 1.1.2021 enden. Die Grundsätze der neuen Digital-AfA sind ab dem Veranlagungszeitraum 2021 auch für Privatvermögen, die zur Einkünfteerzielung genutzt werden, anzuwenden.

1.15 Aufhebung einer Zuständigkeitsvereinbarung

Im Einvernehmen mit der nach den Steuergesetzen örtlich zuständigen Finanzbehörde kann auch eine andere Finanzbehörde die Besteuerung übernehmen (§ 27 AO). Für eine solche Zuständigkeitsvereinbarung ist die Zustimmung des betroffenen Steuerpflichtigen erforderlich. Bei Wegfall des rechtlichen Grundes kann die Zuständigkeitsvereinbarung auch wieder bei entsprechendem Konsens zwischen den Finanzbehörden aufgehoben werden. Anders als bei der Vereinbarung ist laut BFH allerdings bei der **Aufhebung** die **Zustimmung** des betroffenen **Steuerpflichtigen nicht erforderlich** (BFH, Urteil v. 12.7.2021, VI R 13/19, BFH/NV 2021 S. 1380).

Hinweis

Die Aufhebung einer bestehenden Zuständigkeitsvereinbarung ist gesetzlich selbst nicht geregelt. Der BFH begründet die Nichterforderlichkeit der Zustimmung bei der Aufhebung u.a. damit, dass durch die Aufhebung keine neue Zuständigkeit geschaffen, sondern lediglich zur gesetzlich vorgesehenen örtlichen Zuständigkeit zurückgekehrt werde.

1.16 Änderungen im Kraftfahrzeugsteuergesetz

Zur Förderung des Umstiegs auf Elektroautos sieht das Siebte Gesetz zur Änderung des Kraftfahrzeugsteuergesetzes v. 16.10.2020 (7. KraftStÄndG, BGBl 2020 I S. 2184) eine Verlängerung der zehnjährigen **Kraftfahrzeugsteuerbefreiung** für bis Ende 2025 erstzugelassene reine **Elektrofahrzeuge** vor. Die Steuerbefreiung gilt jedoch längstens bis 31.12.2030.

Gleichzeitig wird das Fahren **emissionsintensiverer Fahrzeuge** teurer. Für Neuzulassungen wird die Bemessung der Kraftfahrzeugsteuer zum 1.1.2021 hauptsächlich auf die CO2-Emissionen pro Kilometer bezogen und dafür oberhalb von 95 g CO2/km der Tarif in sechs Stufen progressiv mit Steuersätzen von 2-4 EUR je g/km bezogen auf die verkehrsrechtlichen CO2-Prüfwerte angehoben. Darüber hinaus wird für Pkw mit einem Ausstoß bis 95 g CO2/km, die zwischen dem 12.6.2020 und dem 31.12.2024 erstmals zugelassen werden, für fünf Jahre (längstens bis 31.12.2025) eine Steuervergünstigung von 30 EUR pro Jahr gewährt.

1.17 Erhöhung der Wohnungsbauprämie

Ab dem Sparjahr 2021 sind aufgrund der Änderungen durch das sog. Jahressteuergesetz 2019 v. 12.12.2019 (BGBl 2019 I S. 2451) deutlich höhere Einkommens- und Fördergrenzen sowie ein höherer Fördersatz im Wohnungsbau-Prämiengesetz anzuwenden. Die **Einkommensgrenze** steigt von 25.600 EUR (Alleinstehende) bzw. 51.200 EUR (Verheiratete) auf **35.000 EUR bzw. 70.000 EUR** (§ 2a Satz 1 WoPG). Für die Einkommensgrenze ist dies die erste Erhöhung seit 1996. Der **Prämiensatz** steigt von 8,8 % auf 10 % der prämienbegünstigten Aufwendungen (§ 3 Abs. 1 Satz 2 WoPG). Damit wird die im Jahr 2004 erfolgte Senkung auf 8,8 % rückgängig gemacht. Auch die **Förderhöchstgrenzen** wurden von 512 EUR (Alleinstehende) bzw. 1.024 EUR (Verheiratete) auf **700 EUR bzw. 1.400 EUR** angehoben (§ 3 Abs. 2 Satz 1 WoPG).

Hinweis

Als weitere Änderung des Wohnungsbauprämiengesetzes wird die Prämienberechtigung auf alle nach § 1 Abs. 3 EStG **unbeschränkt Einkommensteuerpflichtigen** ausgedehnt. Zudem kann die Wohnungsbauprämie nunmehr auch zum Wohnungsbau in einem EU-Mitgliedstaat eingesetzt werden.

1.18 Sonderausgaben bei lebenslangen und wiederkehrenden Versorgungsleistungen

Nach § 10 Abs. 1a Nr. 2 EStG können bestimmte lebenslange und wiederkehrende Versorgungsleistungen als Sonderausgaben geltend gemacht werden. Voraussetzung ist insbesondere, dass der Empfänger unbeschränkt einkommensteuerpflichtig ist und die Versorgungsleistung mit einer der abschließend in § 10 Abs. 1a Nr. 2 EStG aufgezählten Vermögensübertragungen im Zusammenhang steht. Die Zahlungen sind vom Empfänger als sonstige Einkünfte zu versteuern (Korrespondenzprinzip). Zur Verbesserung der Bearbeitung und Gewährleistung des Korrespondenzprinzips sieht der mit dem Jahressteuergesetz 2020 neu eingefügte § 10 Abs. 1a Nr. 2 Satz 4 EStG die **Angabe der Identifikationsnummer** des Empfängers als materiell-rechtliche Voraussetzung für den Sonderausgabenabzug beim Leistenden vor.

Hinweis

Die Regelung ist erstmals für den VZ 2021 bzw. auf nach dem 31.12.2020 endende Lohnzahlungszeiträume anwendbar (§ 52 Abs. 1 EStG).

1.19 Beiträge an berufsständische Versorgungseinrichtungen

Mit Urteil vom 6.12.2018 (C-480/17, „Montag“) hat der EuGH entschieden, dass die Abzugsbeschränkung für die Pflichtbeiträge eines beschränkt Steuerpflichtigen zum Versorgungswerk der Rechtsanwälte im Widerspruch zur unionsrechtlich verbürgten Niederlassungsfreiheit steht und damit unionsrechtswidrig ist. Die Finanzverwaltung stellte daraufhin mit BMF-Schreiben v. 26.6.2019 (BStBl 2019 I S. 624) sicher, dass der Abzug von Sonderausgaben entsprechend dem Urteil erfolgt. Im Rahmen des Jahressteuergesetzes 2020 wurde mit dem neuen § 50 Abs. 1a EStG die EuGH-Entscheidung auch gesetzlich umgesetzt. Pflichtbeiträge an berufsständische Versorgungseinrichtungen i. S. des § 10 Abs. 1 Nr. 2 Buchst. a EStG sind danach auch bei beschränkt Steuerpflichtigen als Sonderausgaben zu berücksichtigen, wenn die übrigen Voraussetzungen erfüllt werden. Dies gilt nur für Staatsangehörige eines Mitgliedstaates der EU / des EWR oder der Schweiz. Erforderlich ist zudem auch, dass die Beiträge mit Einkünften aus Gewerbebetrieb oder aus selbstständiger Arbeit (§ 49 Abs. 1 Nr. 2 bzw. 3 EStG) in unmittelbarem wirtschaftlichem Zusammenhang stehen. Weiterhin ist der Abzug ausgeschlossen, soweit der Staat, in dem der Steuerpflichtige einen Wohnsitz oder gewöhnlichen Aufenthalt hat, diese Beiträge ebenfalls berücksichtigt.

Hinweis
Die Neuregelung ist erstmals auf Beiträge an berufsständische Versorgungseinrichtungen anzuwenden, die nach dem 31.12.2020 geleistet werden (§ 52 Abs. 46 Satz 2 EStG).

1.20 Gewinnerzielungsabsicht bei kleinen Photovoltaikanlagen

Mit Schreiben v. 29.10.2021 (IV C 6 – S 2240/19/10006 :006) veröffentlichte das BMF Vereinfachungsregelungen zur ertragsteuerlichen Behandlung kleiner Photovoltaikanlagen und vergleichbarer Blockheizkraftwerke (BHKW).

Demnach ist bei entsprechenden Anlagen mit einer installierten (elektrischen) Gesamtleistung von bis zu 10,0 kW/kWp bzw. 2,5 kW **auf Antrag** hin ohne weitere Prüfung zu unterstellen, dass die **Betreibung ohne Gewinnerzielungsabsicht** erfolgt und es sich daher um eine steuerlich unbeachtliche Liebhaberei handelt. Für die Anwendung dieser Regelung sind bestimmte Voraussetzungen einzuhalten im Hinblick auf die Zusammenfassung von Anlagen zu einem einzigen Betrieb, den Zeitpunkt der Inbetriebnahme, die tatsächlich erbrachte Leistung und die Nutzungsart des erzeugten Stroms.

Hinweis
Der zu stellende Antrag wirkt grundsätzlich in allen offenen Veranlagungszeiträumen. Das vorhergehende BMF-Schreiben v. 2.6.2021 (BStBl 2021 I S. 722) wurde aufgehoben.

2 Änderungen für Unternehmen

2.1 Steuerbilanzrecht

2.1.1 Aktualisierte E-Bilanz-Taxonomien

Seit dem Jahr 2014 sind alle bilanzierenden Unternehmen gem. § 5b EStG verpflichtet, den Inhalt ihrer Bilanzen sowie der Gewinn- und Verlustrechnungen nach einem amtlich vorgeschriebenen Datensatz elektronisch an die Finanzverwaltung zu übermitteln (E-Bilanz). Hierfür gibt die Finanzverwaltung ein Datenschema für die Jahresabschlussdaten (Taxonomie) vor. Mit Schreiben vom 9.7.2021 (BStBl 2021 I S. 911) hat das BMF die Taxonomien in der Version 6.5 v. 14.4.2021 veröffentlicht.

Die neuen Taxonomien (Kern-, Ergänzungs- und Spezialtaxonomien) in der Version 6.5 zur elektronischen Übermittlung der E-Bilanzen, die unter www.esteuern.de zur Ansicht und zum Abruf bereitstehen, gelten für alle Wirtschaftsjahre, die nach dem 31.12.2021 beginnen (Wirtschaftsjahre 2022 bzw. 2022/2023). Es wird nicht beanstandet, wenn diese auch für das Wirtschaftsjahr 2021 oder 2021/2022 verwendet werden.

Hinweis

Die Übermittlungsmöglichkeit mit diesen neuen Taxonomien wird voraussichtlich für Testfälle ab November 2021 und für Echtfälle ab Mai 2022 gegeben sein.

2.1.2 Teilwerterhöhung bei Fremdwährungsdarlehen

Laut BFH ist eine Teilwertzuschreibung wegen voraussichtlich dauernder Werterhöhung von Verbindlichkeiten aus Fremdwährungsdarlehen zulässig, wenn der Euro-Wert gegenüber der Fremdwährung aufgrund einer fundamentalen Änderung der wirtschaftlichen oder währungspolitischen Daten der beteiligten Währungsräume gesunken ist (BFH, Urteil v. 10.6.2021, IV R 18/18, BFH/NV 2021 S. 1555). Ist nach den Verhältnissen am Bilanzstichtag die Erhöhung des Währungskurses auf eine **fundamentale Änderung der wirtschaftlichen und/oder finanzpolitischen Daten** zurückzuführen, könne laut BFH nicht mehr davon ausgegangen werden, dass sich die Währungsschwankungen innerhalb der Laufzeit der Verbindlichkeit ausgleichen. In einem solchen Fall liege eine voraussichtlich dauernde Erhöhung des Teilwerts vor. Dies gelte für alle Fremdwährungsdarlehen, d.h. unabhängig davon, ob es sich um ein Darlehen mit unbestimmter oder mit bestimmter Restlaufzeit handele und ob die Restlaufzeit mindestens zehn Jahre oder weniger betrage. Eine typisierende Betrachtungsweise, wonach eine voraussichtlich dauerhafte Werterhöhung bereits dann vorliege, wenn die Kursschwankung eine Grenze von 20 % für den einzelnen Bilanzstichtag bzw. von jeweils 10 %

für zwei aufeinanderfolgende Stichtage überschreitet, lehnte der BFH dagegen ab. Eine voraussichtlich dauernde Werterhöhung liege aber vor, wenn fundamentale Veränderungen der wirtschaftlichen und/oder finanzpolitischen Daten eine dauerhafte Veränderung der Wechselkurse vermuten lassen. Eine solche Wechselkurserhöhung infolge fundamentaler Veränderung der wirtschaftlichen und/oder finanzpolitischen Daten sah der BFH im konkreten Fall in der **europäischen Staatsschuldenkrise** vor dem Bilanzstichtag 2010.

Hinweis
Eine solche fundamentale Änderung, die eine Teilwertzuschreibung rechtfertige, sah der BFH unter Berücksichtigung weiterer Bedingungen auch für den Fall, wenn die **Notenbank** eines Fremdwährungsstaats die Absicht äußert, unbegrenzte **Stützungskäufe zur Währungskurssicherung** zu tätigen, um einen bestimmten Wechselkurs der Fremdwährung zu verteidigen (BFH, Urteil v. 2.7.2021, XI R 29/18, BFH/NV 2021 S. 1563).

2.1.3 Aktive Rechnungsabgrenzung

In der Steuerbilanz sind für Ausgaben vor dem Abschlussstichtag auf der Aktivseite Rechnungsabgrenzungsposten zu bilden, soweit sie Aufwand für eine bestimmte Zeit nach diesem Tag darstellen (§ 5 Abs. 5 Satz 1 Nr. 1 EStG).

Laut BFH sind diese aktiven Rechnungsabgrenzungsposten (aRAP) **auch bei geringfügigen Beträgen** zu bilden (BFH, Urteil v. 16.3.2021, X R 34/19, BFH/NV 2021 S. 1394). Weder aus dem Grundsatz der Wesentlichkeit noch aus dem Verhältnismäßigkeitsgrundsatz folge ein Recht, in Fällen von geringer Bedeutung auf eine periodengerechte Gewinnermittlung verzichten zu können. Auch die gesetzgeberischen Überlegungen bei der Behandlung geringwertiger Wirtschaftsgüter (GWG, § 6 Abs. 2 EStG) können laut BFH nicht auf die Bildung von Rechnungsabgrenzungsposten übertragen werden. Für ein Wahlrecht im Rahmen des § 5 Abs. 5 Satz 1 Nr. 1 EStG bedürfte es einer gesetzlichen Regelung, wonach es dem Steuerpflichtigen erlaubt ist, in Fällen von geringer Bedeutung auf eine genaue Abgrenzung zu verzichten.

Hinweis

Der BFH erteilte damit den Entwicklungen verschiedener Finanzgerichte eine Absage, die Vereinfachungsbedarf für unwesentliche Beträge bei der Bildung von aRAP sahen und sich an der GWG-Grenze für die betragsmäßige Bestimmung der Wesentlichkeit der Ausgaben orientierten (vgl. FG Baden-Württemberg, Urteil v. 8.11.2019, 5 K 1626/19 und Urteil v. 2.3.2018, 5 K 548/17).

Hinweis

Der BFH zieht in seinem Urteil Parallelen zur Bildung von Rückstellungen für die Betreuung bereits abgeschlossener Lebensversicherungsverträge (vgl. BFH, Urteil v. 19.7.2011, X R 26/10, wonach eine Rückstellung auch bei unwesentlichen Verpflichtungen zu bilden ist) oder zur Aktivierung von geringfügigen Forderungen (vgl. BFH, Urteil v. 28.9.1967, IV R 284/66). An seinem Beschluss v. 18.3.2010 (X R 20/09, NV), in dem er noch ein Wahlrecht in Bezug auf aktive Rechnungsabgrenzungsposten bejaht hatte, hält der BFH nun insoweit nicht mehr fest.

2.1.4 Fristverlängerung für Ersatzbeschaffungen

Scheidet ein Wirtschaftsgut durch höhere Gewalt oder aufgrund eines behördlichen Eingriffs aus dem Anlage- oder Betriebsvermögen gegen Entschädigung aus, kann die Gewinnrealisierung durch die Übertragung der stillen Reserven auf ein Ersatzwirtschaftsgut bzw. durch Bildung einer Rücklage vermieden werden, wenn die Ersatzbeschaffung innerhalb einer sog. Reinvestitionsfrist erfolgt (R 6.6 Abs. 4 EStR).

Eine Rücklage kann auch für Entschädigungen gebildet werden, die ein Steuerpflichtiger für ein aufgrund höherer Gewalt oder eines behördlichen Eingriffs beschädigtes Wirtschaftsgut erhält, das Wirtschaftsgut aber erst in einem späteren Wirtschaftsjahr repariert wird (R 6.6 Abs. 7 EStR).

Nach Ablauf der vorgegebenen Reinvestitions-/Reparaturfristen sind die Rücklagen gewinnerhöhend aufzulösen.

Mit Schreiben v. 13.1.2021 verlängerte das BMF die in R. 6.6 Abs. 4 Satz 3 bis 6, Abs. 5 Satz 5 und 6 (im Rahmen der Gewinnermittlung nach § 4 Abs. 3 EStG) sowie Abs. 7 Satz 3 und 4 EStR geregelten Fristen für die Ersatzbeschaffung oder Reparatur bei Beschädigung jeweils um ein Jahr, wenn sie andernfalls in einem nach dem 29.2.2020 oder vor dem 1.1.2021 endenden Wirtschaftsjahr abgelaufen wären. Betroffene Unternehmen, die entsprechende Rücklagen passiviert haben, erhalten folglich ein Jahr länger Zeit, ihre Ersatzwirtschaftsgüter anzuschaffen oder herzustellen.

2.1.5 Verlängerung von Investitionsfristen der §§ 6b und 7g EStG

Durch das Körperschaftsteuermodernisierungsgesetz (KöMoG) v. 25.6.2021 (BGBl 2021 I S. 2050) wurden die Investitionsfristen des § 6b EStG (Reinvestitionsrücklage) und § 7g EStG (Investitionsabzugsbetrag) um ein weiteres Jahr verlängert. Diese Anpassung der mit dem 2. Corona-Steuerhilfegesetz (BGBl 2020 I S. 1512) eingeführten Fristverlängerungen ist der anhaltenden COVID-19-Pandemie geschuldet und dient dazu, dass die Unternehmen nicht zu Reinvestitionen zur Vermeidung der Rücklagenauflösung mit Gewinnzuschlag gezwungen sind.

Hinweis

Sofern eine **Reinvestitionsrücklage** am Schluss des nach dem 28.2.2020 und vor dem 1.1.2021 endenden Wirtschaftsjahres noch vorhanden ist und nach § 6b Abs. 3 Satz 5, Abs. 8 Satz 1 Nr. 1 i.V.m. Abs. 3 Satz 5 oder Abs. 10 Satz 8 EStG aufzulösen wäre, endet die Reinvestitionsfrist erst am Schluss des zweiten darauffolgenden Wirtschaftsjahres (§ 52 Abs. 14 Satz 4 EStG). Analog verlängert sich die Frist für eine Reinvestitionsrücklage, die am Schluss des nach dem 31.12.2020 und vor dem 1.1.2022 endenden Wirtschaftsjahres noch vorhanden ist und aufzulösen wäre, um ein Jahr (§ 52 Abs. 14 Satz 5 EStG).

Hinweis

Die Frist für **Investitionsabzugsbeträge** (§ 7g EStG), deren dreijährige oder deren durch das Zweite Corona-Steuerhilfegesetz auf vier Jahre verlängerte Investitionsfrist im Jahr 2021 ausläuft, wird um ein Jahr auf vier bzw. fünf Jahre verlängert. Dadurch kann die Investition auch erst im Jahr 2022 ohne negative steuerliche Folgen, wie die Rückgängigmachung und Verzinsung der Steuernachforderung, durchgeführt werden (§ 52 Abs. 16 Satz 3 und 4 EStG).

2.1.6 Investitionsabzugsbetrag für Maschinenwerkzeuge bei Auftragsproduktion

Die Inanspruchnahme des Investitionsabzugsbetrags nach § 7g EStG erfordert u. a., dass der Steuerpflichtige beabsichtigt, das Wirtschaftsgut voraussichtlich mindestens bis zum Ende des dem Wirtschaftsjahr der Anschaffung oder Herstellung folgenden Wirtschaftsjahres in einer inländischen Betriebsstätte des Betriebs ausschließlich oder **fast ausschließlich betrieblich zu nutzen**. Diese Nutzungsvoraussetzung ist für den BFH auch dann erfüllt, wenn ein Investitionsgut (im Streitfall: Werkzeug), für das der Investitionsabzugsbetrag geltend gemacht wird, ausschließlich von einer beauftragten Gesellschaft im Rahmen einer Auftragsproduktion für den Steuerpflichtigen bzw. Investor eingesetzt und verwahrt wird (BFH, Urteil v. 3.12.2020, IV R 16/18, BStBl 2021 II S. 382).

Entscheidend sei, dass die beauftragte Gesellschaft vertraglich nicht zur Nutzung zu eigenen Zwecken berechtigt ist, sondern die Werkzeuge ausschließlich für die Produktion für den Investor einsetzt. Die durch das Investitionsgut erfolgende Wertschöpfung müsse allein in dem Betrieb des Investors erfasst werden. Zudem solle eine jederzeitige Herausgabeverpflichtung an den Investor bestehen. Der BFH folgt damit einer funktionalen Auslegung. So war auch unschädlich, dass die Auftragsproduktion in einer ausländischen Betriebsstätte der beauftragten Gesellschaft erfolgte.

Hinweis

Mit dem Jahressteuergesetz 2020 v. 21.12.2020 (BGBl 2020 I S. 3096) hat der Gesetzgeber für Investitionsabzugsbeträge, die in nach dem 31.12.2019 endenden Wirtschaftsjahren in Anspruch genommen werden, den Anwendungsbereich des § 7g EStG bereits auf langfristig vermietete Wirtschaftsgüter erweitert.

2.1.7 Sonderregelung für nachträglich beantragte Investitionsabzugsbeträge

Die Neuregelung des § 7g Abs. 2 Satz 2 EStG im Jahressteuergesetz 2020 v. 21.12.2020 (BGBl 2020 I S. 3096) verhindert die Verwendung von Investitionsabzugsbeträgen für Investitionen, die zum Zeitpunkt der Geltendmachung bereits angeschafft oder hergestellt wurden. Danach ist bei nachträglicher Inanspruchnahme von Investitionsabzugsbeträgen (d. h. nach Eintritt der Unanfechtbarkeit der erstmaligen Steuerfestsetzung oder der erstmaligen gesonderten Feststellung) eine Verwendung für bereits angeschaffte oder hergestellte Wirtschaftsgüter unmöglich.

Hinweis

§ 7g Abs. 2 Satz 2 EStG ist erstmals für Investitionsabzugsbeträge anzuwenden, die in nach dem 31.12.2020 endenden Wirtschaftsjahren in Anspruch genommen werden (§ 52 Abs. 16 Satz 2 EStG).

2.1.8 Befristete degressive AfA

Für **bewegliche Wirtschaftsgüter** des Anlagevermögens, die nach dem 31.12.2019 und vor dem 1.1.2022 angeschafft oder hergestellt wurden, besteht unter bestimmten Voraussetzungen die Möglichkeit, die befristet durch das Zweite Corona-Steuerhilfegesetz v. 29.6.2020 (BGBl 2020 I S. 1512) eingeführte degressive AfA zu nutzen (§ 7 Abs. 2 EStG). Der degressive Abschreibungssatz darf höchstens das 2,5-Fache der derzeit geltenden AfA betragen und 25 % nicht übersteigen.

Hinweis

Ab dem Jahr, in dem die lineare AfA höher ist, ist ein **Wechsel der Abschreibungsmethode** zulässig (§ 7 Abs. 3 Satz 1 EStG).

Hinweis

Die Wirtschaftsgüter sind in ein **besonderes, laufend zu führendes Verzeichnis** aufzunehmen, das den Tag der Anschaffung oder Herstellung, die Anschaffungs- oder Herstellungskosten, die betriebsgewöhnliche Nutzungsdauer und die Höhe der jährlichen Absetzungen für Abnutzung enthält, sofern diese Angaben nicht aus der Buchführung ersichtlich sind (§ 7 Abs. 2 Satz 3 EStG i. V. m. § 7a Abs. 8 EStG).

Für Wirtschaftsgüter, die degressiv abgeschrieben werden, dürfen nach § 7 Abs. 2 Satz 4 EStG keine Absetzungen für außergewöhnliche technische oder wirtschaftliche Abnutzung vorgenommen werden.

2.2 Steuerbefreiung von Sanierungsgewinnen

Sanierungserträge werden unter bestimmten Voraussetzungen des § 3a EStG von der Besteuerung ausgenommen. So muss der Steuerpflichtige für den Zeitpunkt des Schuldenerlasses die Sanierungsbedürftigkeit und die Sanierungsfähigkeit des Unternehmens, die Sanierungseignung des betrieblich begründeten Schuldenerlasses und die **Sanierungsabsicht** der Gläubiger **nachweisen** können (§ 3a Abs. 2 EStG). Der BFH greift für die Auslegung von § 3a Abs. 1 Satz 1 i.V.m. Abs. 2 EStG auf die zu § 3 Nr. 66 EStG a.F. aufgestellten Rechtsgrundsätze zurück. Zum Nachweis der Sanierungsabsicht der Gläubiger reiche es danach nicht aus, dass der Gläubiger den Abschluss eines objektiv sanierungsdienlichen Erlassvertrags beabsichtigt habe. Vielmehr müsse der Gläubiger – selbst bei vordergründigem Selbstnutz – zumindest auch in der Absicht fremdnütziger Sanierung gehandelt haben (BFH, Beschluss v. 27.11.2020, X B 63/20 (NV), BFH/NV 2021 S. 531).

Hinweis

Im konkreten Fall konnte das FG Hamburg als Vorinstanz nicht feststellen, ob für die den Teilverzicht aussprechende Bank die Sanierung des Unternehmens mitentscheidend war (FG Hamburg v. 12.6.2020, 5 K 160/17). Laut BFH ging das FG zu Recht davon aus, dass die Bank ausschließlich eigennützige Motive verfolgte (Erzielung von möglichst hohen Tilgungsbeträgen für den bereits wertberichtigten Kredit).

2.3 Gewerbesteuer

2.3.1 Anpassung der Kürzungsvorschriften

Durch das ATADUmsG v. 25.6.2021 (BGBl 2021 I S. 2035) wurden die gewerbesteuerlichen Kürzungsvorschriften für Fälle von zwischengeschalteten **ausländischen Mitunternehmerschaften und Betriebsstätten** angepasst (§ 9 Nr. 2 Satz 2 und Satz 4 sowie § 9 Nr. 3 Satz 1 GewStG). Dadurch wird die gewerbesteuerliche Erfassung des Hinzurechnungsbetrags im Fall der Zwischenschaltung einer ausländischen Mitunternehmerschaft oder Betriebsstätte sichergestellt. Auf der anderen Seite wird bei Beteiligungsketten über zwischengeschaltete inländische Mitunternehmerschaften sichergestellt, dass der Hinzurechnungsbetrag nicht mehrfach der Gewerbesteuer unterliegt (sondern nur bei der ersten inländischen Mitunternehmerschaft).

Hinweis

Die Änderungen finden rückwirkend ab VZ 2021 Anwendung.

2.3.2 Umfang der Gewerbesteuerbefreiung

Laut BFH erfasst die Gewerbesteuerbefreiung nach § 3 Nr. 20 Buchst. c und d GewStG (betrifft u.a. Altenheime, Pflegeheime und Einrichtungen zur vorübergehenden Aufnahme pflegebedürftiger Personen) nur die Gewinne, die aus dem Betrieb der jeweiligen Einrichtung selbst erzielt werden. Erzielte Gewinne aus daneben vom Träger ausgeübten Tätigkeiten, die nicht vom Zweck der Steuerprivilegierung gedeckt sind, unterfallen dagegen der Gewerbesteuer (BFH, Urteil v. 1.9.2021, III R 20/19).

Im konkreten Fall erzielte eine GmbH neben der Erbringung von Pflegeleistungen gegenüber kranken Personen auch Zins- und Provisionserträge aus Verträgen mit Dritten bzw. Gesellschaftern, die laut BFH insoweit der Gewerbesteuer unterliegen. Nach § 3 Nr. 20 Buchst. c und d GewStG seien nur die aus dem Betrieb der Einrichtung selbst resultierenden Erträge begünstigt.

Hinweis

Dabei setze die Annahme einer steuerpflichtigen Tätigkeit laut BFH nicht voraus, dass die Tätigkeit die Voraussetzungen eines wirtschaftlichen Geschäftsbetriebs i.S. des § 14 Satz 1 AO erfüllt, den Rahmen der privaten Vermögensverwaltung verlässt oder besondere organisatorische Vorkehrungen erfordert. Vielmehr genüge es, dass der Tätigkeit trennbare Erträge zugeordnet werden können.

2.3.3 (Nicht)-Hinzurechnung von Herstellungskosten

Mietzinsen, die zu Herstellungskosten von materiellen Wirtschaftsgütern führen, sind laut BFH auch dann nicht dem Gewinn aus Gewerbebetrieb hinzuzurechnen, wenn die Wirtschaftsgüter **unterjährig aus dem Betriebsvermögen ausscheiden** und folglich keine Aktivierung der hergestellten Wirtschaftsgüter am Bilanzstichtag stattfindet (vgl. BFH, Urteile v. 30.7.2020, III R 24/18, BFH/NV 2021 S. 122, und v. 20.5.2021, IV R 31/18 (NV), BFH/NV 2021 S. 1079).

Anderseits verstößt es für den BFH nicht gegen Art. 3 GG, dass Miet- oder Pachtaufwendungen, die ohne das Aktivierungsverbot des § 5 Abs. 2 EStG nach § 255 Abs. 2 und 2a HGB Herstellungskosten immaterieller Wirtschaftsgüter wären und die bereits im Jahr der Herstellung aus dem Anlagevermögen ausscheiden, nach § 8 Nr. 1 Buchst. d und e GewStG hinzugerechnet werden (BFH, Urteil v. 12.11.2020, III R 38/17, BFH/NV 2021 S. 1152).

Für die Voraussetzung für die Hinzurechnung – das Vorliegen von fiktivem Anlagevermögen (Wirtschaftsgüter würden zum Anlagevermögen des Mieters gehören, wenn er ihr Eigentümer wäre) – stellt der BFH maßgeblich auf die **Zweckbestimmung im Betrieb** ab. Diese hänge einerseits subjektiv vom Willen des Steuerpflichtigen ab, müsse sich andererseits an objektiven Merkmalen nachvollziehen lassen (z.B. Art des Wirtschaftsguts, Art und Dauer der Verwendung im Betrieb). Ein Gegenstand könne auch dann dem Anlagevermögen zuzuordnen sein, wenn er nur kurzfristig gemietet wird, allerdings derartige Wirtschaftsgüter ständig für den Gebrauch im Betrieb benötigt werden.

Hinweis

Für Zwecke der erforderlichen Abgrenzung zum Umlaufvermögen bei der Beurteilung von Aufwendungen eines Filmproduzenten für die Anmietung von Ausstattungsgegenständen (z.B. Kostüme, Requisiten und Kamerasysteme) orientierte sich der BFH daran, ob das zeitlich begrenzte (fiktive) Eigentum dazu bestimmt ist, der dauerhaften Herstellung neuer Produkte zu dienen, oder ob die Nutzung sich mit der Herstellung eines Produkts, hier eines Films, gleichsam verbraucht. Insoweit könne diese Prüfung für die unterschiedlichen Gegenstände auch unterschiedliche Rechtsfolgen nach sich ziehen.

2.3.4 Gewerbesteuerliches Bankenprivileg

Die Fünfte Verordnung zur Änderung steuerlicher Verordnungen vereint zur Vereinfachung des Gesetzgebungsverfahrens eine Reihe von Änderungen in diversen steuerlichen Verordnungen in einer sog. 5. Mantelverordnung (BGBl 2020 I S. 1495). Dazu gehört insbesondere eine Beschränkung des sog. gewerbesteuerlichen Bankenprivilegs (§ 19 GewStDV), das bei den gewerbesteuerlichen Hinzurechnungen von Zinsen nach § 8 Nr. 1 Buchst. a GewStG eine begünstigende Sonderregelung für Kreditinstitute vorsieht. Diese Sonderregelung wird ab Erhebungszeitraum 2021 konkret auf Kreditinstitute beschränkt, die dem § 1 Abs. 1 des Kreditwesengesetzes unterliegen.

Hinweis

Damit reagiert der Verordnungsgeber auf ein Urteil des BFH v. 6.12.2016 (I R 79/15, BStBl 2019 II S. 173), nach dem auch Konzernfinanzierungsgesellschaften, die keiner Aufsicht unterliegen, vom sog. Bankenprivileg profitieren können.

2.3.5 Wegfall gewerbesteuerlicher Fehlbeträge bei Abspaltung von Mitunternehmeranteilen

Nach § 19 Abs. 2 UmwStG und nach § 10a Satz 10 Hs. 1 GewStG (entsprechende Anwendung der Konzernklausel nach § 8c Abs. 1 Satz 5 KStG) bleiben gewerbesteuerliche Fehlbeträge bei der Vermögensübertragung von einer Körperschaft auf eine andere Körperschaft grundsätzlich bestehen. Dies betrifft aber allein den Fehlbetrag der Körperschaft selbst. Dieser Anwendungsbereich erstreckt sich laut BFH nicht auf Fehlbeträge von Mitunternehmerschaften, deren Anteile sich in dem übertragenen Vermögen befinden (BFH, Urteil v. 12.11.2020, IV R 29/18, BStBl 2021 II S. 722).

Hinweis

Im konkreten Fall erfolgte die Übertragung von Mitunternehmeranteilen auf eine andere im Konzern befindliche GmbH im Wege der Abspaltung nach § 15 UmwStG. Die vortragsfähigen Gewerbeverluste der Mitunternehmerschaft gingen insoweit unter, als diese der Kapitalgesellschaft zuzurechnen waren. Die Anwendung der Konzernklausel des § 8c Abs. 1 Satz 5 KStG (über § 10a Satz 10 Hs. 1 GewStG) wies der BFH zurück, da diese auf Gesellschafterwechsel bei einer Körperschaft beschränkt sei. Auch § 19 UmwStG half nicht, da dieser nur für den Gewerbeertrag bzw. Gewerbeverlust der übertragenden Körperschaft gelte.

2.3.6 Gewerbesteuerlicher Freibetrag bei unterjähriger Begründung einer GmbH & atypisch Still

Nimmt eine GmbH im laufenden Jahr eine natürliche Person als atypisch stillen Gesellschafter auf, ist der für Personengesellschaften geltende gewerbesteuerliche Freibetrag (§ 11 Abs. 1 Satz 3 Nr. 1 GewStG) i. H. v. 24.500 EUR laut BFH für die GmbH & atypisch Still in vollem Umfang, nicht aber für den GmbH-Gewinn zu gewähren (BFH, Urteil v. 15.7.2020, III R 68/18, BFH/NV 2021 S. 589). Der ungekürzte Freibetrag sei nur von dem Gewerbeertrag der GmbH & atypisch Still selbst und damit von dem Gewerbeertrag seit Begründung der Mitunternehmerschaft zu kürzen. Der GmbH stehe der Freibetrag nicht zu und der aufgrund des von ihr vor der Aufnahme des stillen Gesellschafters erzielten Gewinns ermittelte Gewerbeertrag sei daher nicht zu kürzen.

Hinweis
Der BFH weist auch darauf hin, dass der die GmbH & atypisch Still betreffende **Gewerbesteuermessbescheid** an die GmbH als Geschäftsherrn zu **adressieren** ist, da die GmbH & atypisch Still als reine Innengesellschaft ohne Gesamthandsvermögen zwar sachlich gewerbesteuerpflichtig, jedoch nicht Steuerschuldner i. S. v. § 5 Abs. 1 GewStG ist.

2.3.7 Anrechnung ausländischer Quellensteuer auf die Gewerbesteuer

Laut Hessischem FG kann die einbehaltene ausländische (hier konkret kanadische) Quellensteuer auf Kapitalerträge auch auf die inländische Gewerbesteuer angerechnet werden (Urteil v. 26.8.2020, 8 K 1860/16).

Das FG bejahte den Anspruch auf Anrechnung der ausländischen Quellensteuer auf die Gewerbesteuer unmittelbar auf Grundlage des hier einschlägigen **DBA Kanada**. Zur Vermeidung der Doppelbesteuerung gelte die Anrechnung der Quellensteuer nach Art. 23 Abs. 2 Buchst. b Doppelbuchst. aa DBA Kanada nicht nur für die Einkommensteuer, sondern auch für die Gewerbesteuer. Die Anrechnungsvorschrift im DBA Kanada differenziere dabei nicht zwischen einer Anrechnung auf die Körperschaft- oder Einkommensteuer einerseits und einer Anrechnung auf die Gewerbesteuer andererseits. Aufgrund der im DBA Kanada enthaltenen Anordnung als Rechtsfolgenverweis seien § 26 Abs. 1 Satz 1 Nr. 1 KStG und § 34c Abs. 6 Satz 2 EStG im Wege einer ergänzenden Rechtsfortbildung entsprechend anzuwenden. Mangels Körperschaftsteuerfestsetzung im konkreten Fall ließ das FG offen, in welcher Reihenfolge die Anrechnung bei der Körperschaftsteuer einerseits und bei der Gewerbesteuer andererseits vorzunehmen ist.

Hinweis
Gegen das Urteil ist Revision anhängig (I R 8/21). In ähnlich gelagerten Fällen sollte das Offenhalten der Veranlagungen geprüft werden.

2.3.8 Erweiterte Grundstückskürzung bei EEG-Stromlieferung und Elektro-Ladestationen

Voraussetzung für die Anwendung der erweiterten Grundstückskürzung nach § 9 Nr. 1 Satz 2 ff. GewStG ist, dass sich das begünstigte Unternehmen auf die gesetzlich abschließend **definierten begünstigten Tätigkeiten** beschränkt (im Wesentlichen die Verwaltung von eigenem Grundbesitz). Dieser Katalog wurde durch das Gesetz zur Stärkung des Fondsstandorts Deutschland (FoStoG) v. 3.6.2021 (BGBl 2021 I S. 1498) auf die **Stromerzeugung aus erneuerbaren Energien** i.S. des § 3 Nr. 21 EEG und den Betrieb von **Ladestationen für Elektrofahrzeuge** ausgeweitet. Voraussetzung ist, dass diese Einnahmen in dem für den Erhebungszeitraum maßgeblichen Wirtschaftsjahr nachweislich 10 % der Einnahmen aus der Gebrauchsüberlassung des Grundbesitzes nicht überschreiten und der Strom eingespeist oder an den Mieter des Grundstücksunternehmens geliefert wird (keine Fremdnutzung). Der Selbstverbrauch von erzeugtem Strom steht der erweiterten Kürzung ebenfalls nicht entgegen. Gewerbliche Einnahmen aus dem Betrieb eines Blockheizkraftwerks sind nicht begünstigt. Des Weiteren wurde eine allgemeine Unschädlichkeitsgrenze von 5 % für nicht begünstigte sonstige Einnahmen aus unmittelbaren Vertragsbeziehungen mit den Mietern des Grundbesitzes eingeführt. Als Folge sind die Einnahmen aus den o.g. Nebentätigkeiten (Stromerzeugung aus erneuerbaren Energien, Betrieb von Ladestationen sowie andere mieternahe Tätigkeiten) unschädlich, aber gewerbesteuerpflichtig.

Hinweis
Die Änderungen finden rückwirkend ab VZ 2021 Anwendung.

2.3.9 (Keine) erweiterte gewerbesteuerliche Grundstückskürzung

Mit Urteil v. 15.4.2021 (IV R 32/18, BStBl 2021 II S. 624) hat der BFH die bisher strittige Frage, ob Wohnungsbauten i.S. des § 9 Nr. 1 Satz 2 GewStG auch gemischt genutzte Gebäude sein können, höchstrichterlich entschieden. Im zugrundeliegenden Fall war der Unternehmensgegenstand der betroffenen GmbH & Co. KG der Bau bzw. die Anschaffung und die Bewirtschaftung von Wohnungen sowie gewerblich genutzter Gebäude für eigene Rechnung, die Verwaltung sonstigen Vermögens und alle damit zusammenhängenden Tätigkeiten. Im Streitjahr verwaltete die Gesellschaft neben Wohnungen und gewerblichen Einheiten, die sich in ihrem Eigentum befanden, auch fremden Grundbesitz. Zu dem letztgenannten Grundbesitz gehörten auch gemischt genutzte Gebäude. Laut BFH ist die Betreuung gemischt genutzter Gebäude nicht als Betreuung von Wohnungsbauten i.S. des § 9 Nr. 1 Satz 2 GewStG anzusehen.

Hinweis

Laut BFH erfasst § 9 Nr. 1 Satz 2 GewStG mit dem Begriff der Wohnungsbauten nur Gebäude, die ausschließlich Wohnzwecken dienen. Gemischt genutzte Gebäude werden dagegen nicht von diesem Satz 2 erfasst, sondern nur (unter bestimmten Voraussetzungen) von Satz 3. Der BFH bejahte damit die Ausübung einer kürzungsschädlichen Tätigkeit und versagte in diesem Fall die erweiterte gewerbesteuerliche Grundstückskürzung. Der Fall zeigt einmal mehr die Notwendigkeit, bei der Nutzung der erweiterten Grundstückskürzung die Tätigkeiten genau zu analysieren (vgl. zu Änderungen bei der erweiterten Grundstückskürzung auch Kapitel Rückblick Tz. 2.3.8).

2.3.10 Gewerbesteuerzerlegung bei EEG-Anlagenbetreibern

Durch eine Änderung in § 29 Abs. 1 Nr. 2 GewStG durch das Fondsstandortgesetz v. 3.6.2021 (BGBl 2021 I S. 1498) erfolgt die Zerlegung zu 90 % zugunsten der Standortkommunen nach der installierten Leistung i.S.v. § 3 Nr. 31 des Erneuerbare-Energien-Gesetzes (bisher zu 70 % anhand des maßgebenden Sachanlagevermögens) und zu 10 % (bisher 30 %) nach dem Verhältnis der gezahlten Löhne und Gehälter (§ 29 Abs. 1 Nr. 2 lt. a GewStG). Für Photovoltaikanlagen wurde darüber hinaus die Übergangsregelung in § 29 Abs. 1 Nr. 2 lt. b GewStG angepasst. Demnach wird der neue Verteilungsmaßstab für VZ 2021-2023 anteilig nur auf nach dem 30.6.2013 genehmigte Neuanlagen angewendet.

Hinweis

Die Änderungen sind erstmals rückwirkend für VZ 2021 anzuwenden.

2.4 Umwandlungssteuer

2.4.1 Neues Verlustabzugsverbot

Durch das Abzugsteuerentlastungsmodernisierungsgesetz (AbzStEntModG) v. 2.6.2021 (BGBl 2021 I S. 1259) wurde ein Verlustabzugsverbot für im steuerlichen Rückwirkungszeitraum geschaffenes Verlustpotenzial in § 2 Abs. 5 UmwStG eingeführt. Danach können Wertverluste von Wirtschaftsgütern, die dem übernehmenden Rechtsträger nur aufgrund der steuerlichen Rückwirkung zugerechnet werden und die wirtschaftlich bereits bei dem übertragenden Rechtsträger eingetreten sind, grundsätzlich nicht mit Gewinnen des übernehmenden Rechtsträgers verrechnet werden.

Hinweis

Das neue Verlustabzugsverbot ist erstmalig auf Umwandlungen anzuwenden, bei denen die Anmeldung zur Eintragung bzw. bei Einbringungen der Übergang des wirtschaftlichen Eigentums am Tag nach der Veröffentlichung des Referentenentwurfs (20.11.2020) erfolgt.

2.4.2 Verlängerung des Rückwirkungszeitraums

Zeitlich befristet wurde für die Jahre 2020 und 2021 der umwandlungssteuerliche Rückwirkungszeitpunkt von acht auf 12 Monate verlängert, vgl. § 17 Abs. 2 Satz 4 UmwG, § 2 UmwStG, § 27 Abs. 15 UmwStG (vgl. zur Verlängerung für 2021 GesRGenRCOVMVV v. 20.10.2020, BGBl 2020 I S. 2258 und VO zu § 27 Abs. 15 UmwStG v. 18.12.2020, BGBl 2020 I S. 3042).

2.4.3 Einbringungsgewinn II nach Formwechsel

Soweit im Rahmen einer Sacheinlage oder eines Anteilstauschs unter dem gemeinen Wert eingebrachte Anteile innerhalb eines Zeitraums von sieben Jahren nach dem Einbringungszeitpunkt durch die übernehmende Gesellschaft veräußert werden sowie weitere Voraussetzungen erfüllt sind, ist der Gewinn aus der Einbringung von Anteilen im Wirtschaftsjahr der Einbringung rückwirkend als sog. Einbringungsgewinn II zu besteuern (§ 22 Abs. 2 Satz 1 UmwStG).

Auch im Formwechsel der übernehmenden Kapitalgesellschaft in eine Personengesellschaft innerhalb von sieben Jahren nach einem Anteilstausch sieht der BFH eine Veräußerung, die zu einem steuerpflichtigen Einbringungsgewinn II führt (BFH, Urteil v. 18.11.2020, I R 25/18, BStBl 2021 II S. 732). Dies gelte auch bei Fortführung der Buchwerte und selbst dann, wenn es durch den Formwechsel zu keiner Verbesserung des steuerlichen Status gekommen ist. Der BFH verneint insoweit eine teleologische Reduktion des § 22 Abs. 2 UmwStG.

Hinweis
Der BFH folgt damit seiner bisherigen Rechtsprechung, wonach Umwandlungen als tauschähnliche Vorgänge unter den maßgebenden Veräußerungsbegriff fallen. Er bestätigt insoweit auch die Auffassung der Finanzverwaltung (vgl. Rz. 22.07 i. V. m. Rz. 00.02 UmwSt-Erlass).

2.5 Internationales Steuerrecht

2.5.1 Abzugsbeschränkungen bei hybriden Gestaltungen

Der mit dem ATAD-Umsetzungsgesetz v. 25.6.2021 (BGBl 2021 I S. 2035) neu eingefügte § 4k EStG (hybride Gestaltungen) betrifft im Wesentlichen Finanzierungsstrukturen und **versagt** den **Betriebsausgabenabzug** in bestimmten Fallkonstellationen unter nahestehenden Personen, bei „abgestimmtem Verhalten“ und bei „strukturierten Gestaltungen“ (Konzernsachverhalte). Vom § 4k EStG können nicht nur Zinsen, sondern auch Lizenzen, Miet- und Dienstleistungsentgelte, Abschreibungen sowie fiktive Aufwendungen in Betriebsstättenfällen betroffen sein.

Nach § 4k Abs. 1 bis 3 EStG (Deduction/Non-inclusion Inkongruenzen) wird z. B. der Betriebsausgabenabzug von Aufwendungen versagt, soweit die den (deutschen) Aufwendungen entsprechenden Erträge aufgrund abweichender steuerlicher Qualifikation (hybride Finanzinstrumente) oder Zurechnung im Ausland (hybride Übertragungen) nicht oder niedriger besteuert werden. Nach § 4k Abs. 4 EStG (Double Deduction-Inkongruenzen) ist der Betriebsausgabenabzug von Aufwendungen unzulässig, soweit die Aufwendungen auch in einem anderen Staat berücksichtigt werden. Nach § 4k Abs. 5 EStG (importierte Besteuerungsinkongruenzen) dürfen

Aufwendungen nicht als Betriebsausgaben abgezogen werden, soweit den daraus resultierenden Erträgen wiederum Aufwendungen gegenüberstehen, die bei entsprechender Anwendung des Abs. 5 oder der Abs. 1 bis 4 versagt würden (hybride Aufwendungen); d.h. eine Verkettung von Aufwendungen und Erträgen reicht zur Annahme einer „importierten **Besteuerungsinkongruenz**“ aus.

Hinweis

Die Regelungen des § 4k EStG sind rückwirkend für Aufwendungen anwendbar, die nach dem 31.12.2019 entstehen. Auf Aufwendungen, die rechtlich bereits vor dem 1.1.2020 veranlasst sind, findet § 4k EStG nur unter bestimmten zusätzlichen Voraussetzungen Anwendung.

Flankierend wurde ein neuer Tatbestand zur Versagung der DBA-Freistellung bei Besteuerungsinkongruenzen aufgrund hybrider Betriebsstättensachverhalte eingeführt (§ 50d Abs. 9 Satz 1 Nr. 3 EStG). Zu der ebenfalls eingeführten Versagung der Steuerbefreiung des § 8b Abs. 1 KStG vgl. Kapitel Rückblick Tz. 4.4.

2.5.2 Änderungen beim Ent- und Verstrickungskonzept

Nach dem im Rahmen des ATAD-Umsetzungsgesetzes v. 25.6.2021 (BGBl 2021 I S. 2035) erweiterten Ent- und Verstrickungstatbestand wird auch bei einem **Wegfall der Beschränkung des deutschen Besteuerungsrechts** (u. a. bei Überführung eines Wirtschaftsguts aus einer ausländischen Anrechnungsbetriebsstätte in eine inländische Betriebsstätte) auf Antrag zunächst eine Entstrickung und anschließend eine Verstrickung fingiert, wenn auch im Ausland eine Entstrickungsbesteuerung (Exit Tax) ausgelöst wird (§ 4 Abs. 1 Satz 3, 2. HS und Satz 9 EStG). Bei Verzicht auf die Antragstellung erfolgt zunächst keine Aufdeckung stiller Reserven im Inland, sofern ein ausländischer Staat seiner Entstrickungsbesteuerung einen höheren Wert als den Buchwert zugrunde legt. Zu weiteren Änderungen zählen die Wertverknüpfung bei Verstrickung (§ 6 Abs. 1 Nr. 5a und 5b EStG) und die Erweiterung des Tatbestands des Ausgleichspostens nach § 4g EStG (ebenso Neufassung der Auflösungstatbestände, Neufassung des § 36 Abs. 5 EStG). Entsprechende Änderungen sind für die Körperschaften in § 12 Abs. 1 und 1a KStG enthalten.

Hinweis

Das erweiterte Ent- und Verstrickungskonzept ist rückwirkend ab dem VZ 2020 zu beachten.

2.5.3 Reform des § 50d Abs. 3 EStG und Modernisierung der Abzugsteuerentlastung

Das Abzugsteuerentlastungsmodernisierungsgesetz (AbzStEntModG) v. 2.6.2021 (BGBl 2021 I S. 1259) umfasst insbesondere die unionsrechtliche Anpassung der Anti-treaty-shopping-Vorschrift des § 50d Abs. 3 EStG und die Vereinfachung des Entlastungsverfahrens von der Kapitalertragsteuer und vom Steuerabzug nach § 50a EStG.

Mit der geänderten Entlastungsberechtigung nach § 50d Abs. 3 EStG gehen auch Verschärfungen einher. Insbesondere ist – anders als bisher bei der persönlichen Entlastungsberechtigung – auf Ebene der an dem Körperschaftsteuerpflichtigen Beteiligten zu prüfen, ob sich die **Entlastung aus derselben Rechtsgrundlage** (z. B. dasselbe DBA) ergibt. Für das Erfüllen der sachlichen Entlastungsberechtigung ist ein wesentlicher Zusammenhang zwischen der Einkunftsquelle und der Wirtschaftstätigkeit der Körperschaftsteuerpflichtigen erforderlich. So gilt laut Gesetzesbegründung das Erzielen von Einkünften und das reine Weiterleiten (passive Beteiligungsverwaltung) nicht als Wirtschaftstätigkeit. Des Weiteren wurde ein eigenständiger Gegenbeweis eingeführt, die Börsenklausel verschärft und die Ausnahme für das InvStG ersatzlos gestrichen.

Hinweis

Der neue § 50d Abs. 3 EStG ist in allen offenen Fällen anzuwenden, es sei denn, § 50d Abs. 3 in der Fassung, die zu dem Zeitpunkt galt, in dem die Einkünfte zugeflossen sind, steht dem Anspruch auf Entlastung nicht entgegen (§ 52 Abs. 47b EStG).

Daneben wurden durch das AbzStEntModG die Regelungen zum **Verfahren zur Entlastung von Kapitalertragsteuer** und vom Steuerabzug nach § 50a auf der Grundlage der §§ 43b, 50g EStG oder DBA außerhalb des Veranlagungsverfahrens in den neuen § 50c EStG überführt und angepasst.

Hinweis

Die Vorschriften des reformierten Entlastungsverfahrens nach § 50c EStG sind grds. erstmals am Tag nach der Verkündung in Kraft getreten (9.6.2021) und über die allgemeine Anwendungsregelung des § 52 Abs. 1 EStG erstmals für den VZ 2021 anzuwenden.

Hinweis

Durch das AbzStEntModG wurde der bisherige § 44a Abs. 10 Satz 1 Nr. 2 EStG aufgehoben und damit die **Abstandnahme vom Steuerabzug bei Dauerüberzahlern** in bestimmten Fällen eingeschränkt. Zur Vermeidung einer rückwirkenden Anwendung bereits ab dem 1.1.2021 im Steuerabzugsverfahren gewährte das BMF mit Schreiben v. 17.6.2021 (IV C 1 – S 2405/19/10009:002, n.v.) eine Nichtbeanstandungsregelung bis zum 31.7.2021. Demnach wird es nicht beanstandet, wenn die Regelung zur Aufhebung der Abstandnahme nach § 44a Abs. 10 Satz 1 Nr. 2 EStG erst ab dem 1.8.2021 berücksichtigt wird.

2.5.4 Lizenzvergütungen in reinen Auslandsfällen

Vergütungen für die **zeitlich befristete Überlassung von Rechten**, die in einem inländischen öffentlichen Buch oder Register eingetragen sind, unterliegen grundsätzlich der beschränkten Steuerpflicht (§ 49 Abs. 1 Nr. 2 Buchst. f sowie Nr. 6 EStG).

In allen noch offenen, **materiell unstreitigen DBA-Fällen** zeitlich befristeter Rechteüberlassung zwischen ausländischen Rechtsträgern (sog. Registerfälle) gem. § 49 Abs. 1 Nr. 2 Buchst. f sowie Nr. 6 EStG gewährt das BMF eine Vereinfachungsregelung (sog. „vereinfachtes Verfahren“). Danach ist für bis zum 30.09.2021 zugeflossene Lizenzvergütungen **weder eine Steueranmeldung noch ein Steuerabzug** vorzunehmen, wenn der Vergütungsgläubiger (Lizenzgeber) oder der von ihm bevollmächtigte Vergütungsschuldner spätestens bis zum 31.12.2021 entsprechende rückwirkende Freistellungsanträge analog zu § 50d Abs. 2 Satz 1 EStG stellt (BMF, Schreiben v. 11.2.2021, BStBl 2021 I S. 301). Diese zunächst bis zum 31.12.2021 geltende Befristung wurde auf den 30.6.2022 verlängert (BMF, Schreiben v. 14.7.2021, BStBl 2021 I S. 1005). Das vereinfachte Verfahren kann unter den festgesetzten Voraussetzungen des Schreibens vom 11.2.2021 (u.a. materiell unstreitige DBA-Fälle) nunmehr auch für Vergütungen in Anspruch genommen werden, die dem Vergütungsgläubiger **in der Vergangenheit zugeflossen** sind oder **bis zum 30.6.2022 zufließen.** Dies gilt nur unter der Voraussetzung, dass der Antrag auf Freistellung vom Steuerabzug analog § 50d Abs. 2 Satz 1 EStG (jetzt § 50c Abs. 2 Satz 1 Nr. 1 EStG i.d.F. AbzStEntModG) bis zum 30.6.2022 (bisher 31.12.2021) beim BZSt gestellt wird.

In allen Nicht-DBA Fällen oder in Fällen, in denen § 50d EStG oder Abkommensklauseln einer tatsächlichen DBA-Freistellung entgegenstehen, bleibt es erforderlich, Steueranmeldungen abzugeben und Steuerabzugsbeträge abzuführen. Zweifel an der Abkommensberechtigung sieht die Finanzverwaltung insbesondere bei **Qualifikationskonflikten**, **doppelter Ansässigkeit** oder **hybriden Gesellschaften** als gegeben an. Wird der Freistellungsantrag abgelehnt, muss der Vergütungsschuldner binnen eines Monats nach Bekanntgabe Steueranmeldungen für die Vergütungen einreichen und entsprechende Steuerabzugsbeträge abführen.

Hinweis

Das neue BMF-Schreiben nimmt ausschließlich Bezug auf die zeitlich befristete Überlassung von Rechten. Für die **Veräußerung von Rechten** ist laut BMF-Schreiben v. 11.2.2021 auch bei mangelndem Besteuerungsrecht aufgrund von DBA die **Abgabe einer Steuererklärung** erforderlich. Unter bestimmten Voraussetzungen der abkommensrechtlichen Regelungen kann der beschränkt Steuerpflichtige jedoch darauf verzichten, die durch die Veräußerung des Rechts erzielten steuerbaren inländischen Einkünfte zu ermitteln und kann eine Steuererklärung mit Null EUR einreichen.

2.5.5 Internationale Verständigungs- und Schiedsverfahren

Mit dem EU-DBA-Streitbeilegungsgesetz (EU-DBA-SBG) v. 10.12.2019 (BGBl 2019 I S. 2103) wurde eine **Alternative** zu den Verfahren nach einem DBA oder nach der EU-Schiedskonvention eingeführt. Mit der Neufassung des „Merkblatts zu internationalen Verständigungs- und Schiedsverfahren (Streitbeilegungsverfahren)“ v. 27.8.2021 (BStBl 2021 I S. 1495) hat die Finanzverwaltung u.a. Einzelheiten zu dieser neuen Alternative in das Merkblatt eingearbeitet.

Hinweis

Das EU-DBA-SBG gilt für Steuerjahre, die am oder nach dem 1.1.2018 beginnen. In Abstimmung mit der zuständigen Behörde des anderen Mitgliedsstaats will die Finanzverwaltung auf Wunsch des Steuerpflichtigen die Verfahren nach dem EU-DBA-SBG auch bereits früher anwenden. Dies soll aber keine Präzedenzwirkung über den Einzelfall hinaus haben (Rn. 146 f.). Des Weiteren sind entsprechend dem EU-DBA-SBG **Verfahrenserleichterungen für natürliche Personen und kleinere Unternehmen** vorgesehen.

Neben dem Streitbeilegungsverfahren nach dem EU-DBA-SBG äußert sich das Merkblatt auch zu der weiterhin bestehenden Möglichkeit eines Streitbeilegungsverfahrens (Verständigungs- oder Schiedsverfahren) entweder nach den einzelnen DBA oder nach der EU-Schiedskonvention und deren Konkurrenzverhältnis zwischen den einzelnen Verfahren sowie dem Verhältnis zu nationalen Rechtsbehelfsverfahren.

Neben vielfältigen Ausführungen zu allgemeinen Vorgaben (etwa zur erforderlichen Sprache der Antragstellung, zur Antragsfrist, zu Anforderungen an die Sachverhaltsdokumentation) sind u.a. auch Ausführungen zur Antragstellung von Personengesellschaften enthalten sowie umfangreiche verfahrensrechtliche Ausführungen (u.a. zu § 175a AO).

Hinweis

Das aktualisierte Merkblatt enthält in der neuen Fassung auch eine Auflistung der deutschen DBA, in denen eine Schiedsklausel und ggf. eine Verständigungsvereinbarung über die Anwendung des Schiedsverfahrens enthalten ist.

Durch das Abzugsteuerentlastungsmodernisierungsgesetz (AbzStEntModG) v. 2.6.2021 (BGBl 2021 I S. 1259) wurde in **§ 89a AO** eine eigenständige **nationale Rechtsgrundlage** für bi- und multilaterale Vorabverständigungsverfahren (APA-Verfahren) geschaffen. Danach ist das Vorabverständigungsverfahren über Gewinnabgrenzungs- bzw. **Verrechnungspreisfälle** hinaus auch auf alle internationalen Fälle, in denen Doppelbesteuerung droht, anwendbar, soweit der andere Staat dem zustimmt. Neben den formellen Anforderungen an den Antrag wurden z.B. auch die Gebühren für Verrechnungspreisfälle und andere Fälle geregelt.

Hinweis

§ 89a AO kommt erstmalig für Anträge, die nach dem Tag der Verkündung des AbzStEntModG (8.6.2021) bei der zuständigen Behörde eingehen, zur Anwendung.

2.5.6 Prüfung der Buchführungspflicht nach § 141 AO

Ergibt sich die Buchführungspflicht nicht bereits aus § 140 AO (u.a. HGB-Buchführungspflicht), sind nach § 141 AO zur Festlegung der Buchführungspflicht allgemeine **Größenmerkmale** zu prüfen (u.a. Umsatzgrenze von 600.000 EUR im Kalenderjahr). Aufgrund einer Änderung durch das AbzStEntModG v. 2.6.2021 (BGBl 2021 I S. 1259) richtet sich die Berechnung der Umsatzgrenze nun nach dem **Gesamtumsatz i.S. des § 19 Abs. 3 Satz 1 UStG.** Mit Schreiben v. 5.7.2021 (BStBl 2021 I S. 903) äußerte sich das BMF zur Anwendung der neuen Methode. Danach ist die Neuregelung auf Umsätze der Kalenderjahre anzuwenden, die nach dem 31.12.2020 beginnen. Eine Mitteilung über den Beginn der Buchführungspflicht ergeht nicht, wenn die Grenze nach der alten Berechnungsmethode für vor dem 1.1.2021 liegende Kalenderjahre überschritten wurde, im Kalenderjahr 2020 die Grenze nach der neuen Berechnungsmethode aber nicht überschritten wurde.

Hinweis

Die Ermittlung der Umsatzschwelle zur Festlegung der Buchführungspflicht nach § 141 AO hat u.a. auch **Bedeutung für ausländische Unternehmer**, soweit sie im Inland eine Betriebstätte unterhalten und für die nicht bereits eine Buchführungspflicht nach ausländischem Recht besteht.

2.5.7 Buchführung im EU-Ausland und Drittland

Elektronische Bücher und sonstige erforderliche elektronische Aufzeichnungen können grundsätzlich auch im EU-Ausland und im Drittland geführt und aufbewahrt werden. Voraussetzung hierfür ist jedoch u.a. ein Antrag. Durch eine

Neuregelung im Jahressteuergesetz 2020 v. 21.12.2020 (BGBl 2020 I S. 3096) kann die **Verlagerung der Buchführung ins EU-Ausland** seit 29.12.2020 ohne Antrag erfolgen, sofern der uneingeschränkte Datenzugriff möglich ist (§ 146 Abs. 2a AO).

Hinweis

Für die Buchführung im Drittland bleibt es beim (schriftlichen oder elektronischen) Antragsverfahren und den weiteren bisherigen Voraussetzungen (§ 146 Abs. 2b AO). Mit Verfügung v. 29.1.2021 (S 0316.1.1-3/7 St 43) äußert sich das LfSt Bayern zu den Voraussetzungen der Verlagerung der elektronischen Buchführung und von elektronischen Aufzeichnungen ins Ausland.

2.5.8 Mitteilungspflicht für grenzüberschreitende Steuergestaltungen

Mit dem „Gesetz zur Einführung einer Pflicht zur Mitteilung grenzüberschreitender Steuergestaltungen" v. 21.12.2019 (BGBl 2019 I S. 2875) wurde durch einen neuen § 138d AO die Mitteilungspflicht für grenzüberschreitende Steuergestaltungen eingeführt.

Das BMF veröffentlichte mit Schreiben v. 29.3.2021 (BStBl 2021 I S. 582) sein Anwendungsschreiben. Es umfasst Konkretisierungen zum sachlichen und persönlichen Anwendungsbereich, einige Spezifizierungen der Kennzeichen i.S. des § 138e AO sowie verfahrenstechnische Ausführungen zur Mitteilungspflicht.

U. a. weist das BMF ausdrücklich darauf hin, dass die nach § 138f Abs. 3 Satz 1 Nr. 7 AO anzugebenden Rechtsvorschriften sich auf die materiell-rechtlichen Vorschriften und nicht auf die §§ 138d ff. AO beziehen. Außerdem wird darauf hingewiesen, dass in der Steuererklärung die Angabe „Registrierungs- und Offenlegungsnummer" im Freitextfeld zu erfolgen hat, sofern im Steuererklärungsvordruck keine Eintragungsmöglichkeit besteht. Daneben erfolgten weitere Klarstellungen im Detail, z.B. dass auch ein ausländischer Nutzer für einen inländischen Intermediär befreiend melden kann oder, dass Gesellschafter einer Personengesellschaft immer Beteiligte sind, wenn ihre steuerliche Behandlung für die Steuergestaltung von Bedeutung ist, unabhängig davon, ob sie aktiv in die Gestaltung eingebunden sind.

Hinweis
Das BMF weist darauf hin, dass eine Liste von Präferenzregimen sowie eine Liste nichtkooperierender Steuerhoheitsgebiete (**EU- und OECD-Blacklist**) auf der Seite des BZSt zur Verfügung stehen. Die zuletzt am 12.10.2021 aktualisierte Liste nennt zahlreiche steuerliche Präferenzregelungen sowie nichtkooperierende Steuerhoheitsgebiete, deren Nutzung bzw. Einbindung in eine Steuergestaltung die Mitteilungspflicht auslösen kann.

2.5.9 CbCR: Auch für 2019 und 2020 „spontaner" Informationsaustausch mit den USA

Laut einer am 8.12.2020 vom BMF bekanntgegebenen gemeinsamen Erklärung des BMF und der US-amerikanischen Bundessteuerbehörde IRS werden CbCR für am oder nach dem 1.1.2019 und vor dem 1.1.2020 beginnende Wirtschaftsjahre auf Basis des Artikels 26 DBA-USA ausgetauscht (sog. „spontaner Informationsaustausch").

Auch für länderbezogene Berichte für am oder nach dem 1.1.2020 und vor dem 1.1.2021 beginnende Wirtschaftsjahre, die innerhalb eines Jahres nach Ablauf des Wirtschaftsjahres zu übermitteln sind, wurde eine entsprechende gemeinsame Erklärung getroffen (BMF, Schreiben v. 10.8.2021, BStBl 2021 I S. 1807).

Hinweis
Reicht folglich eine US-amerikanische Konzernobergesellschaft ein CbCR bei der US-amerikanischen Bundessteuerbehörde IRS ein, greift entsprechend für Tochtergesellschaften und Betriebsstätten US-amerikanischer Konzerne in Deutschland die für die betreffenden Wirtschaftsjahre bestehende Pflicht, den länderbezogenen Bericht ersatzweise zu übermitteln (§ 138a Abs. 4 AO), nicht.

2.5.10 Verlust einer Drittstaaten-Einlage eines stillen Gesellschafters

Die Verlustverrechnungsbeschränkung des § 2a Abs. 1 Satz 1 Nr. 5 EStG für negative Einkünfte aus der Beteiligung an einem Handelsgewerbe als (typisch) stiller Gesellschafter und aus partiarischen Darlehen mit Bezug zu Drittstaaten gilt nach dem Wortlaut des § 2a Abs. 1 Satz 2 EStG grundsätzlich auch für Gewinnminderungen.

Laut BFH unterfällt der Verlust der Einlage eines stillen Gesellschafters, der steuerrechtlich als Teilwertabschreibung abgebildet wird, nicht dem Anwendungsbereich des § 2a Abs. 1 Satz 1 Nr. 5 EStG und ist daher **mit inländischen Einkünften verrechenbar** bzw. auch im Rahmen des § 10d EStG ausgleichsfähig bzw. verrechenbar (BFH, Urteil v. 9.6.2021, I R 35/18, BFH/NV 2021 S. 1550).

2.6 Außensteuerrecht

2.6.1 Neue Verwaltungsgrundsätze zur Einkunftsabgrenzung international verbundener Unternehmen

Das BMF hat seine bisherige Verwaltungsauffassung zur Einkunftsabgrenzung international verbundener Unternehmen hinsichtlich der Mitwirkungspflichten sowie der Schätzung von Besteuerungsgrundlagen aus dem Jahr 2005 aktualisiert (BMF, Schreiben v. 3.12.2020, „Verwaltungsgrundsätze 2020 – VWG 2020“, BStBl 2020 I S. 1325). Insbesondere wurden zwei Kapitel des Ursprungsschreibens hinsichtlich der Themen **Mitwirkungspflichten der Beteiligten** (§ 90 AO) sowie **Schätzung von Besteuerungsgrundlagen und Zuschläge** (§ 162 AO) überarbeitet.

Dabei hat sich das BMF u. a. zu folgenden Punkten geäußert:

- Umfassende **Beweisvorsorgepflichten** der Steuerpflichtigen bei Auslandssachverhalten: Der Steuerpflichtige soll sich bereits bei der Vereinbarung einer Transaktion umfassende Zugriffsrechte auf im Ausland befindliche Informationen vorbehalten müssen (vgl. Tz. 14ff.).
- Ausführungen zur **Sprache** der vorzulegenden Dokumente (vgl. Tz. 22, Tz. 34).
- Zu den **vorzulegenden Unterlagen** sollen auch E-Mails, Messengerdienstnachrichten und Gutachten steuerlicher Berater gehören, soweit deren Inhalte einen steuerlichen Bezug aufweisen. Unklar bleibt, wie diese Unterlagen aufbewahrt werden sollen/können bzw. wie diese Anforderung mit Vertraulichkeitsregelungen im Mandatsverhältnis zusammenpassen sollen.
- **Offenlegung von Informationen**: Die Steuerpflichtigen sollen bereits von sich aus – und nicht bloß auf Anfrage – Informationen offenzulegen haben, die in ihrer Sphäre liegen. Eine Verletzung dieser Verpflichtung soll zu einer Schätzung zu Lasten des Steuerpflichtigen nach § 162 Abs. 2 AO berechtigen (vgl. Tz. 67 VWG 2020).
- Ausführungen / Verschärfungen zu den Anforderungen an die **Sachverhaltsdokumentation** (Tz. 43, 47, 51).
- Ausführungen zur Verprobung der Angemessenheit / **Angemessenheitsprüfung**

- Ausführungen zur **Verwendung anderer Methoden** bei der Prüfung durch die Finanzbehörde und deren Folgen (Tz. 46).
- Möglichkeit, **Einkünfteberichtigungen** auch bei verwertbaren Aufzeichnungen vornehmen zu können, wenn die vom Steuerpflichtigen angewandten Verrechnungspreise „mit hoher Wahrscheinlichkeit nicht dem Fremdvergleich entsprechen und der von der Finanzbehörde ermittelte Verrechnungspreis zumindest wahrscheinlicher ist" (Tz. 73).

Die Aufzeichnungen nach § 90 Abs. 3 AO sollen nach dem neuen BMF-Schreiben im Wesentlichen unverwertbar sein und eine **Schätzungsbefugnis** nach § 162 Abs. 3 AO auslösen, wenn keine Begründung der Vergleichbarkeit der verwendeten Fremddaten geliefert wird oder die Anwendung der gewählten Verrechnungspreismethode nicht dargestellt wird (vgl. Tz. 82).

Hinweis

Das BMF-Schreiben v. 12.4.2005 (BStBl 2005 I S. 570) ist weiterhin anzuwenden, soweit nicht Fragen der Anwendung der §§ 90 und 162 AO betroffen sind.

2.6.2 Neue Verwaltungsgrundsätze Verrechnungspreise

Die Finanzverwaltung fasst in einem umfangreichen Anwendungsschreiben (BMF, Schreiben v. 14.7.2021, BStBl 2021 I S. 1098, Verwaltungsgrundsätze Verrechnungspreise – VWG VP) ihre Auffassung zu den Grundsätzen der **Einkünftekorrektur gem. § 1 AStG** (neu) zusammen. Das neue Schreiben umfasst sowohl die OECD-Verrechnungspreisleitlinien, die per Anlage zum BMF-Schreiben integraler Bestandteil desselben werden, als auch grundlegende Ausführungen zu den Grundsätzen der Einkünftekorrektur und konkrete Leitlinien zu sämtlichen Verrechnungspreisthemen. Es finden sich u. a. Aussagen zu Verrechnungspreismethoden und Bewertungstechniken, der Vergleichbarkeitsanalyse selbst (z. B. zur Bandbreitenbetrachtung und dem Umgang mit Verlusten), zur Bedeutung der DEMPE-Funktionen im Kontext von Transaktionen mit immateriellen Werten, der Nutzung von Unternehmenskennzeichen und Marken, Routinedienstleistungen mit geringer Wertschöpfung, Konzern- und Kostenumlagen und Finanzierungsbeziehungen. Auch äußert sich das Schreiben zu den kürzlich ergangenen Gesetzesanpassungen im Bereich der Verrechnungspreise durch das ATADUmsG und das AbzStEntModG (s. dazu Kapitel Ausblick Tz. 3.7).

Das BMF, für das der Konzernrückhalt keine rechtlich durchsetzbare Sicherheit darstellt, äußert sich u.a. auch zu der Frage, inwieweit eine **Nichtbesicherung im Rahmen einer Darlehensvergabe zwischen Nahestehenden** fremdüblich sein kann. Dies ist laut BMF von den Umständen des jeweiligen Einzelfalls abhängig. Bei der Beurteilung sind für das BMF Aspekte, wie das Verhalten der Unternehmensgruppe gegenüber fremden Dritten, eine wirtschaftliche Vorteilhaftigkeit, realistisch zur Verfügung stehende Handlungsalternativen, eine erwartete Befriedigung von Ansprüchen, die Darlehenssumme und die Geschäftsstrategie des Darlehensgebers im Rahmen einer Gesamtschau von besonderer Bedeutung. Auch vertritt das BMF in der Tz. 3.92 die Auffassung, dass der Zins einer Finanzierungsgesellschaft auf eine risikofreie Rendite beschränkt sei, wenn diese nicht die Risikokontrollfunktion ausübe und über die Kapazität verfüge, das Ausfallrisiko zu tragen.

Hinweis

In seinem Urteil v. 18.5.2021 (I R 4/17, BFH/NV 2021 S. 1595) widerspricht der BFH teilweise der Auffassung der Finanzverwaltung. Für den BFH richtet sich der **Zins** nach den wirtschaftlichen Verhältnissen des Darlehensnehmers und nicht etwa des Darlehensgebers. Dabei sei vorrangig vor der Kostenaufschlagsmethode die Preisvergleichsmethode anzuwenden. Der Vorrang der Preisvergleichsmethode gelte auch, wenn diese erst nach Anpassungsrechnung anwendbar ist. Ebenfalls sei keine – wie in Tz 3.92 VWG VP vorgesehene – Beschränkung auf einen risikofreien Zins vorzunehmen.

Weiterhin arbeitete das BMF auch die Rechtsprechung des BFH zum Verhältnis von § 1 AStG und verdeckter Gewinnausschüttung in grenzüberschreitenden Dreieckskonstellationen (vgl. BFH, Urteil v. 27.11.2019, I R 40/19) in seine VWG VP ein.

Darüber hinaus fasst das neue Schreiben, das grundsätzlich auf alle offenen Fälle anzuwenden ist, **diverse Schreiben** in sich zusammen, die mit Veröffentlichung des aktuellen Schreibens im Bundessteuerblatt am 30.9.2021 **aufgehoben** wurden. Dies betrifft:

- BMF-Schreiben vom 23.2.1983 „Grundsätze für die Prüfung der Einkunftsabgrenzung bei international verbundenen Unternehmen“
- BMF-Schreiben vom 12.4.2005 „Grundsätze für die Prüfung der Einkunftsabgrenzung zwischen nahestehenden Personen mit grenzüberschreitenden Ge-

schäftsbeziehungen in Bezug auf Ermittlungs- und Mitwirkungspflichten, Berichtigungen sowie auf Verständigungs- und EU-Schiedsverfahren (Verwaltungsgrundsätze-Verfahren)“

- BMF, Schreiben v. 29.3.2011 „Anwendung des § 1 AStG auf Fälle von Teilwertabschreibungen und anderen Wertminderungen auf Darlehen an verbundene ausländische Unternehmen“
- BMF, Schreiben v. 19.5.2014 „Glossar Verrechnungspreise“
- BMF, Schreiben v. 7.4.2017 „Namensnutzung im Konzern“
- BMF, Schreiben v. 5.7.2018 „Grundsätze für die Prüfung der Einkunftsabgrenzung durch Umlageverträge zwischen international verbundenen Unternehmen“
- BMF, Schreiben v. 6.12.2018 „Wirtschaftliche Gründe, die den Abschluss eines Geschäfts unter nicht „fremdüblichen Bedingungen“ rechtfertigen – EuGH-Urteil v. 31.5.2018 in der Rechtssache C-382/16“

Hinweis

Mit der Zusammenfassung dieser diversen Schreiben stellen die neuen VWG VP daher eine für die Verrechnungspreispraxis wesentliche **zentrale Verwaltungsvorschrift** dar.

2.6.3 BVerfG zu unbesicherten Konzerndarlehen

Das BVerfG gab einer Klage gegen eines der Grundsatzurteile des BFH zur Konzernfinanzierung (Einkünftekorrektur bei fehlender Besicherung nach § 1 AStG, BFH, Urteil v. 27.2.2019, I R 73/16, BStBl 2019 II S. 394) wegen Verstoßes gegen das **Recht auf den gesetzlichen Richter** statt (BVerfG, Beschluss v. 4.3.2021, 2 BvR 1161/19). Aus Sicht des BVerfG hätte der BFH die zugrunde liegende Frage dem EuGH vorlegen müssen. Zum einen sahen die Verfassungsrichter erhebliche Zweifel an der Auslegung des BFH bezüglich des Europarechts und zum anderen habe es laut BVerfG bislang auch keine Befassung des EuGH mit dieser Frage gegeben.

Hinweis

Nach dieser BFH-Rechtsprechung war unter Abkehr von der bisherigen Sichtweise des Konzernrückhalts bei unbesicherten konzerninternen grenzüberschreitenden Darlehen eine Teilwertabschreibung nach § 1 Abs. 1 AStG zu korrigieren, wobei der BFH eine Sperrwirkung durch Art. 9 Abs. 1 OECD-MA verneinte. Unionsrechtliche Bedenken hatte der BFH trotz des EuGH-Urteils in der Rechtssache Hornbach-Baumarkt (C-382/16) nicht und legte daher den Fall auch nicht dem EuGH vor.

Für das BVerfG können unter Verweis auf das „Hornbach-Urteil" wirtschaftliche Gründe für den **Abschluss eines fremdunüblichen Geschäfts** aber gerade dann vorliegen, wenn eine Tochtergesellschaft auf die Zuführung von Kapital angewiesen ist, weil sie über kein ausreichendes Eigenkapital verfügt. Daneben äußerte sich das BVerfG auch zur Angemessenheit bzw. Fremdüblichkeit von unbesicherten Darlehen jenseits der unionsrechtlichen Fragestellungen. Dabei sieht das BVerfG keinen allgemeinen Rechtssatz, nach dem Darlehen im Konzern gesichert sein müssten.

Nun muss sich der BFH nach dem BVerfG-Beschluss neu positionieren (erneut anhängig unter I R 15/21). Bereits in dem neu aufgerollten Verfahren I R 32/17 hatte er die Möglichkeit, sich zu der in 2019 erfolgten Rechtsprechung zu äußern. Danach hält der BFH zumindest an der fehlenden Sperrwirkung von Art. 9 Abs. 1 OECD-MA fest, so dass es bei einer fehlenden Besicherung eines Konzerndarlehens grundsätzlich zu einer Einkünftekorrektur nach § 1 AStG kommen kann (BFH, Urteil v. 9.6.2021, I R 32/17). Allerdings differenziert der BFH seine Rechtsprechung dahingehend, dass es sich bei einem fremden Dritten nicht um eine "klassische Bank" handeln muss. In der Folge muss auch das Sicherungsmittel selbst nicht bankenüblich sein. Eine Nichtbesicherung kann demnach fremdüblich sein, wenn ein fremder Gläubiger auf eine solche verzichtet hätte. Das erhöhte Ausfallrisiko aufgrund der fehlenden Besicherung kann sodann im Zinssatz berücksichtigt werden (sog. Risikokompensation), wenn auch ein fremder Dritter einen Zinszuschlag vereinbart hätte.

Hinweis

In seinem Urteil v. 18.5.2021 (I R 62/17, BFH/NV 2021 S. 1601) äußerte sich der BFH zur Anwendung des Fremdvergleichsgrundsatzes in Bezug auf nachrangige Darlehen und mögliche Auswirkungen der Nachrangigkeit auf die Höhe des Zinssatzes. Laut BFH sind Nachrangigkeitszuschläge grundsätzlich zulässig, wenn das Konzerndarlehen de facto nachrangig ist bzw. es allgemeinen Erfahrungssätzen entspricht. Alle drei Verfahren hat der BFH an die Vorinstanzen zurückverwiesen.

Ab dem VZ 2008 ist bei der Beurteilung von Konzernfinanzierungsbeziehungen auch die Norm des § 8b Abs. 3 Satz 4 ff. KStG zu beachten.

2.6.4 Entlastungsbeweis in Drittstaatenfällen

In Folge der EuGH-Rechtsprechung ermöglichte der BFH auch in Drittstaatenfällen einen Gegenbeweis zur Abwendung der Hinzurechnungsbesteuerung bei Nichtvorliegen einer „künstlichen" Gestaltung (BFH, Urteile v. 22.5.2019, I R 11/19 und v. 18.12.2019, I R 59/17). Das betraf sowohl **Zwischeneinkünfte mit Kapitalanlagecharakter** gem. § 7 Abs. 6 und 6a AStG als auch die **reguläre Hinzurechnungsbesteuerung** gem. § 7 Abs. 1 AStG.

Darauf reagierte das BMF mit Schreiben v. 17.3.2021 (BStBl 2021 I S. 342) und äußerte sich umfassend zu den Voraussetzungen des Nachweises, dass die Beteiligung an dieser Drittstaatengesellschaft nicht auf einer künstlichen Gestaltung beruht. Der vom BMF gewählte Begriff des **Entlastungsbeweises** umfasst das Erfüllen der Substanzerfordernisse des § 8 Abs. 2 AStG auch in Drittstaatenfällen und den Nachweis, dass die Beteiligung an der ausländischen Gesellschaft aufgrund wirtschaftlicher (außersteuerlicher Gründe) besteht.

Das BMF äußerte sich daher zu den Anforderungen einer tatsächlichen wirtschaftlichen Tätigkeit nach § 8 Abs. 2 AStG sowie dem Nachweis, dass keine „rein künstliche Gestaltung" vorliegt. Eine „rein künstliche Gestaltung" liegt für das BMF allgemein in jeder Vorkehrung, deren Hauptziel oder eines derer Hauptziele darin besteht, durch Tätigkeiten im Hoheitsgebiet eines Mitgliedstaats erzielte Gewinne künstlich in Drittstaaten oder Gebiete mit niedrigem Besteuerungsniveau zu transferieren.

Daher hat der Steuerpflichtige über die Substanzerfordernisse des § 8 Abs. 2 AStG hinaus triftige wirtschaftliche, d.h. außersteuerliche, Gründe für die Beteiligung an der ausländischen Gesellschaft darzulegen und nachzuweisen. Dazu gehört der **Nachweis**, dass **keiner der Hauptzwecke der Beteiligung die Erlangung eines steuerlichen Vorteils** ist.

Hinweis

Zusätzlich fordert das BMF das Vorliegen eines hinreichenden Informationsaustausches und führt in diesem Zuge aus, welche Voraussetzungen für einen hinreichenden Austausch zu erfüllen sind (u.a. ausreichend sog. großer Informationsaustausch gem. Art. 26 Abs. 1 OECD-MA 2017). Das Schreiben ist in allen noch nicht bestandskräftigen Fällen anzuwenden.

Hinweis

Im BFH-Beschluss v. 30.9.2020 (I R 12/19 [ehemals I R 78/14], BStBl 2021 II S. 511) äußerte sich der BFH erneut zu der Frage der Unionsrechtswidrigkeit der Hinzurechnungsbesteuerung in Drittstaatenfällen und zum Informationsaustausch.

2.7 Lohnsteuer

2.7.1 Bescheinigung für den Lohnsteuerabzug

Wird dem unbeschränkt steuerpflichtigen Arbeitnehmer **keine Identifikationsnummer** mitgeteilt, kann er eine Bescheinigung für den Lohnsteuerabzug bei seinem Wohnsitzfinanzamt beantragen. Mit dieser Bescheinigung kann er den Lohnsteuerabzug nach einer ungünstigen Lohnsteuerklasse vermeiden. Mit dem neuen § 39e Abs. 8 Satz 2 EStG hat auch der Arbeitgeber die Möglichkeit, die Bescheinigung für den Lohnsteuerabzug in diesen Fällen zu beantragen. Voraussetzung ist jedoch, dass ihn der Arbeitnehmer dazu im Vorfeld bevollmächtigt hat (§ 80 Abs. 1 AO). Die Neuregelung gilt auch für beschränkt einkommensteuerpflichtige Arbeitnehmer (über einen Verweis in § 39 Abs. 3 Satz 5 EStG).

Hinweis
§ 39e Abs. 8 Satz 2 EStG ist erstmals für den VZ 2021 bzw. auf nach dem 31.12.2020 endende Lohnzahlungszeiträume anwendbar (§ 52 Abs. 1 EStG).

2.7.2 Abgrenzung von Bar- und Sachlohn

Mit dem JStG 2019 v. 12.12.2019 (BGBl 2019 I S. 2451) wurde mit Wirkung ab dem 1.1.2020 die Abgrenzung von Bar- und Sachlohn **gesetzlich geregelt**. Danach sind Gutscheine und Geldkarten, die ausschließlich zum Bezug von Waren oder Dienstleistungen berechtigen und die Kriterien des § 2 Abs. 1 Nr. 10 des Zahlungsdiensteaufsichtsgesetzes (ZAG) erfüllen, als Sachbezug definiert (§ 8 Abs. 1 Satz 3 EStG). Mit Schreiben v. 13.4.2021 (BStBl 2021 I S. 624) äußert sich das BMF zu verschiedenen Anwendungsfragen.

Karten von Online-Händlern ordnet die Finanzverwaltung nur dann als Sachbezug ein, wenn sie nur zum Bezug von Waren oder Dienstleistungen aus der eigenen Produktpalette berechtigen, nicht jedoch, wenn sie auch für Produkte von Fremdanbietern (z.B. Marketplace) einlösbar sind (vgl. Rdnr. 11 des BMF-Schreibens). **Gutscheine oder Geldkarten**, deren Einsatzbereich für sich genommen nicht hinreichend abgegrenzt ist und deren Hauptzweck die Nutzung der 44 EUR-Freigrenze (ab 2022: 50 EUR-Freigrenze), der Richtlinienregelung des R 19.6 LStR (Aufmerksamkeiten) oder der Pauschalversteuerung nach § 37b EStG ist, sieht die Finanzverwaltung nicht mehr als Sachlohn an (vgl. Rdnr. 15 des BMF-Schreibens). Erstattungsfälle werden von der Finanzverwaltung laut dem BMF-Schreiben grundsätzlich nicht als Sachbezug anerkannt (vgl. Rdnr. 3 des BMF-Schreibens).

Das BMF weist weiterhin darauf hin, dass die konkrete aufsichtsrechtliche Einordnung einer **Geldkarte als Zahlungsdienst** oder eine Bescheinigung über die aufsichtsrechtliche Erfüllung der Kriterien des § 2 Abs. 1 Nr. 10 ZAG durch die BaFin für die Finanzverwaltung nicht bindend ist (vgl. Rdnr. 27 des BMF Schreibens).

Bereitstellungsgebühren (sog. **Setup-Gebühren**) und die Aufladungsgebühren, die vom Arbeitgeber getragen werden, führen laut BMF als lediglich notwendige Begleiterscheinung betriebsfunktionaler Zielsetzungen des Arbeitgebers nicht zu einem weiteren geldwerten Vorteil (vgl. Rdnr. 3 des BMF-Schreibens).

Das Anwendungsschreiben äußert sich darüber hinaus u.a. auch zur Einordnung der Gewährung von Krankenversicherungsschutz (Krankentagegeld- und Pflegeversicherungsschutz, vgl. Rdnr. 6 des BMF-Schreibens).

Hinweis

Das neue Anwendungsschreiben ist grundsätzlich ab dem 1.1.2020 anzuwenden. Es wird jedoch – abweichend von § 8 Abs. 1 Satz 3 EStG – nicht beanstandet, wenn Gutscheine und Geldkarten, die ausschließlich zum Bezug von Waren oder Dienstleistungen berechtigen, jedoch die Kriterien des § 2 Abs. 1 Nr. 10 ZAG nicht erfüllen, noch bis zum 31.12.2021 als Sachbezug anerkannt werden (vgl. Rdnr. 30 des BMF-Schreibens).

Hinweis

Bestehende Gutscheinsysteme sollten daher genau analysiert werden, ob sie auch nach der neuen gesetzlichen Regelung und der Lesart der Finanzverwaltung als Sachlohn qualifizieren. Die Einordnung als Sachlohn ist insbesondere für die Anwendung der Sachbezugsfreigrenze (Anhebung durch das Jahressteuergesetz 2020 v. 21.12.2020, BGBl 2020 I S. 3096, mit Wirkung ab 2022 von 44 EUR auf 50 EUR monatlich, die ebenfalls im neuen BMF-Schreiben bereits berücksichtigt ist) und die Pauschalierung nach § 37b EStG von Bedeutung.

2.7.3 Bewertung von Sachbezügen

Der BFH äußerte sich in 2020 zur Bewertung eines dem Arbeitnehmer vom Arbeitgeber zufließenden Sachbezugs in Fällen, in denen eine **vergleichbare Ware oder Dienstleistung** an Endverbraucher in der Regel **nicht vertrieben** wird. Für den BFH kann der Sachbezug dann grundsätzlich auch anhand der vom Arbeitgeber aufgewendeten Kosten bemessen werden (BFH, Urteil v. 7.7.2020, VI R 14/18, BStBl 2021 II S. 232). Das Urteil betraf Vorteile aus einem **Firmen-Fitness-Programm**, mit dem die Arbeitgeberin ihren Arbeitnehmern Trainingsberechtigungen verbilligt zuwendete, die fremden Endverbrauchern am Markt so nicht angeboten wurden.

Dem folgt nun auch die Finanzverwaltung und ergänzt ihr bisheriges BMF-Schreiben vom 16.5.2013 für alle offenen Fälle mit dem BMF-Schreiben v. 11.2.2021

(BStBl 2021 I S. 311). Danach können in solchen Fällen die entsprechenden Aufwendungen des Arbeitgebers einschließlich Umsatzsteuer und sämtlicher Nebenkosten als maßgeblicher Endpreis i.S. des § 8 Abs. 2 Satz 1 EStG angesetzt werden. Die Vereinfachungsregelung der R 8.1 Abs. 2 Satz 3 LStR greift dann nicht (vgl. Rdnr. 4a neu).

Hinweis

In Fällen, in denen eine vergleichbare Ware oder Dienstleistung an Endverbraucher vertrieben wird, ist für die Bewertung des Sachbezugs regelmäßig der um übliche Preisnachlässe geminderte übliche Endpreis am Abgabeort anzusetzen (§ 8 Abs. 2 Satz 1 EStG – laut BFH grundsätzlich der Preis, der im allgemeinen Geschäftsverkehr von Letztverbrauchern für identische bzw. gleichartige Waren tatsächlich gezahlt wird).

2.7.4 Arbeitgeberleistungen zur Gesundheitsförderung

Zusätzlich zum ohnehin geschuldeten Arbeitslohn gewährte Arbeitgeberleistungen zur Gesundheitsförderung sind unter bestimmten Voraussetzungen bis zu einer Höhe von **600 EUR im Jahr** je Arbeitnehmer **steuerfrei** (§ 3 Nr. 34 EStG). In der Umsetzungshilfe zu § 3 Nr. 34 EStG (BMF, Schreiben v. 20.4.2021, BStBl 2021 I S. 700) erläutert das BMF u.a. Einzelheiten zu den grundsätzlich steuerfreien zertifizierten Leistungen zur individuellen verhaltensbezogenen Prävention (zertifizierte Präventionskurse). Auch nicht zertifizierte Präventionskurse können bei Erfüllen der näher vom BMF erläuterten Voraussetzungen steuerfrei sein (etwa u.a. inhaltliche Identität mit einem bereits zertifizierten und geprüften Kurskonzept eines Fachverbands oder einer anderen Organisation).

Hinweis

Zu beachten sind dabei u.a. auch im Einzelnen näher ausgeführte Dokumentations- und Aufzeichnungspflichten zum Lohnkonto.

Neben Ausführungen zur Bewertung der Arbeitgeberleistungen (u.E. Möglichkeit aus Vereinfachungsgründen zur Bewertung mit den tatsächlichen Aufwendungen des Arbeitgebers zulassen, vgl. Rdz. 31 ff.) äußert sich die Umsetzungshilfe u.a. zu den Anforderungen an die Steuerfreiheit von anderen Maßnahmen zur betrieblichen Gesundheitsförderung.

Hinweis

Zu beachten ist auch die Abgrenzung zu Arbeitgeberleistungen, die im ganz überwiegend eigenbetrieblichen Interesse liegen und somit von vornherein nicht zu Arbeitslohn führen. Zu dieser Abgrenzung enthält die Umsetzungshilfe eine Reihe von Beispielen (vgl. Rdz. 35 ff.).

2.7.5 Behandlung von Betriebsveranstaltungen

Gem. § 19 Abs. 1 Satz 1 Nr. 1a EStG sind Zuwendungen des Arbeitgebers an seine Arbeitnehmer und dessen Begleitpersonen anlässlich von maximal zwei Betriebsveranstaltungen pro Jahr von den Einkünften aus nichtselbstständiger Arbeit ausgenommen, wenn u. a.

- die Teilnahme an der Veranstaltung allen Angehörigen des Betriebs oder eines Betriebsteils offensteht und
- soweit sie jeweils einen Freibetrag von 110 EUR pro Arbeitnehmer nicht übersteigen.

Die maßgebenden Kosten für eine Betriebsveranstaltung können laut BFH dabei nur auf die **anwesenden Teilnehmer**, nicht dagegen auf die angemeldeten verteilt werden (BFH, Urteil v. 29.4.2021, VI R 31/18, BStBl 2021 II S. 606).

Hinweis

Damit folgt der BFH der Finanzverwaltung (vgl. BMF, Schreiben v. 14.10.2015, BStBl 2015 I S. 832, Tz. 4.a)). Die Vorinstanz hatte noch eine andere Auffassung vertreten, die nicht auf die Anzahl der tatsächlich teilnehmenden Personen, sondern auf die Zahl der angemeldeten Teilnehmer abstellte (FG Köln v. 27.6.2018, 3 K 870/17). Die Berücksichtigung dieser „No-Show-Kosten" sind daher bei der Planung mit zu beachten, um die Einhaltung des Freibetrags nicht zu gefährden.

Hinweis

Zu den **aufzuteilenden maßgebenden Kosten** gehören grundsätzlich alle Aufwendungen des Arbeitgebers einschließlich Umsatzsteuer, und zwar unabhängig davon, ob sie einzelnen Arbeitnehmern individuell zurechenbar sind oder ob es sich um einen rechnerischen Anteil an den Kosten der Betriebsveranstaltung handelt, die der Arbeitgeber gegenüber Dritten für den äußeren Rahmen der Betriebsveranstaltung aufwendet (§ 19 Abs. 1 Satz 1 Nr. 1a EStG). Für den BFH kommt es nicht darauf an, ob die Aufwendungen des Arbeitgebers (isoliert betrachtet) zu einem Vorteil des Arbeitnehmers führen würden.

Allerdings sind laut BFH **rechnerische Selbstkosten** des Arbeitgebers für den äußeren Rahmen und steuerfreie Leistungen für Reisekosten nicht zu berücksichtigen. Auch sei zu beachten, dass eine Betriebsveranstaltung auch Elemente einer sonstigen betrieblichen Veranstaltung enthalten könne, die nicht zu Arbeitslohn führen.

2.7.6 Dienstwagenbesteuerung 1: Zeitraumbezogene Zuzahlungen

Zuzahlungen des Arbeitnehmers zur Anschaffung eines ihm vom Arbeitgeber auch zur privaten Nutzung überlassenen Dienstwagens mindern den für die private Nutzung zu versteuernden geldwerten Vorteil. Ein für einen **vertraglich festgelegten Zeitraum** einmalig geleisteter Zuzahlungsbetrag ist laut BFH bei der Bemessung des geldwerten Vorteils gleichmäßig über den gesamten Zeitraum zu verteilen, für den sie geleistet wurden (BFH, Beschluss v. 16.12.2020, VI R 19/18, BStBl 2021 II S. 761).

Damit berücksichtigte der BFH die **Zuzahlung monatlich vorteilsmindernd**, im konkreten Fall über 96 Monate. Dies gilt laut BFH für vom Arbeitnehmer geleistete vereinbarungsgemäß zeitraumbezogene (Einmal-)Zahlungen für die außerdienstliche Nutzung eines Dienstwagens (Nutzung zu privaten Fahrten und zu Fahrten zwischen Wohnung und regelmäßiger Arbeitsstätte bzw. seit 2014 erste Tätigkeitsstätte). Zu Fällen, in denen zwar Zuzahlungen geleistet wurden, aber keine Vereinbarung zur Nutzungsdauer oder Verteilung der Zuzahlung getroffen wurde, äußerte sich der BFH nicht. Die Vorinstanz hatte noch dahingehend eine Differenzierung in der Beurteilung vorgenommen.

Hinweis

Mit dieser Sichtweise (Verteilung über den vertraglich festgelegten Zeitraum) widersprach der BFH der Verwaltungsauffassung (vgl. BMF, Schreiben v. 4.4.2018, BStBl 2018 I S. 592, Rz. 61 und R 8.1 Abs. 9 Nr. 4 Satz 2 und 3 LStR). Im Streitfall minderte das Finanzamt aufgrund R 8.1 Abs. 9 Nr. 4 Satz 3 LStR im Jahr der Zuzahlung den zu versteuernden geldwerten Vorteil um die Zuzahlung bis auf 0 EUR, Restbeträge wurden entsprechend in den Folgejahren mindernd angesetzt. Im Streitjahr war der Zuzahlungsbetrag daher bereits durch eine Verrechnung mit den geldwerten Vorteilen früherer Veranlagungszeiträume ausgeschöpft, so dass die Voraussetzungen für eine Pauschalversteuerung nicht mehr vorlagen.

Hinweis

Der BFH betonte nochmals, dass bei Übersteigen von Eigenleistungen des Arbeitnehmers über den privaten Nutzungsvorteil **kein negativer geldwerter Vorteil** („geldwerter Nachteil“) entstehen kann, so dass weder negativer Arbeitslohn noch Werbungskosten entstehen können.

2.7.7 Dienstwagenbesteuerung 2: Private Nutzung von Elektro-Autos

Die Normen zur Bewertung der Privatnutzung von betrieblichen Elektro- und extern aufladbaren Hybridelektrofahrzeugen wurden insbesondere durch das Jahressteuergesetz 2018 (BGBl 2018 I S. 2338) und 2019 (BGBl 2019 I S. 2451) sowie das Zweite Corona-Steuerhilfegesetz (BGBl 2020 I S. 1512) zeitlich befristet weiter angepasst (§ 6 Abs. 1 Nr. 4 Sätze 2 und 3 EStG). Das betrifft z. B. eine **Halbierung der Bemessungsgrundlage** für die Bewertung der privaten Nutzung eines betrieblichen Elektro-Autos (bzw. für die Bemessung des geldwerten Vorteils bei der Dienstwagenbesteuerung) bei Vorliegen der Voraussetzungen. Die Bewertung von **extern aufladbaren Hybrid-Elektrofahrzeugen** hängt von stufenweise steigenden Anforderungen an CO2-Emmissionen und Reichweite ab. Bei reinen Elektro-Autos, die nach dem 1.1.2019 bis 31.12.2030 angeschafft werden, beträgt die Bemessungsgrundlage bei einem Listenpreis von nicht mehr als 60.000 EUR nur ein **Viertel des Bruttolistenpreises** (sog. Bruchteilsbetrachtung).

U. a. diese neuen gesetzlichen Regelungen arbeitete das BMF in sein bisheriges Anwendungsschreiben ein. In dem neuen Anwendungsschreiben v. 5.11.2021 (IV C 6 – S 2177/19/10004 :008) geht das BMF u.a. auf den sachlichen Anwendungsbereich ein und definiert die entsprechenden Kriterien für die **Einordnung als begünstigtes Fahrzeug** und deren jeweiligen Anforderungen, die u.a. auch von den jeweiligen Anschaffungszeiträumen abhängig sind.

Das Anwendungsschreiben enthält aufgrund der verschiedenen gesetzlichen Änderungen der letzten Jahre auch verschiedene Anwendungsregelungen (u.a. auch zum Anschaffungsbegriff). Dabei geht das BMF auch auf die Behandlung des Wechsels des Nutzungsberechtigten (bei Ausscheiden des Arbeitnehmers und Überlassung des Elektro-Autos an einen anderen Arbeitnehmer zur privaten Nutzung) sowie auf die Behandlung eines Fahrzeugpools (Arbeitnehmer können Elektrofahrzeuge aus einem Fahrzeugpool des Arbeitgebers nutzen) ein.

Hinweis

Das neue Anwendungsschreiben v. 5.11.2021 ersetzt die bisherigen Anwendungsschreiben v. 5.6.2014 (BStBl 2014 I S. 835) sowie v. 24.1.2018 (BStBl 2018 I S. 272). Bestehen bleiben dagegen die Anwendungsschreiben vom 4.4.2018 (BStBl 2018 I S. 592, private Nutzung von betrieblichen Fahrzeugen) und v. 29.9.2020 (BStBl 2020 I S. 972, Behandlung von Ladestrom).

2.7.8 Erste Tätigkeitsstätte im Entsendungsfall

Nach der seit 2014 geltenden gesetzlichen neuen Definition ist die erste Tätigkeitsstätte die ortsfeste betriebliche Einrichtung des Arbeitgebers, eines verbundenen Unternehmens oder eines vom Arbeitgeber bestimmten Dritten, der der Arbeitnehmer dauerhaft zugeordnet ist (§ 9 Abs. 4 EStG). Bei einer grenzüberschreitenden Arbeitnehmerentsendung ist laut BFH erste Tätigkeitsstätte die **ortsfeste betriebliche Einrichtung des aufnehmenden Unternehmens**, der der Arbeitnehmer im Rahmen eines eigenständigen Arbeitsvertrags mit dem aufnehmenden Unternehmen für die Dauer der Entsendung zugeordnet ist (BFH, Urteil v. 17.12.2020, VI R 21/18, BStBl 2021 II S. 506).

Da der Arbeitsvertrag im konkreten Fall in Deutschland ruhend gestellt wurde, stellte der BFH für die Beurteilung der „dauerhaften Zuordnung“ auf die mit der Gastgesellschaft abgeschlossene Vereinbarung ab. Ist der entsandte Arbeitnehmer für den gesamten Entsendezeitraum von drei Jahren der Tätigkeitsstätte im Ausland zugeordnet, erstrecke sich die Zuordnung aus der maßgeblichen ex ante Sicht über die gesamte Dauer des Bestehens des maßgeblichen Dienstverhältnisses i.S. des § 9 Abs. 4 Satz 3, Alt. 2 EStG.

Hinweis
Die Frage der Ersten Tätigkeitsstätte ist u.a. für den **steuerfreien Auslagenersatz** durch den Arbeitgeber von Bedeutung. Mit Datum vom selben Tag hat der BFH zwei Parallelverfahren weitgehend inhaltsgleich entschieden (vgl. BFH, Urteile v. 17.12.2020, VI R 22/18, NV und VI R 23/18, NV). Seine abweichende Auffassung zum alten Reisekostenrecht gab der BFH damit insoweit auf.

2.7.9 Kürzung der Verpflegungspauschalen

Vom Arbeitgeber oder auf dessen Veranlassung von einem Dritten zur Verfügung gestellte Mahlzeiten führen grundsätzlich zu einer Kürzung der (im Rahmen der Werbungskosten abziehbaren) Verpflegungspauschalen (§ 9 Abs. 4a Satz 8 EStG). Dies gilt laut BFH auch für Mahlzeiten, die der Steuerpflichtige gar nicht eingenommen hat (BFH, Urteil v. 7.7.2020, VI R 16/18, BStBl 2020 II S. 783). Aus welchen Gründen der Arbeitnehmer eine zur Verfügung gestellte Mahlzeit nicht einnimmt, sei unerheblich.

Hinweis
Damit folgt der BFH insoweit der Finanzverwaltung (vgl. BMF, Schreiben v. 24.10.2014, BStBl 2014 I S. 1412, Rz 75). Laut BFH sind die Verpflegungspauschalen auch dann im Fall der Mahlzeitengestellung nach § 9 Abs. 4a Satz 8 EStG zu kürzen, wenn der Arbeitnehmer nicht über eine erste Tätigkeitsstätte verfügt (BFH, Urteil v. 12.7.2021, VI R 27/19).

2.7.10 Steuerliche Förderung der betrieblichen Altersversorgung

Das BMF fasst sein Anwendungsschreiben zur steuerlichen Förderung der betrieblichen Altersversorgung (BAV) vor dem Hintergrund der Änderungen durch das

Gesetz zur Vermeidung von Umsatzsteuerausfällen beim Handel mit Waren im Internet (BGBl 2018 I S. 2338) sowie das Grundrentengesetz (BGBl 2020 I S. 1879) neu (BMF, Schreiben v. 12.8.2021, BStBl 2021 I S. 1050)

Dabei äußert sich das BMF u.a. zur Behandlung laufender Zuwendungen und Sonderzahlungen des Arbeitgebers an einen Pensionsfonds, eine Pensionskasse oder für eine Direktversicherung gem. § 19 Abs. 1 Satz 1 Nr. 3 EStG (Rz. 14 ff.), zur Steuerfreiheit nach § 3 Nr. 63 EStG (Rz. 23 ff.) sowie nach § 3 Nr. 66 EStG (Rz. 56) und den BAV-Förderbetrag nach § 100 EStG (Rz. 100 ff.). Ebenfalls sind Ausführungen enthalten zu den begünstigten Auszahlungsformen als Voraussetzung u.a. für die Steuerfreiheit nach § 3 Nr. 63 EStG bzw. die steuerliche Förderung durch den Sonderausgabenabzug nach § 10a EStG und die Zulage nach Abschnitt XI EStG (Rz. 34 und Rz. 68).

Hinweis

Das neue Schreiben ersetzt die BMF-Schreiben v. 6.12.2017 (BStBl 2018 I S. 147) und v. 8.8.2019 (BStBl 2019 I S. 834) und ist in allen offenen Fällen anzuwenden. Das BMF weist darauf hin, dass in den Beispielen und bei den Zahlenangaben die 2021 geltenden gesetzlichen Beträge berücksichtigt wurden. Die besonderen gesetzlichen Inkrafttretensregelungen (z.B. Anhebung der Einkommensgrenzen beim BAV-Förderbetrag ab 2020) sind bei der Anwendung in offenen Fällen vor 2021 zu beachten. Weiter sind die Regelungen des durch das Schreiben v. 6.12.2017 aufgehobenen Schreibens v. 24.7.2013 (geändert durch die Schreiben v. 13.1.2014, BStBl 2014 I S. 97, und v. 13.3.2014, BStBl 2014 I S. 554) zu beachten, wenn sie auch für Zeiträume ab dem 1.1.2018 Bedeutung haben.

2.7.11 Mitarbeiterkapitalbeteiligungen

Durch das Gesetz zur Stärkung des Fondsstandorts Deutschland (Fondsstandortgesetz) v. 3.6.2021 (BGBl 2021 I S. 1498) wurden die steuerlichen Rahmenbedingungen für Mitarbeiterbeteiligungen verbessert. Nach (wieder) neu eingeführtem § 19a EStG besteht ein **Wahlrecht**, vergünstigt überlassene Vermögensbeteiligungen nicht zwingend bereits **im Zeitpunkt der Übertragung** auf einen Mitarbeiter zu versteuern. Der Sachbezug kann mit Zustimmung des Mitarbeiters **erst im Zeitpunkt der Veräußerung der Vermögensbeteiligung** oder bei einem Arbeitgeberwechsel, spätestens jedoch nach 12 Jahren besteuert werden, grundsätzlich unter Anwendung der sog. **Fünftelregelung**. Voraussetzung ist, dass die Vermögensbeteiligung zusätzlich zum ohnehin geschuldeten Arbeitslohn gewährt wird. Der zunächst nicht besteuerte Vorteil ist verpflichtend im Rahmen einer Lohnsteueranrufungsauskunft mit dem Finanzamt zu bestätigen und unterliegt im Zeitpunkt der Übertragung der **Sozialversicherungspflicht** (§ 1 Abs. 1 Satz 1 Nr. 1 Sozialversicherungsentgeltverordnung). Von der Regelung können nur Mitarbeiter von Unternehmen Gebrauch machen, die die **KMU-Definition** erfüllen. Dies umfasst Unternehmen mit weniger als 250 Mitarbeitern, die bestimmte Größenmerkmale im Jahr der Überlassung oder im vorangegangenen Jahr nicht überschreiten (Jahresumsatz von max. 50 Mio. EUR bzw. Jahresbilanzsumme von max. 43 Mio. EUR). Zudem darf die Gründung nicht länger als 12 Jahre zurückliegen.

Hinweis

§ 19a EStG ist erstmals auf Vermögensbeteiligungen anzuwenden, die nach dem 30.6.2021 übertragen werden (§ 52 Abs. 27 EStG).

Ebenfalls mit dem Fondsstandortgesetz wurde mit Wirkung vom VZ 2021 der Steuerfreibetrag für die unentgeltliche oder verbilligte Überlassung von Vermögensbeteiligungen an Arbeitnehmer von 360 EUR auf 1.440 EUR erhöht (§ 3 Nr. 39 Satz 1 EStG).

Hinweis

Anders als § 19a EStG knüpft § 3 Nr. 39 EStG nicht an die Definition von KMU an. Die Gewährung des Freibetrags setzt aber u.a. voraus, dass die Beteiligung mindestens allen Arbeitnehmern offensteht, die im Zeitpunkt der Bekanntgabe des Angebots ein Jahr oder länger ununterbrochen in einem gegenwärtigen Dienstverhältnis zum Unternehmen stehen (§ 3 Nr. 39 Satz 2 EStG).

Mit BMF-Schreiben v. 16.11.2021 (IV C 5 – S 2347/21/10001 :006) äußert sich das BMF ausführlich zu Anwendungsfragen der neu gefassten Regelungen. Hinsichtlich der Ausführungen zu § 3 Nr. 39 EStG ersetzt das neue Schreiben das bisherige (noch bis zum 31.12.2020 weiterhin anzuwendende) Schreiben v. 8.12.2009

(BStBl 2009 I S. 1513). Etwas erweitert hat das BMF dabei die Behandlung von vom Arbeitgeber übernommenen Depotgebühren. Laut BMF führen übernommene Depotgebühren, die durch die Festlegung der Wertpapiere für die Dauer einer vertraglich vereinbarten Sperrfrist oder zur Minderung des administrativen Aufwands (z.B. für ein zentral verwaltetes Sammeldepot) entstehen, nicht zu Arbeitslohn beim Arbeitnehmer. Auch die kostenlose Depotführung durch den Arbeitgeber führt laut BMF nicht zu Arbeitslohn (Rdnr. 12). Hinsichtlich der Bewertung der Vermögensbeteiligung nach § 3 Nr. 39 Satz 4 EStG (Ansatz mit dem gemeinen Wert bei der Überlassung) arbeitet das BMF das BFH-Urteil v. 7.5.2014 (VI R 73/12, BStBl 2014 II S. 904) ein. Danach kann die Vermögensbeteiligung auch mit dem gemeinen Wert bei Abschluss des für beide Seiten verbindlichen Veräußerungsgeschäfts angesetzt werden (Rdnr. 18).

In Bezug auf § 19a EStG führt das BMF aus, dass (anders als bei § 3 Nr. 39 EStG) Vermögensbeteiligungen an anderen Unternehmen desselben Konzerns i.S. des § 18 AktG nicht als Vermögensbeteiligungen an dem Unternehmen des Arbeitgebers i.S. des § 19a Abs. 1 Satz 1 EStG gelten und folglich nicht begünstigt werden (Rdnr. 34). Weiterhin äußert sich das BMF u.a. zu den einzelnen Voraussetzungen der KMU-Definition (Rdnr. 42), den Voraussetzungen für die Anwendung der Fünftelregelung bei der aufgeschobenen Besteuerung (Rdnr. 43), den Folgen einer Wertminderung im Zeitpunkt der aufgeschobenen Besteuerung (Rdnr. 49 ff.) sowie der Bindungswirkung der Anrufungsauskunft nach § 19a Abs. 5 EStG (Rdnr. 52 ff.).

Hinweis

Das BMF weist darauf hin, dass (unabhängig von der Anrufungsauskunft nach § 19a Abs. 5 EStG) eine **Anrufungsauskunft** zu steuerrechtlichen Einschätzungen im Zusammenhang mit der Überlassung von Vermögensbeteiligungen gestellt werden könne (Rdnr. 55).

Mit zwei Urteilen v. 1.12.2020 (VIII R 40/18 und VIII R 21/17, BStBl 2021 II S. 609) äußerte sich der BFH zur Frage der Einkünftequalifikation von Veräußerungserlösen, die aus der Veräußerung von Mitarbeiterkapitalbeteiligungen resultieren. Für den BFH können dabei bei Vorliegen einer eigenständigen Erwerbsgrundlage Einkünfte aus Kapitalvermögen vorliegen. Für die Abgrenzung zu den Einkünften aus unselbstständiger Arbeit (§ 19 EStG, erheblicher Veranlassungszusammenhang zum Arbeitsverhältnis) bzw. aus selbstständiger Tätigkeit (§ 18 EStG) ist für den BFH u. a. entscheidend, dass

- kein (arbeits-)vertraglicher Anspruch auf die Beteiligung besteht,
- Erwerb sowie Veräußerung zum Marktwert erfolgten,
- ein volles Verlustrisiko beim Arbeitnehmer liegt sowie
- keine besonderen Umstände aus dem Arbeitsverhältnis erkennbar sind, die Einfluss auf Veräußerbarkeit oder Wertentwicklung der Beteiligung nehmen.

Dabei weist der BFH auf die erforderliche Gesamtschau aller maßgebenden Sachverhaltsumstände hin.

2.7.12 Erhöhter Lohnsteuereinbehalt bei Seeschifffahrt

Der zunächst bis zum 31.5.2021 befristete erhöhte Lohnsteuereinbehalt für Handelsschiffe wurde um sechs Jahre verlängert (Gesetz zur Verlängerung des erhöhten Lohnsteuereinbehalts in der Seeschifffahrt vom 12.5.2021, BGBl 2021 I S. 989).

Hinweis

Nach der erfolgten Genehmigung durch die Europäische Kommission vom 22.6.2021 findet das Gesetz erstmals für den Lohnzahlungszeitraum Juni 2021 Anwendung (vgl. BMF, Bekanntmachung v. 25.6.2021).

2.7.13 Arbeitgeberzuschüsse zum Kurzarbeitergeld

Laut einer mit dem Corona-Steuerhilfegesetz v. 19.6.2020 (BGBl 2020 I S. 1385) eingeführten befristeten Regelung des § 3 Nr. 28a EStG sind Arbeitgeberzuschüsse zum Kurzarbeitergeld – soweit sie zusammen mit dem Kurzarbeitergeld 80 % des Unterschiedsbetrags zwischen dem Soll-Entgelt und dem Ist-Entgelt nicht übersteigen – steuerfrei, wenn sie für nach dem 29.2.2020 beginnende und vor dem 1.1.2021 endende Lohnzahlungszeiträume geleistet wurden.

Mit dem Jahressteuergesetz 2020 (BGBl 2020 I S. 3096) wurde die **Steuerfreiheit** nochmals um ein Jahr bis vor dem 1.1.2022 endende Lohnzahlungszeiträume **verlängert**. Für danach beginnende Lohnzahlungszeiträume greift die Steuerfreiheit des § 3 Nr. 28a EStG nicht mehr.

Hinweis
Durch das AbzStEntModG v. 2.6.2021 (BGBl 2021 I S. 1259) wurde die **Zahlungsfrist** für die Auszahlung des nach § 3 Nr. 11a EStG (bei Erfüllen der Voraussetzungen) begünstigten Corona-Bonus bis zum 31.3.2022 **verlängert.**

2.8 Umsatzsteuer

2.8.1 Zweite Stufe des MwSt-Digitalpakets

Mit dem Jahressteuergesetz 2020 v. 21.12.2020 (BGBl 2020 I S. 3096) wurde zum 1.7.2021 die zweite Stufe des sog. Mehrwertsteuer-Digitalpakets umgesetzt. Die zweite Stufe der Reform beinhaltet insbesondere Änderungen beim **Versandhandel**. Hierzu gehören u.a. die Einbeziehung von Betreibern elektronischer Schnittstellen in fiktive Lieferketten und die Erweiterung der einzigen Anlaufstelle (eng. **One Stop Shop**) zur Erklärung von Versandhandelsumsätzen innerhalb der EU und aus dem EU-Ausland.

Mit der zweiten Stufe des Mehrwertsteuer-Digitalpakets wurden u.a. auch die nationalen Lieferschwellen für innergemeinschaftliche Fernverkäufe (sie lagen zwischen 35.000 EUR und 100.000 EUR pro Land) abgeschafft. Zukünftig gilt eine **EU-weit einheitliche Lieferschwelle** von 10.000 EUR. Für 2021 ist die Lieferschwelle überschritten, wenn die innergemeinschaftlichen Fernverkäufe des jeweiligen Händlers in 2020 oder in 2021 die neue Lieferschwelle von 10.000 EUR überschritten haben. Wurde sie überschritten, müssen innergemeinschaftliche Fernverkäufe in dem Land versteuert werden, in dem der Versand der Ware endet. Diese Schwelle gilt bereits seit dem 1.1.2021 für Telefon-, Rundfunk- und elektronische Dienstleistungen.

Das BMF hat sich in einem umfangreichen Schreiben v. 1.4.2021 (BStBl 2021 I S. 629, ergänzt durch BMF-Schreiben v. 1.7.2021) zur zweiten Stufe des MwSt-Digitalpakets geäußert. So wurde u.a. ein neuer Abschnitt 21a.1. im Umsatzsteuer-Anwendungserlass ergänzt. Dieser beinhaltet ein Beispiel zum neuen § 21a UStG. Die neue Norm erlaubt es gewissen Dienstleistern (z.B. Post- und Kurierdienstleister) bei **geringwertigen Sendungen an Privatpersonen** (Wertobergrenze 150 EUR) die Einfuhrumsatzsteuer für den Empfänger zu verauslagen. Das BMF-Schreiben erläutert zudem, wie diese Wertobergrenze berechnet werden muss.

Weitere Ausführungen betreffen die Einbeziehung von **Betreibern elektronischer Schnittstellen** in fiktive Lieferketten. Unter anderem listet das BMF-Schreiben

Merkmale auf, die dabei helfen sollen, den Anwendungsbereich der Norm besser einzugrenzen. Dies betrifft z.B. den Begriff „elektronische Schnittstelle". Zu den Neuerungen der Marktplatzhaftung nach § 18e, § 22f und § 25e UStG nimmt das BMF in einem separaten Schreiben v. 20.4.2021 (BStBl 2021 I S. 705) Stellung.

Hinweis

Das BMF-Schreiben v. 1.4.2021 (BStBl 2021 I S. 629) schließt für betroffene Steuerpflichtige einige Lücken im Gesetz, wirft aber auch neue Fragen auf. Es ergänzt und übernimmt teilweise Leitlinien der EU-Kommission zum Mehrwertsteuer-Digitalpaket. Im Gegensatz zu den Leitlinien ist das BMF-Schreiben für die Finanzämter bindend und verbessert damit auch die Rechtsicherheit der Steuerpflichtigen.

Ebenso seit dem 1.4.2021 können Unternehmen nun auch ihre **Teilnahme am One Stop Shop-Verfahren** beim zuständigen Bundeszentralamt für Steuern (BZSt) anzeigen. Der Mini One Stop Shop (auf Deutsch: „kleine einzige Anlaufstelle") wurde bereits zum 1.1.2015 für die Erklärung von elektronischen Dienstleistungen eingeführt. Zum 1.7.2021 wurde dieser zum One Stop Shop (OSS) erweitert und enthält damit einen deutlich größeren Funktionsumfang. Zusätzlich können z.B. Lieferungen (Fernverkäufe) und Verkäufe über elektronische Schnittstellen (Marktplätze) erklärt werden. Die bestehenden Verfahren für Nicht-EU-Unternehmer und EU-Unternehmer erhalten damit eine Erweiterung (§§ 18i und 18j UStG). Neu dazu gekommen ist auch ein besonderes Besteuerungsverfahren für bestimmte Importe mit einem Sachwert von höchstens 150 EUR (§ 18k UStG).

Hinweis

Die Nutzung des OSS ist optional. Die „herkömmliche" Variante, die Registrierung im Mitgliedstaat und die Erklärungen der Umsätze im dortigen allgemeinen Besteuerungsverfahren steht den Unternehmen weiterhin offen. Der OSS bietet aber den wesentlichen Vorteil, dass die umsatzsteuerlichen Deklarations- und Zahlungspflichten für sämtlich Mitgliedstaaten über ein zentrales Online-Portal im Ansässigkeitsstaat erledigt werden können. Die Entscheidung für die **Nutzung des OSS** verpflichtet allerdings zur **einheitli-**

chen Anwendung in der EU. Die Möglichkeit der Registrierung in einzelnen Mitgliedstaaten entfällt damit.

2.8.2 Registrierungs- und Zulassungspflicht für Online-Marktplätze

Mit Wirkung zum 1.1.2019 hatte Deutschland eine nationale Marktplatzhaftung eingeführt, welche auch Aufzeichnungspflichten für die Betreiber von elektronischen Marktplätzen (neu: elektronische Schnittstellen) vorsieht. Ein EU-Vertragsverletzungsverfahren gegen die Regelungen ist immer noch anhängig. Am 1.7.2021 ist das EU VAT eCommerce Package (auch Mehrwertsteuer-Digitalpaket genannt) in Kraft getreten. Dieses enthält eine spezielle Steuerpflicht für Betreiber von elektronischen Plattformen (inkl. Online-Marktplätze) für bestimmte Umsätze von Versandhändlern, welche die jeweilige Plattform nutzen. Dennoch hält der deutsche Gesetzgeber an der **nationalen Marktplatzhaftung** fest, wenn auch mit ein paar Modifikationen. So sind Betreiber elektronischer Schnittstellen nun nicht mehr verpflichtet, eine Registrierungsbestätigung von den Versandhändlern einzusammeln. Es genügt, wenn die Betreiber die Umsatzsteuer-Identifikationsnummer der Händler erfassen. Um nicht zu haften, müssen die Betreiber die Gültigkeit der Umsatzsteuer-Identifikationsnummern prüfen. Hierzu müssen sie zwingend das **qualifizierte Bestätigungsverfahren** des Bundeszentralamts für Steuern nutzen.

Mit BMF-Schreiben v. 20.4.2021 (BStBl 2021 I S. 705) passte die Finanzverwaltung in weiten Teilen bereits bestehende BMF-Schreiben zur Marktplatzhaftung an. Eine Neuerung ist eine **Registrierungs- und Zulassungspflicht** für Betreiber elektronischer Schnittstellen.

Hinweis

Die Betreiber können nur dann das o.g. Bestätigungsverfahren nutzen, wenn sie für Umsatzsteuerzwecke in Deutschland registriert sind und eine entsprechende Zulassung von ihrem Finanzamt erhalten haben. Der Antrag muss neben dem Namen, der Anschrift und der Steuernummer auch die Bezeichnung der elektronischen Schnittstelle enthalten. Darüber hinaus muss glaubhaft gemacht werden, dass der Antragsteller die Lieferung von Gegenständen mittels einer elektronischen Schnittstelle unterstützt.

2.8.3 Ermäßigter Steuersatz für Restaurantdienstleistungen

Die mit dem Corona-Steuerhilfegesetz v. 19.6.2020 (BGBl 2020 I S. 1385) eingeführte befristete Anwendung des ermäßigten Steuersatzes auf Restaurant- und Verpflegungsdienstleistungen (mit Ausnahme der Abgabe von Getränken) wurde durch das Dritte Corona-Steuerhilfegesetz v. 17.3.2021 (BGBl 2021 I S. 330) nochmals **bis 31.12.2022 verlängert**. Der ermäßigte Steuersatz greift damit für vor dem 1.1.2023 erbrachte Restaurant- und Verpflegungsdienstleistungen, mit Ausnahme der Abgabe von Getränken (§ 12 Abs. 2 Nr. 15 UStG).

2.8.4 Vereinfachung bei Aufteilung von Umsatzsteuersätzen verlängert

Mit BMF-Schreiben v. 3.6.2021 (BStBl 2021 I S. 777) werden die mit BMF-Schreiben v. 2.7.2020 getroffenen Vereinfachungen zur Aufteilung des Entgelts bei sog. **Kombimodellen** (einzelne Leistungskomponenten unterliegen unterschiedlichen Umsatzsteuersätzen) bis zum 31.12.2022 verlängert. Das betrifft die befristete Steuersatz-Senkung von Restaurationsleistungen sowie Hotelleistungen.

2.8.5 Sonderregelungen für Reiseleistungen

Die Anwendung des § 25 UStG dient grundsätzlich dazu, Unternehmern eine aufwendige Registrierung im Zielland von Reiseleistungen zu ersparen. Mit dem Jahressteuergesetz 2019 v. 12.12.2019 (BGBl 2019 I S. 2451) wurde diese Sonderregelung dahingehend angepasst, dass sie mit Wirkung zum 18.12.2019 auch im B2B-Bereich gilt. Ebenfalls, jedoch erst mit Wirkung ab dem 1.1.2022, wird die Möglichkeit der Bildung einer Gesamtmarge aufgehoben. In Folge der Gesetzesänderung passte das BMF den Umsatzsteueranwendungserlass an. Dabei wurden auch weitere Anpassungen aufgenommen (BMF, Schreiben v. 24.6.2021, BStBl 2021 I S. 857).

Hinweis

§ 25 UStG kann laut BMF **nicht** von Unternehmern genutzt werden, die **im Drittland ansässig** sind und keine feste Niederlassung im Gemeinschaftsgebiet haben (BMF, Schreiben v. 29.1.2021, BStBl 2021 I S. 250). Aus Gründen des Vertrauensschutzes gilt eine Nichtbeanstandung für die Anwendung der Margenbesteuerung durch Drittlandsunternehmer bis zum 31.12.2021 (vgl. BMF, Schreiben v. 29.3.2021, BStBl 2021 I S. 386). Diese wurde nochmals durch BMF-Schreiben v. 1.12.2021 bis zum 31.12.2022 verlängert.

Nach Auffassung des BMF ist es erforderlich, dass eine Reiseleistung nur noch aus einem **Bündel aus Einzelleistungen** bestehen kann, wobei mindestens eine Einzelleistung in einer Beförderungs- oder Beherbergungsleistung bestehen muss. **Ausnahmsweise** genügt eine einzelne Leistung für die Anwendung des § 25 UStG aber dann, wenn es sich um eine **Beherbergungsleistung** handelt. Hier setzt das BMF das EuGH-Urteil v. 19.12.2018 (Alpenchalets Ressorts, C-552/17) um. Weiterhin wird geregelt, wie ein Unternehmer Reisen umsatzsteuerlich zu handhaben hat, die nicht im Markt weiterverkauft werden (z.B. Dienstreisen). Zusätzlich wurden für B2B-Reiseleistungen zusätzliche Rechnungsangaben definiert. Im Übrigen wurden bisherige Erläuterungen erweitert, u.a. die Abgrenzung zu Vermittlungsleistungen, und um aktuelle Rechtsprechung ergänzt.

Hinweis

Das BMF-Schreiben ist grundsätzlich in allen offenen Fällen anzuwenden. Die Finanzverwaltung beanstandet es aber nicht, wenn Unternehmer auf bis zum 31.12.2021 ausgeführte Umsätze Abschn. 25 UStAE in der Fassung v. 1.6.2021 anwenden. Die Regelungen zur Einzelmargenbildung (Abschn. 25.3 UStAE, Aufhebung der Möglichkeit zur Bildung einer Gesamtmarge durch das JStG 2019 mit Wirkung zum 1.1.2022) sind für Umsätze nach dem 31.12.2021 anzuwenden.

2.8.6 Konsequenzen des Brexit

Auch wenn Großbritannien die EU bereits zu Beginn des Jahres 2020 verlassen hat, galt es bis zum 31.12.2020 für umsatzsteuerliche Zwecke noch als EU-Mitgliedstaat. Seit dem 1.1.2021 ist es aber ein Drittstaat. **Nordirland** wiederum ist de facto beides. Im Bereich des Dienstleistungsverkehrs ist Nordirland Drittlandsgebiet, so wie das übrige Großbritannien. Im Bereich des Warenverkehrs gelten für Nordirland zunächst jedoch weiterhin die Regeln für den innergemeinschaftlichen Handel.

Das BMF-Schreiben v. 10.12.2020 (BStBl 2021 I S. 1390) nimmt zu dem umsatzsteuerlichen **Regimewechsel für Großbritannien** zum 1.1.2021 Stellung, u.a. für Lieferungen und sonstige Leistungen (Dienstleistungen), die um den **Jahreswechsel 2020/2021** herum erbracht wurden.

So äußert sich das BMF u. a. zur Behandlung von **Lieferungen**, die vor Jahresende 2020 begonnen haben, bei denen der gelieferte Gegenstand jedoch erst im nächsten Jahr nach Großbritannien oder von dort in das Inland gelangt ist, sowie von **Dienstleistungen**, deren Erbringung vor dem Jahreswechsel beginnt und erst nach dem Jahreswechsel endet. Ferner wird erläutert, wann die kleine einzige Anlaufstelle (**MOSS**) zu nutzen ist und wie das Vorsteuer-Vergütungsverfahren in diesem Sonderfall abläuft. Auch erwähnt wird, wie sich der Brexit auf die umsatzsteuerliche **Plattformhaftung** und in diesem Zuge immer noch notwendige Bescheinigung nach § 22f UStG auswirkt.

Hinweis

Über die Umsatzsteuer hinaus ist zu beachten, dass der Warenverkehr mit Großbritannien seit dem 1.1.2021 zollrechtlichen Förmlichkeiten unterliegt.

2.8.7 Befreiung bei Grundstücksumsätzen

Die unter das GrEStG fallenden Umsätze sind grundsätzlich umsatzsteuerbefreit (§ 4 Nr. 9 lit. a UStG). Veräußert der Verkäufer an einen anderen Unternehmer, kann er in dem notariell zu beurkundenden Kaufvertrag auf die Steuerbefreiung verzichten (Umsatzsteuer-Option, § 9 Abs. 1, Abs. 3 Satz 2 UStG). Nach der notariellen Beurkundung des Grundstückskaufvertrags ist ein solcher Verzicht nicht mehr möglich. Laut BMF gilt dies ebenfalls für einen Widerruf des Verzichts (Abschn. 9.2 Abs. 9 Satz 3 UStAE). Dem widersprach der BFH.

Laut BFH kann der Verkäufer seinen Verzicht auf die Umsatzsteuerbefreiung auch außerhalb und zeitlich nach der notariellen Beurkundung des Grundstückskaufvertrags widerrufen und zwar solange die Steuerfestsetzung für das Jahr der Leistungserbringung noch anfechtbar oder noch nach § 164 AO änderbar ist (BFH, Urteil v. 2.7.2021, XI R 22/19, BFH/NV 2021 S. 1624).

2.8.8 Ratenzahlung bei einheitlicher Leistung

Laut EuGH entsteht die Umsatzsteuer auch bei Ratenzahlungsvereinbarungen grundsätzlich bei Leistungserbringung, auch wenn das Entgelt erst später vereinnahmt wird (EuGH, Urteil v. 28.10.2021, C-324/20).

Hinweis

Damit verneint der EuGH in seiner Antwort auf die Vorlagefrage des BFH (Beschluss v. 7.5.2020, V R 16/19) Erleichterungen, die die Vorfinanzierung durch den Steuerpflichtigen abmildern würden.

2.8.9 Steuerausweis nach § 14c UStG

Stellt ein Rechnungsaussteller eine Rechnung aus, in der er unrichtig Umsatzsteuer ausweist, hat er gem. § 14c UStG allein aufgrund dieses Ausweises die Umsatzsteuer abzuführen. Das BMF-Schreiben v. 11.1.2021 (BStBl 2021 I S. 120) ergänzt nunmehr den Umsatzsteuer-Anwendungserlass zu der Frage, unter welchen Voraussetzungen ein Dokument eine Rechnung im Sinne dieser Vorschrift darstellt. Nach der Rechtsprechung ist für eine Steuerschuld des Rechnungsausstellers nach § 14c UStG nicht erforderlich, dass die erteilte Rechnung alle gesetzlich geforderten Merkmale einer Rechnung aufweist (§ 14 Abs. 4 UStG; u.a. BFH, Urteil v. 21.9.2016, XI R 4/15, BStBl 2021 II S. 106). Das BMF führt aus, dass eine Rechnung i.S. des § 14c UStG vorliegt, wenn das Dokument Rechnungsaussteller, Leistungsempfänger, Leistungsbeschreibung, Entgelt sowie gesondert ausgewiesene Umsatzsteuer enthält.

Hinweis

Weiter stellt das BMF dar, dass die Umsatzsteuer bereits dann als ausgewiesen gilt, wenn die Steuer als Geldbetrag genannt und als Steuerbetrag gekennzeichnet ist. Es reicht aus, dass die Steuer nur im Rahmen eines erläuternden Hinweises in dem Dokument aufgeführt ist.

2.8.10 Umsatzbesteuerung von Hauswasseranschlüssen

Die Lieferung von Wasser unterliegt dem ermäßigten Umsatzsteuersatz. Hierzu zählt auch, einen für die Wasserlieferung erforderlichen Hauswasseranschluss zu legen. Bereits in 2018 hatte der BFH entschieden, dass das Legen eines solchen Hauswasseranschlusses auch dann dem ermäßigten Umsatzsteuersatz unterliegt, wenn der den Anschluss verlegende Unternehmer den angeschlossenen Leistungsempfänger gar nicht mit Wasser versorgt. Dies hatte die Finanzverwaltung bislang anders gesehen.

In ihrem Schreiben v. 4.2.2021 (BStBl 2021 I S. 312) schließt sich die Finanzverwaltung nunmehr der Rechtsprechung des BFH an. Nicht nur das **Verlegen** selbst, sondern auch **Reparatur-, Wartungs- und andere Arbeiten an den Hauswasseranschlüssen** unterliegen dabei dem **ermäßigten Steuersatz**. Nicht begünstigt sind Arbeiten, die der Herstellung eines Mehrfachanschlusses (Strom, Telekommunikation, Gas und Wasser) dienen.

Hinweis

Die neuen Regelungen sind in allen offenen Fällen anzuwenden. Für vor dem 1.1.2021 ausgeführte Leistungen wird es jedoch nicht beanstandet, wenn sich der leistende Unternehmer auf die Regelungen des alten BMF-Schreibens beruft und die Leistung zum Regelsteuersatz versteuert hat. Soweit nach dem 1.1.2021 erbrachte Leistungen mit dem Regelsteuersatz abgerechnet wurden, müssten diese Abrechnungen somit auf den ermäßigten Umsatzsteuersatz korrigiert werden. Obwohl nicht ausdrücklich erwähnt, ist weiterhin davon auszugehen, dass sich auch der Leistungsempfänger bezüglich des Vorsteuerabzugs auf die Nichtbeanstandungsregelung berufen kann.

2.8.11 Vorsteuerabzug einer geschäftsleitenden Holding

Der BFH legt dem EuGH die Frage vor, ob eine geschäftsleitende Holding, die umsatzsteuerpflichtige Ausgangsleistungen erbringt, den Vorsteuerabzug auf eine Eingangsleistung auch dann geltend machen kann, wenn sie diese Eingangsleistung in eine Tochtergesellschaft einlegt, anstatt sie an diese entgeltlich weiter zu leisten.

Inwieweit eine Holding zum Vorsteuerabzug berechtigt ist, beschäftigt die Finanzgerichtsbarkeit immer wieder. Geklärt ist, dass eine geschäftsleitende bzw. Funktionsholding insoweit zum Vorsteuerabzug berechtigt ist, als sie die **Eingangsleistungen für umsatzsteuerpflichtige Ausgangsleistungen** an ihre Tochtergesellschaften **verwendet**. Der BFH fragt den EuGH, ob der Vorsteuerabzug auch für Eingangsleistungen gegeben ist, wenn eine solche, ansonsten umsatzsteuerpflichtige Ausgangsleistungen erbringende, geschäftsleitende bzw. Funktionsholding diese Eingangsleistung nicht entgeltlich an eine Tochtergesellschaft weiterleistet, sondern in diese Tochtergesellschaft einlegt (vgl. BFH, Vorlagebeschluss v. 23.9.2020, XI R 22/18, BStBl 2021 I S. 325).

Hinweis

Wäre diese Frage zu bejahen, könnte eine solche geschäftsleitende bzw. Funktionsholding die Vorsteuer im Vorlagefall geltend machen, obwohl die Tochtergesellschaft die in sie eingelegte Eingangsleistung für umsatzsteuerfreie Ausgangsleistungen verwendet. Hätte demgegenüber die Tochtergesellschaft, die umsatzsteuerfreie Ausgangsleistungen erbringt, in dieser Konstellation die Eingangsleistung von dem Dritten direkt erworben, hätte die Tochtergesellschaft die Vorsteuer nicht abziehen können.

2.8.12 Vorsteuerberichtigung bei Erfolglosigkeit

In seinem Urteil v. 27.10.2021 (V R 20/20 (V R 61/17), BFH/NV 2021 S. 611) hatte der BFH zu beurteilen, ob eine Vorsteuerberichtigung nach § 15a UStG vorzunehmen ist, wenn eine Cafeteria ihren Betrieb einstellt. Diese Cafeteria war an ein Seniorenwohnheim angeschlossen, das ursprünglich sowohl für Bewohner zugänglich war wie für andere Gäste. Die Räume wurden somit sowohl für umsatzsteuerpflichtige als auch umsatzsteuerfreie Umsätze genutzt. Nach der Schließung der Cafeteria ergab sich die Frage, ob dies als Leerstand einzuordnen ist oder als Nutzungsänderung durch ausschließliche interne Verwendung des Seniorenwohnheims.

Der BFH unterschied wie folgt: Entfällt bei einem Gegenstand, den der Unternehmer **zunächst gemischt** für steuerpflichtige und steuerfreie Umsätze **genutzt** hatte, die Verwendung für die steuerpflichtigen Umsätze, während der Unternehmer die Verwendung für die steuerfreien Umsätze fortsetzt, kann dies zu einer Vorsteuerberichtigung nach § 15a UStG führen. Demgegenüber bewirkt der **bloße Leerstand ohne Verwendungsabsicht** keine Änderung der Verhältnisse.

Welche dieser beiden Varianten in dem dem Verfahren zugrundeliegenden Sachverhalt vorlag, war nicht eindeutig. Hätte das Seniorenwohnheim die Räume laufend für den internen Betrieb des Wohnheims weiter genutzt, läge kein Leerstand vor, sondern eine Nutzungsänderung hin zu einer rein umsatzsteuerfreien Nutzung. Wären die Räume dagegen nicht im regulären Betrieb genutzt worden, sondern nur punktuell für Veranstaltungen des Seniorenwohnheims, käme ein

Leerstand in Betracht, der die ursprüngliche gemischte Nutzung eben nicht ändert. Um dies zu klären, verwies der BFH den Fall an das erstinstanzliche Gericht zurück.

Hinweis
Gerade in Pandemiezeiten können in sehr vielen Branchen Leerstände auftreten, die Betriebe dann ggf. anderweitig einsetzen. Im Rahmen von alternativen Nutzungen der Räumlichkeiten zeigt das Urteil auf, dass dabei die Vorsteuerberichtigung nicht aus den Augen zu verlieren ist.

2.8.13 Vermögensverwaltung im umsatzsteuerlichen Sinne

Nach gefestigter EuGH- und BFH-Rechtsprechung sind der bloße Erwerb und das bloße Halten von Gesellschaftsanteilen keine unternehmerischen Tätigkeiten der Anteilseignerin. Anders ist es, wenn die Beteiligung mit unmittelbaren oder mittelbaren **Eingriffen in die Verwaltung der Tochtergesellschaft** einhergeht. Dann hält die Anteilseignerin die Beteiligung im Rahmen ihrer unternehmerischen Tätigkeit. Diese Sichtweise teilt auch die deutsche Finanzverwaltung gem. Umsatzsteueranwendungserlass.

Der BFH stellt klar, dass die **Veräußerung einer Beteiligung** entsprechend dann in den unternehmerischen Bereich fällt und umsatzsteuerbar ist, wenn die Beteiligung zuvor der unternehmerischen Sphäre der Anteilseignerin zuzuordnen war. Zudem weist der BFH noch einmal darauf hin, dass die Veräußerung einer Beteiligung für sich allein keine Geschäftsveräußerung im Ganzen i.S. des § 1 Abs. 1a UStG darstellt, die dazu führen würde, dass die Veräußerung nicht umsatzsteuerbar wäre, selbst wenn eine unternehmerische Veräußerung vorläge (BFH, Urteil v. 10.12.2020, V R 5/20, BFH/NV 2021 S. 608).

2.8.14 Definition der Werklieferung – längere Übergangsfrist

Der BFH hatte in seinem Urteil v. 22.8.2013 (V R 37/10, BStBl 2014 II S. 128) festgestellt, dass Werklieferungen vorliegen, sobald zusätzlich zur Verschaffung der Verfügungsmacht (§ 3 Abs. 1 UStG) ein fremder Gegenstand be- oder verarbeitet wird. Darüber hinaus stellte der BFH fest, dass die Be- oder Verarbeitung eigener Gegenstände des Leistenden nicht für die Annahme einer Werklieferung ausreichend ist.

Die Grundsätze dieses BFH-Urteils hat die Finanzverwaltung mit BMF-Schreiben v. 1.10.2020 in Abschnitt 3.8 Abs. 1 Satz 1 UStAE eingefügt. Sie sind grundsätzlich in allen offenen Fällen anzuwenden. Dabei wurde hinsichtlich aller bis vor dem 1.1.2021 entstandener gesetzlicher Umsatzsteuer (auch für Zwecke des Vorsteuerabzugs und Fälle des § 13b UStG) nicht beanstandet, wenn Lieferungen entsprechend der bisherigen Fassung des Abschnitts 3.8 Abs. 1 Satz 1 UStAE behandelt wurden.

Hinweis
Diese Übergangsfrist verlängerte das BMF im Schreiben v. 11.3.2021 (BStBl 2021 I S. 380) auf vor dem 1.7.2021 entstandene gesetzliche Umsatzsteuer.

2.8.15 Behandlung von Sachspenden

Mit zwei BMF-Schreiben v. 18.3.2021 (BStBl 2021 I S. 384 und S. 628) äußert sich die Finanzverwaltung zur umsatzsteuerlichen Behandlung von Sachspenden.

Für **alle Unternehmer** gilt in allen offenen Fällen nun zur **Ermittlung der Bemessungsgrundlage** für eine unentgeltliche Wertabgabe auch der neu eingeführte Abschn. 10.6 Abs. 1a UStAE. Dieser ermöglicht es, diverse wertmindernde Sachverhalte in dem für die unentgeltliche Wertabgabe relevanten fiktiven Einkaufspreis zu berücksichtigen. Dabei werden beispielsweise die **stark eingeschränkte Verkehrsfähigkeit** von Lebensmitteln oder die fehlende Marktgängigkeit von Saisonware erwähnt. Werden solche Gegenstände im Rahmen einer Spende abgegeben, kann eine im Vergleich zu noch verkehrsfähiger Ware geminderte Bemessungsgrundlage angesetzt werden. Eine Minderung auf null EUR bei **wertloser Ware**, wie zum Beispiel bei Lebensmitteln kurz vor Ablauf des Mindesthaltbarkeitsdatums, ist ausdrücklich möglich. Eine eingeschränkte Verkehrsfähigkeit liegt allerdings nicht vor, wenn Neuware ohne jede Beeinträchtigung aus wirtschaftlichen oder logistischen Gründen aus dem Warenverkehr ausgesondert wird.

Weitere Erleichterungen können **Einzelhändler** nutzen, die unmittelbar und nicht unerheblich von der Pandemie betroffen sind. Für sie gilt flankierend ein weiteres BMF-Schreiben v. 18.3.2021, das eine befristete **Billigkeitsregelung für Sachspenden** gewährt. Auf die Besteuerung von Sachspenden an steuerbegünstigte Organisationen von betroffenen Einzelhändlern wird zwischen dem 1.3.2020 und dem 31.12.2021 verzichtet.

Hinweis
Im Ergebnis fällt so auf bestimmte unentgeltliche Wertabgaben (auch rückwirkend) keine oder weniger Umsatzsteuer an.

2.8.16 Personengesellschaft als umsatzsteuerliche Organgesellschaft

Laut EuGH-Rechtsprechung können Personengesellschaften entgegen dem Wortlaut des § 2 Abs. 2 Nr. 2 UStG durchaus als Organgesellschaften Teil einer umsatzsteuerlichen Organschaft sein. Der BFH und ihm folgend die Finanzverwaltung hatten daraufhin zwar ihre Rechtsauffassungen entsprechend angeglichen. Sie hatten aber vorausgesetzt, dass die Personengesellschaft nur dann Organgesellschaft sein könne, wenn der Organträger (mittelbar oder unmittelbar) sämtliche Anteile an ihr halte. Sobald also ein fremder Dritter an der Personengesellschaft beteiligt war, konnte diese Personengesellschaft nicht mehr Organgesellschaft sein. Bei einer Körperschaft wie bspw. einer GmbH oder AG ist dies aber möglich. Bei einer solchen genügt demgegenüber die **mehrheitliche Beteiligung an den stimmberechtigenden Anteilen** für die finanzielle Eingliederung.

Der EuGH hat nun auch dieser einschränkenden Auslegung des BFH und der Finanzverwaltung eine Absage erteilt (EuGH, Urteil v. 15.4.2021, C-868/19). Welche **geringere Anforderung** an die finanzielle Eingliederung einer Personengesellschaft stattdessen zu stellen ist, urteilt der EuGH nicht ausdrücklich. Es ist jedoch davon auszugehen, dass es für Personengesellschaften als finanzielle Eingliederung ausreichend sein dürfte, wenn der Organträger seinen Willen in der Personengesellschaft durchsetzen oder einen abweichenden Willen verhindern kann. Welcher Erfordernisse es dafür bedarf, hängt von der konkreten Ausgestaltung der Personengesellschaft ab. Sind in der betreffenden Personengesellschaft bspw. Beschlüsse durch einfache Mehrheit zu treffen, dürfte es jedenfalls genügen, wenn der Organträger diese Mehrheit auf sich vereinigt.

Hinweis
Rechtsprechung und Finanzverwaltung werden auf dieses Urteil reagieren müssen. Damit sind auch alle Steuerpflichtigen zum Prüfen und Handeln gezwungen. Denn eine Organschaft ist nicht wähl-, sondern nur gestaltbar.

Steuerpflichtige werden somit prüfen müssen, ob Personengesellschaften Teil einer Organschaft sind, die sie bislang als Alleinunternehmerin geführt haben.

Ob die Finanzverwaltung bei einer unterstellten Änderung ihrer Auffassung eine Nichtbeanstandungsregelung für die Vergangenheit ausspricht, bleibt abzuwarten. Steuerpflichtige, die auch für die Vergangenheit einen Vorteil haben können, eine betreffende Personengesellschaft als Organgesellschaft zu behandeln, sollten aber jedenfalls bereits jetzt handeln und nicht auf die Finanzverwaltung warten, wenn für vergangene Veranlagungszeiträume droht, dass diese verfahrensrechtlich nicht mehr geändert werden können.

2.8.17 Unerkannte umsatzsteuerliche Organschaft

Wird das Vorliegen einer umsatzsteuerlichen Organschaft nicht erkannt und Umsatzsteuer gegen eine unerkannte Organgesellschaft irrig festgesetzt, ist diese (inhaltlich unzutreffende, aber bestandskräftige) Steuerfestsetzung nicht nur gegenüber der Organgesellschaft wirksam. Laut BFH hat auch der Organträger die Steuerfestsetzung im Wege der Drittwirkung gem. § 166 AO gegen sich gelten zu lassen (BFH, Urteil v. 26.8.2021, V R 13/20, BFH/NV 2021 S. 1537). Die unerkannte Organgesellschaft kann daher insoweit nicht (mehr) bei dem Organträger berücksichtigt werden, obwohl dies inhaltlich zutreffend wäre.

Hinweis

Das Urteil verdeutlicht, dass sorgsam darauf zu achten ist, ob und welche Gesellschaften innerhalb eines Konzerns umsatzsteuerliche Organschaften bilden. Zum einen können materiell-rechtliche Fehler wie unrichtiger Vorsteuerabzug auf unerkannte Innenumsätze entstehen. Außerdem ist zu beachten, dass Fehler im Umfeld einer unerkannten Organschaft verfahrensrechtlich gegebenenfalls nicht mehr zu korrigieren sind.

2.8.18 Behandlung von Börsendienstleistungen

Nach dem veröffentlichten BMF-Schreiben v. 3.5.2021 (BStBl 2021 I S. 713) lassen sich die von Börsen- und Plattformbetreibern erbrachten Leistungen im Wesentlichen drei unterschiedlichen Kategorien zuordnen:

- Leistungen, bei denen die Börse als zentraler Kontrahent bei Wertpapiergeschäften auftritt,
- Leistungen der Börse zur Abwicklung von Börsengeschäften (Matching, Clearing, Settlement) sowie
- Leistungen im Zusammenhang mit der Bereitstellung von IT-Börsenprogrammen.

In den beiden erstgenannten Fällen liegen nach Auffassung der Finanzverwaltung Umsätze im Geschäft mit Wertpapieren vor, die im Falle der Ausführung im Inland nach § 4 Nr. 8 Buchst. e UStG von der Umsatzsteuer befreit sind. Soweit im Zuge der Ausführung dieser Umsätze technische Dienstleistungen erbracht werden, etwa die Zurverfügungstellung einer Handelsplattform oder sog. Clearing- oder Settlementleistungen, sollen diese als unselbstständige Nebenleistungen das Schicksal der Hauptleistung teilen.

Nicht von der Umsatzsteuer **befreit** ist hingegen die **Bereitstellung von IT-Börsenprogrammen**, die nicht unmittelbar der Abwicklung von Finanztransaktionen dienen. Hier liegt ausweislich des BMF-Schreibens eine IT-Dienstleistung in Form einer technischen Anbindung oder der Bereitstellung von Datenkapazität vor, die bei Ausführung im Inland als sonstige Leistung steuerpflichtig ist.

Das BMF-Schreiben ist nicht nur für Leistungen inländischer Börsen- oder Plattformbetreiber sowie deren Kunden relevant, sondern auch für vergleichbare Leistungen ausländischer Anbieter. Diese unterliegen zukünftig nicht mehr der Besteuerung nach § 13b UStG durch den Leistungsempfänger, wenn und soweit die Leistung ihrem Wesen nach unter den oben beschriebenen Voraussetzungen von der Umsatzsteuer befreit ist.

Hinweis

Die Grundsätze des BMF-Schreibens sind in allen offenen Fällen anzuwenden, wobei für Umsätze in der Vergangenheit ausdrücklich auf die Möglichkeit einer Option zur Umsatzbesteuerung hingewiesen wird.

2.8.19 Garantiezusagen eines Kfz-Händlers

Mit BMF-Schreiben v. 11.5.2021 (BStBl 2021 I S. 871) passt das BMF den UStAE dahingehend an, dass eine Garantiezusage, durch die der Kfz-Verkäufer als Garantiegeber im Garantiefall eine Geldleistung verspricht, als eine Leistung aufgrund eines Versicherungsverhältnisses i. S. des Versicherungsteuergesetzes einzuordnen ist (so auch BFH, Urteil v. 14.11.2018, XI R 16/17, BStBl 2021 II S. 461). Diese Leistung ist nach § 4 Nr. 10 Buchst. a UStG zwingend **umsatzsteuerfrei**. Dies gilt sowohl für eine Geldzahlung als auch für eine Sachleistung im Schadensfall. Der Vorsteuerabzug für Eingangsleistungen im Zusammenhang mit diesen steuerfreien Umsätzen, z. B. für den Einkauf von Material für die Reparatur, ist grundsätzlich ausgeschlossen.

Anderslautende Rechtsprechung des BFH (Urteil v. 10.2.2010, XI R 49/07, BStBl 2018 I S. 1109) ist damit überholt. Entsprechend wird das BMF-Schreiben v. 15.12.2010 (BStBl 2010 I S. 1502) aufgehoben.

Das BMF äußert sich auch zu den **versicherungsteuerlichen Konsequenzen**. So liegt bei einem auf der Garantiezusage beruhenden Anspruch des Käufers auf Reparatur gegen den Verkäufer/Garantiegeber ein Versicherungsverhältnis i. S. des Versicherungsteuergesetzes vor. Das für die Garantiezusage gezahlte Entgelt stellt Versicherungsentgelt i. S. des § 3 VersStG dar. Dies gilt jedoch nicht, wenn die Garantiezusage nur in Verbindung mit dem Abschluss eines Vollwartungsvertrags für den Kaufgegenstand erteilt wird. Bei einem **Wahlrecht** zwischen Reparatur und **Reparaturkostenersatz durch einen anderen Versicherer** liegen zwei Versicherungsverhältnisse vor. Sichert sich der Verkäufer/Garantiegeber seinerseits gegen den Eintritt von Garantiefällen ab, wird hierdurch grundsätzlich ein Rückversicherungsverhältnis i. S. des § 4 Nr. 1 VersStG begründet. Sofern die Absicherung des Käufers/Garantienehmers über einen vom Verkäufer abgeschlossenen Gruppenversicherungsvertrag erfolgt, kann es zu einem versicherungsteuerpflichtigen Verkaufsaufschlag kommen.

Hinweis

Die Grundsätze des Schreibens sind nach ursprünglichem Plan der Finanzverwaltung auf Garantiezusagen anzuwenden, die nach dem 30.6.2021 abgegeben werden (BMF, Schreiben v. 11.5.2021, BStBl 2021 I S. 781). Diese Frist wurde jedoch zwei Mal verlängert und liegt nun beim 31.12.2022 (BMF, Schreiben v. 18.10.2021, III C 3 – S 7163/19/10001 :001). Im Rahmen der ersten Verlängerung fügte das BMF noch hinzu, dass die Grundsätze branchenunabhängig und damit über die Anwendung im Kfz-Bereich und für Kfz-Händler hinaus anzuwenden sind (BMF, Schreiben v. 18.6.2021, BStBl 2021 I S. 871). Es wird nicht beanstandet, wenn die Grundsätze des Schreibens bereits vorher angewendet werden.

2.8.20 Garantiezusagen im Zusammenhang mit Lieferungen

In der Rechtssache Rádio Popular hatte der EuGH darüber zu entscheiden, wie sich die umsatzsteuerliche Befreiung der Garantievermittlung auf den Vorsteuerabzug auswirkt (EuGH, Urteil v. 8.7.2021, C-695/19). Konkret vermittelte ein Verkäufer gegen Aufpreis Garantieverlängerungen für die vom ihm verkauften Produkte. Nicht streitig war, ob die Garantiezusagen von der Mehrwertsteuer überhaupt zu befreien sind. Allerdings unterschied sich der Sachverhalt vor dem EuGH zum Mustersachverhalt der o.g. (s. Tz. 2.8.19) BMF-Schreiben dahingehend, dass im EuGH-Fall ein Versicherungsunternehmen mit einbezogen wurde. Im BMF-Mustersachverhalt ist dies nicht der Fall. Einigkeit bestand vor dem EuGH über die Steuerfreiheit der Versicherungsleistung. Auch der EuGH ordnete die Leistung als zu einem Versicherungsumsatz i.S.v. Art. 135 Abs. 1 Buchst. a MwStSystRL dazugehörig ein. Fraglich war jedoch, ob die befreiten Umsätze bei der Berechnung des Vorsteuerabzugs gem. Art. 174 Abs. 2 b) MwStSystRL unberücksichtigt bleiben müssen. Dies würde dazu führen, dass trotz befreiter Umsätze der volle Vorsteuerabzug gewährt würde. Dies ist laut EuGH nicht der Fall. Die Vermittlung der Garantiezusagen führe daher zur Aufteilung der Vorsteuerbeträge in einen abziehbaren und nicht abziehbaren Betrag.

2.8.21 Vorsteuerabzug auf Erschließungsmaßnahmen

Oftmals knüpfen Gemeinden Baugenehmigungen an Auflagen, z.B. die Errichtung einer öffentlichen Straße auf Kosten des Unternehmers. Der Vorsteuerabzug für solche Erschließungsmaßnahmen wurde bisher immer versagt. Begründet wurde dies damit, dass der Unternehmer die Erschließungsmaßnahmen nicht für sein Unternehmen beziehe, sondern sie unentgeltlich überlasse.

Dies sah der EuGH nicht so (EuGH, Urteil v. 16.9.2020, C-528/19, Mitteldeutsche Hartstein Industrie). Er urteilte, dass grundsätzlich der Vorsteuerabzug auf Errichtungskosten einer öffentlichen Straßenfläche zu gewähren ist. Voraussetzung für den ungekürzten Vorsteuerabzug ist dabei, dass die ausgebaute Straße auch von ihm im Rahmen seiner wirtschaftlichen Tätigkeit benutzt wird. Weiterhin dürfen die Ausbauarbeiten nicht über das für die wirtschaftliche Tätigkeit des Unternehmens erforderliche Maß hinausgehen und deren Kosten müssen im Preis der Ausgangsumsätze enthalten sein.

Im daraufhin ergangenen Folgeurteil v. 16.12.2020 (XI R 26/20 (XI R 28/17), BFH/NV 2021 S. 896) schließt sich der XI. Senat des BFH dem EuGH an. Er fügt dem Urteilsspruch des EuGH an, dass der Vorteil eines Dritten (im Urteilsfall, der Allgemeinheit) allenfalls nebensächlich ist. Eine unentgeltliche Wertabgabe i.S. des Umsatzsteuerrechts ist unionsrechtskonform dahingehend einschränkend auszulegen, dass eine Besteuerung nicht erfolgt, wenn kein unversteuerter Endverbrauch droht.

Hinweis
Damit ändert der XI. Senat die bisherige Rechtsprechung des BFH.

2.8.22 Minderung der Bemessungsgrundlage bei Rabatten

Mit Urteil v. 11.3.2021 in der Rechtssache C-802/19 (Firma Z) beantwortet der EuGH ein Vorabentscheidungsersuchen des BFH v. 6.6.2019 (V R 41/17, BStBl 2021 II S. 164).

Der BFH legte darin die Frage vor, ob eine Apotheke, die Arzneimittel an eine gesetzliche Krankenkasse liefert, Rabatte an die Endabnehmer der Arzneimittel im Rahmen ihrer Bemessungsgrundlage zu berücksichtigen hat. Die Apotheke hatte den Versicherten für die Beantwortung eines Fragebogens einen bestimmten Betrag als „Aufwandsentschädigung" gezahlt. Umsatzsteuerlich stand sie jedoch mit den Versicherten nicht in Lieferbeziehung. Diese Zahlung wollte sie im Rahmen ihrer Lieferbeziehung zur Krankenkasse berücksichtigen. In diesem Verhältnis lag eine steuerfreie innergemeinschaftliche Lieferung vor.

Begründet sah die Apotheke ihre Rechtsauffassung darin, dass laut EuGH-Urteil Elida Gibbs v. 24.20.1996 (Rs. C-317/94) auch in solchen Fällen, in denen der Hersteller nicht direkt mit dem Endverbraucher in Kontakt tritt, sondern wie hier nur über die Krankenkasse, ein Preisnachlass an den Endverbraucher zu berücksichtigen ist.

Dem widersprach der EuGH. Er entschied, dass die Apotheke im Rahmen ihrer innergemeinschaftlichen Lieferungen an die Krankenkasse nicht über eine Steuerbemessungsgrundlage verfügt, die Gegenstand einer Berichtigung sein könnte. Im Ergebnis bestätigt dieses Urteil den deutschen Gesetzgeber, der mit § 17 Abs. 1 Satz 6 UStG mit Wirkung zum 29.12.2020 bereits vorgreiflich eine entsprechende Regelung eingefügt hat.

Hinweis
Abzugrenzen ist das Urteil von der Entscheidung Boehringer Ingelheim Pharma (EuGH, Urteil v. 20.12.2017, C-462/16, nachfolgend BFH, Urteil

v. 8.2.2018, V R 42/15, BStBl 2018 II S. 676). Im oben dargestellten Fall hatte die Rabattgewährung an die gesetzlich krankenversicherten Personen keinerlei Auswirkungen auf die von den gesetzlichen Krankenkassen zu leistenden Aufwendungen.

2.8.23 Herstellerrabatte bei Arzneimitteln auf Empfängerseite

In der Lieferkette vom Arzneimittelhersteller über Großhändler und/oder Apotheke zur (gesetzlichen) Krankenkasse liegen umsatzsteuerlich mindestens zwei getrennte Lieferungen vor (von Hersteller zur Apotheke einerseits, von der Apotheke zur Krankenkasse andererseits). Gegenstand schon einiger Entscheidungen ist die Frage, wie der gesetzlich vorgeschriebene Herstellerrabatt umsatzsteuerlich zu beurteilen ist. Diesen zahlt der Arzneimittelhersteller aufgrund gesetzlicher Verpflichtung direkt an die Krankenkasse, obwohl er das Arzneimittel nicht direkt an sie geliefert hat.

In der Rechtssache Boehringer Ingelheim Pharma (EuGH, Urteil v. 20.12.2017, C-462/16, nachfolgend BFH, Urteil v. 8.2.2018, V R 42/15, BStBl 2021 II S. 676) entschied der EuGH für den liefernden Arzneimittelhersteller, dass die umsatzsteuerliche Bemessungsgrundlage das von der Apotheke/Großhändler erhaltene Entgelt abzüglich des an die Krankenkasse gezahlten Herstellerrabatts ist.

Das BFH-Urteil v. 10.12.2020 (V R 34/18, BStBl 2021 II S. 576) betrifft die Seite der den Rabatt empfangenen Krankenkasse am Ende der Lieferkette. Laut BFH ist das Entgelt, das die Apotheke von der Krankenkasse erhält, nicht um den Herstellerrabatt zu mindern. Die Krankenkasse, die in dem zu entscheidenden Fall im Rahmen einer innergemeinschaftlichen Lieferung der Apotheke einen innergemeinschaftlichen Erwerb zu versteuern hatte, hatte somit die Umsatzsteuer auf den an die Apotheke entrichteten, unrabattierten Betrag zu berechnen. Sie durfte somit den Herstellerrabatt, den sie von dem Arzneimittelhersteller erhielt, nicht mindernd berücksichtigen.

Hinweis

Der EuGH äußerte sich in seinem Urteil v. 11.3.2021 (C-802/19, Firma Z) zur Behandlung von Rabatten in Fällen, in denen im Ausland ansässige Apotheken Arzneimittel an gesetzlich versicherte Verbraucher im Inland liefern.

2.8.24 Folgen einer „0 %-Finanzierung"

Mittlerweile stellen sog. „0 %-Finanzierungen" ein häufig genutztes Verkaufsargument im Geschäftsverkehr dar. Hierbei gibt es Konstellationen, in denen eine Bank dem Käufer den Kaufpreis finanziert, aber die Darlehenszinsen der Verkäufer übernimmt. Wirtschaftlich betrachtet verbleibt dem Verkäufer dadurch nur der um die Zinsen verringerte Kaufpreis. Der BFH hatte zu klären, ob dies auch dazu führt, dass die Umsatzsteuer nur auf den um die Zinsen verringerten Kaufpreis zu berechnen ist.

Dem erteilte der BFH eine Absage (BFH, Urteil v. 24.2.2021, XI R 15/19). Er begründet sein Urteil damit, dass die Zahlung der Zinsen auf einem anderen Rechtsgrund beruht als der Kaufpreisanspruch. Den Kaufvertrag isoliert betrachtet, hat der Verkäufer gegen den Käufer den Anspruch auf den nominellen, nicht um die Zinsen geminderten Kaufpreis. Für die Bemessung der Umsatzsteuer auf den Kaufpreis ist somit unbeachtlich, dass der Verkäufer aus einem anderen Rechtsgrund – der Verpflichtung zur Übernahme der Zinsen – einen Betrag an die Bank zu entrichten hat.

Hinweis

Abzugrenzen ist die Entscheidung von der Rechtssache Boehringer Ingelheim Pharma (EuGH, Urteil v. 20.12.2017, C-462/16; s. Kapitel Rückblick Tz. 2.8.23) und deren Nachfolgeentscheidung des BFH. Dort ist das Entgelt – und somit die Umsatzsteuer – auf den Verkauf des Arzneimittels zu mindern.

2.8.25 Umsatzsteuerliche Betriebsstätte

In einem österreichischen Vorabentscheidungsersuchen entschied der EuGH zu einer auch in Deutschland relevanten Thematik. Fraglich war, ob eine vermietete Immobilie ohne eigenes Personal für die Leistungsbewirkung eine feste Niederlassung i. S. der Mehrwertsteuersystemrichtlinie darstellt. Sowohl die österreichische als auch die deutsche Finanzverwaltung vertreten diese Auffassung (s. Abschn. 13b.11 Abs. 2 Sätze 2 bis 4 UStAE).

Im Urteilsfall hat die Einstufung als feste Niederlassung entscheidende **Auswirkungen auf** die richtige **Zuordnung der Steuerschuldnerschaft**. Hat – wie im Vorlagefall – ein Unternehmer aus einem Drittstaat mit einer Immobilie keine feste Niederlassung, tritt beim Leistungsempfänger die Umkehr der Steuerschuldnerschaft ein. Liegt eine feste Niederlassung vor, hat der Leistungserbringer die Steuer zu erheben.

Der EuGH hielt an seiner ständigen Rechtsprechung fest, dass der Begriff „feste Niederlassung" einen durch das ständige Zusammenwirken der für die Erbringung bestimmter Dienstleistungen erforderlichen Personal- und Sachmittel gebildeten **Mindestbestand** verlangt (EuGH, Urteil v. 3.6.2021, C-931/19, Titanium). Bestätigt sieht er seine Auffassung in Art. 11 der Mehrwertsteuer-Durchführungsverordnung. Dieser erfordert für eine feste Niederlassung eine von der personellen und technischen Ausstattung geeignete Struktur.

Im Ergebnis stellt der EuGH fest, dass eine **Immobilie ohne personelle Ausstattung** nicht die Kriterien für eine Einstufung als feste Niederlassung erfüllt. Ob eine personelle Ausstattung für eine Niederlassung wirtschaftlich benötigt wird, ist irrelevant. Der EuGH definiert jedoch nicht, was er unter „eigenes Personal" versteht und geht nicht auf die Problematik ein, ob und inwieweit das Personal eines Dritten dem Vermieter zugerechnet werden kann.

Hinweis

Ob und wie Österreich oder Deutschland auf diese EuGH-Rechtsprechung reagieren könnten, ist noch offen.

Das Urteil des EuGH steht im Widerspruch zu vereinzelten deutschen Urteilen der erstinstanzlichen Finanzgerichte, die auch ohne personelle Ausstattung eine Betriebsstätte bejaht haben. Der BFH hat sich zu dieser Frage noch nicht geäußert. Betroffene Steuerpflichtige sollten prüfen, ob sie durch die Interpretation des EuGH ggf. keine Betriebsstätte begründen. Die Möglichkeit einer Rückzahlung von Umsatzsteuer durch das Finanzamt sollte auch sorgfältig untersucht werden.

2.8.26 Anordnung einer vorläufigen Eigenverwaltung und USt-Organschaft

Die **Eröffnung eines Insolvenzverfahrens** bei der Organträgerin oder einer Organgesellschaft beendet grundsätzlich die umsatzsteuerliche Organschaft. Die betroffenen Gesellschaften sind also wieder Einzelunternehmerinnen, Umsätze zwischen ihnen wieder umsatzsteuerbare Außenumsätze. Für das bis zum 31.12.2020 geltende Insolvenzrecht entschied der BFH jedoch, dass die Anordnung der vorläufigen Eigenverwaltung nicht zur Beendigung der Organschaft führt, wenn das Insolvenzgericht lediglich bestimmt, dass ein **vorläufiger Sachwalter** bestellt wird sowie eine Anordnung gem. § 21 Abs. 2 Satz 1 Nr. 3 InsO erlässt (vgl. BFH, Urteil

v. 27.11.2019, XI R 35/17, BStBl 2021 I S. 252). Diese Entscheidung hat das BMF mit seinem Schreiben v. 4.3.2021 (BStBl 2021 I S. 316) nachvollzogen (vgl. Abschn. 2.8. Abs. 12 Satz 6 UStAE n.F.).

Aufgrund einer ab 1.1.2021 geltenden Neufassung des § 276a Abs. 3 InsO (durch das SanInsFoG v. 22.12.2020, BGBl 2020 I S. 3256) beurteilt das BMF die Rechtslage aber für **Eigenverwaltungsverfahren** anders, die **nach dem 31.12.2020** durch das Insolvenzgericht angeordnet wurden. Diese Eigenverwaltungsverfahren führen (doch wieder) zur Beendigung einer umsatzsteuerlichen Organschaft. Eine **Ausnahme** von dieser neuen Rechtsauffassung gilt aber, wenn das nach dem 31.12.2020 angeordnete Eigenverwaltungsverfahren unter die Anwendung des § 5 Abs. 1 **COVID-19-Insolvenzaussetzungsgesetz** (COVInsAG) fällt. Bei diesen endet die umsatzsteuerliche Organschaft wiederum nicht, obwohl die Eigenverwaltungsverfahren nach dem 31.12.2020 angeordnet wurden (vgl. Abschn. 2.8. Abs. 12 Satz 7 UStAE n.F., BMF-Schreiben v. 22.6.2021, BStBl 2021 I S. 856).

2.8.27 Tätigkeit von Aufsichtsräten

Am 27.11.2019 entschied der BFH dem EuGH folgend, dass ein Mitglied eines Aufsichtsrats ohne Vergütungsrisiko nicht als Unternehmer tätig ist. Solch ein Fall liegt insbesondere vor, wenn dem Mitglied eine **pauschale Aufwandsentschädigung** für die Dauer der Mitgliedschaft im Aufsichtsrat gezahlt wird (BFH, Urteil v. 27.11.2019, V R 23/19 (V R 62/17), BStBl 2021 II S. 542).

Diese Rechtsprechung übernahm die Finanzverwaltung mit BMF-Schreiben v. 8.7.2021 (BStBl 2021 I S. 919) in Abschn. 2.2. Abs. 3a UStAE. Demnach ist ein Aufsichtsratsmitglied nicht umsatzsteuerlich selbstständig tätig und somit **kein Unternehmer**, wenn es aufgrund einer nicht variablen Festvergütung **kein Vergütungsrisiko** trägt. Besteht die Vergütung sowohl aus festen als auch variablen Bestandteilen, ist das Aufsichtsratsmitglied grundsätzlich selbstständig tätig, wenn die variablen Bestandteile im Kalenderjahr mindestens 10 % der gesamten Vergütung, einschließlich erhaltender Aufwandsentschädigungen, betragen. Reisekosten sind allerdings nicht zu berücksichtigen. Die Haftung des Aufsichtsratsmitglieds ist nicht allein für eine Einstufung als „selbstständig tätig" entscheidend.

Hinweis

Damit ändert das BMF die vorherige Verwaltungsauffassung, die Aufsichtsräte grundsätzlich als selbstständig tätig ansah. Das BMF beanstandet es jedoch nicht, wenn die alte Auffassung noch bis zum 31.12.2021 vertreten wird. Mit dem **Verlust** der Unternehmereigenschaft verlieren Aufsichtsräte insoweit ein mögliches **Vorsteuerabzugsrecht**. Die Gesellschaften müssen beachten, dass Rechnungen, die ein nicht-unternehmerisches Aufsichtsratsmitglied irrig mit Umsatzsteuer ausstellt, nicht zum Vorsteuerabzug berechtigen.

2.8.28 Geschäftsveräußerung im Ganzen (GiG)

Nach Auffassung des BFH wird die **Vermietungstätigkeit** auch dann mit der Folge einer nicht steuerbaren Geschäftsveräußerung im Ganzen (§ 1 Abs. 1a Satz 1 UStG) **fortgeführt**, wenn der Erwerber nicht die bisherigen Mietverhältnisse des Vermieters fortführt, sondern das Objekt für eigene (andere) Mietverhältnisse nutzt. Denn die Fortführung der Vermietungstätigkeit mit dem Objekt bedeutet nicht die Fortführung der konkreten Mietverhältnisse des Veräußerers. Stattdessen müssen sich die bisherige Tätigkeit des Veräußerers und die zukünftige Tätigkeit des Erwerbers **nur hinreichend ähneln**, nicht aber völlig identisch sein (BFH, Urteil v. 24.2.2021, XI R 8/19).

Hinweis

Diese Betrachtung des BFH ist wohl nicht auf vermietete bzw. verpachtete Immobilien begrenzt, sondern auch für andere Unternehmen bzw. Teilbetriebe anwendbar, beispielsweise wenn Lieferverträge nicht mit übernommen, sondern eigene begründet werden. Wie immer ist aber der einzelne Fall zu betrachten.

2.8.29 EuGH-Vorlage zur Behandlung von Betriebsvorrichtungen

Der BFH legt dem EuGH die Frage vor, ob sich die Steuerpflicht für überlassene Betriebsvorrichtungen (Art. 135 Abs. 2 Buchst. c MWStSystRL) nur auf die isolierte Überlassung derartiger Vorrichtungen als selbstständige Leistung erstreckt oder ob sie auch auf **Nebenleistungen zu steuerfreien Vermietungs- und Verpachtungsumsätzen** anwendbar ist (BFH, Beschluss v. 26.5.2021, V R 22/20, BFH/NV 2021 S. 1316).

2.8.30 Gutschriften

Die Abrechnung im Gutschriftverfahren erleichtert in der Praxis häufig die Rechnungsstellung. Nach § 14 Abs. 2 Satz 2 UStG kann eine Rechnung nach Verein barung auch vom Leistungsempfänger ausgestellt werden. Im Nachgang zur BFH-Rechtsprechung v. 27.11.2019 (V R 23/19 (V R 62/17), BStBl 2021 II S. 542) stellt das BMF nun klar, wann daraus eine Steuerschuld nach § 14c Abs. 2 UStG aufgrund eines unberechtigten Steuerausweises entstehen kann.

Stellt ein Leistungsempfänger eine **Gutschrift** mit Umsatzsteuerausweis **an einen Nichtunternehmer** aus – der gar nicht zum Ausweis von Umsatzsteuer berechtigt ist – entsteht daraus auch keine Steuerschuld nach § 14c Abs. 2 UStG. Auch entsteht kein Vorsteuerabzugsrecht.

Wird hingegen einem **Unternehmer** eine Gutschrift ausgestellt, kann daraus eine **Steuerschuld des leistungserbringenden Unternehmers** aufgrund eines unberechtigten Steuerausweises durch den Gutschriftaussteller entstehen. Diese Steuerschuld kann der leistende Unternehmer nur durch eine vollständige Beseitigung der Steuergefährdung aus der Welt schaffen. Ein wirksamer Widerspruch gegen diese Gutschrift reicht ausweislich des BMF-Schreibens v. 19.8.2021 (BStBl 2021 I S. 1087) dazu nicht aus. Zusätzlich muss die Umsatzsteuer an den Leistungsempfänger und Gutschriftaussteller zurückgezahlt werden.

Hinweis

Andere Wirkung hat der Widerspruch des Leistungserbringers gegen eine Gutschrift für den Vorsteuerabzug des Leistungsempfängers. Nach Auffassung der Finanzverwaltung reicht dieser Widerspruch dazu aus, dass kein Rechnungsdokument mehr vorliegt und somit auch kein Vorsteuerabzug mehr für den Leistungsersteller möglich ist.

2.8.31 Anforderungen an Rechnungsangaben

Der Vorsteuerabzug im Umsatzsteuerrecht setzt eine ordnungsgemäß ausgestellte Rechnung voraus. Teil einer solchen ist die **Angabe des Zeitpunkts der Lieferung oder sonstigen Leistung** nach § 14 Abs. 4 Satz 1 Nr. 6 UStG. Fehlt diese Angabe, versagt die Finanzverwaltung in aller Regel den Vorsteuerabzug. Eine ordnungsgemäße Rechnung muss also grundsätzlich zwei kalendarische Daten enthalten: Das Rechnungsdatum einerseits und das Datum der Lieferung/Ausführung der Leistung andererseits.

Der BFH lockert die strengen Erfordernisse der Rechnungsangaben nun etwas auf. So hat er bereits mit Urteil v. 1.3.2018 (V R 18/17, BStBl 2021 II S. 644) entschieden, dass die Angabe des Leistungszeitpunkts auch erfüllt sein kann, wenn nach den Verhältnissen des jeweiligen Einzelfalls davon auszugehen ist, dass die Leistung in dem Monat bewirkt wurde, in dem die Rechnung ausgestellt wurde. Dies übernimmt die Finanzverwaltung nun in den Umsatzsteueranwendungserlass (Abschn. 14.5 Abs. 15, Abschn. 15.2a und Abschn. 15.11 Abs. 3 Satz 6 UStAE, BMF, Schreiben v. 9.9.2021, BStBl 2021 I S. 1593).

Laut dem BMF-Schreiben dürfen jedoch keine Zweifel daran bestehen, dass die **Leistung in dem Monat der Rechnungsstellung** ausgeführt wurde. Solche Zweifel bestehen nach Verwaltungsauffassung insbesondere, wenn das Zusammenfallen von Rechnungs- und Leistungsdatum nicht branchenüblich ist, der Rechnungsaussteller eine zeitnahe Abrechnung nicht regelmäßig durchführt oder bei der konkreten Leistung sonstige Zweifel am Zusammenfallen der Daten bestehen.

Einschränkend wird der UStAE an anderer Stelle dahingehend angepasst, dass explizit aufgenommen wird, dass der **Vorsteuerabzug unzulässig** ist, wenn die als Rechnungsaussteller bezeichnete Person einen auf ihren Nahmen lautenden **Geschäftsbetrieb vortäuscht**, ohne mit dem Leistungsempfänger Vertragsbeziehungen zu unterhalten.

Hinweis

Die Änderungen des BMF-Schreibens sind in allen offenen Fällen anzuwenden. In Zweifelsfällen haben Steuerpflichtige hinsichtlich des Leistungszeitraums zusätzliche Möglichkeiten, ihre Vorsteuerabzugsberechtigung nachzuweisen. Dies sollte jedoch nicht dazu führen, dass Steuerpflichtige der Bedeutung ordnungsgemäßer Rechnungsangaben weniger Wert beimessen.

2.8.32 Vorsteuervergütungsverfahren bei verspätet vorgelegten Belegen

Laut EuGH dürfen Mitgliedstaaten zu spät eingereichte Dokumente und Auskünfte für eine Erstattung der Mehrwertsteuer unberücksichtigt lassen (EuGH, Urteil v. 9.9.2021, C 294/20, GE Auto Service Leasing). Konkret war streitig, ob die spanischen Finanzbehörden einen Erstattungsantrag ablehnen konnten, weil der Steuerpflichtige selbst auf Aufforderung der Behörde **nicht innerhalb der gesetzten Frist** die angeforderten Dokumente und Auskünfte vorgelegt hatte. Im späteren

Rechtsbehelfsverfahren legte der Steuerpflichtige die Dokumente jedoch vor. Sie begründeten auch seinen Erstattungsanspruch. Der EuGH hatte jedoch darüber zu entscheiden, ob die Nachweise berücksichtigt werden konnten oder ob sie unbeachtlich waren, weil sie zu spät eingereicht wurden.

Laut EuGH kann die Erstattung der Mehrwertsteuer von einem Mitgliedstaat abgelehnt werden kann, wenn der Steuerpflichtige in der ihm gesetzten Frist nicht alle vorgeschriebenen Dokumente vorlegt. Allerdings dürften die Mitgliedstaaten nach Ablauf der gesetzten Frist eingereichte Dokumente annehmen und berücksichtigen.

Hinweis

Das Urteil zeigt, dass in anderen Mitgliedstaaten durchaus die Gefahr besteht, das Recht auf Mehrwertsteuererstattung zu verlieren, wenn auf Anfragen der bearbeitenden Behörde nicht rechtzeitig geantwortet wird.

Hinweis

In zwei weiteren Urteilen zu Vorlagen aus anderen EU-Mitgliedstaaten äußerte sich der EuGH erneut zu verschiedenen Fragen der Vorsteuervergütung (EuGH, Urteil v. 21.10.2021, C-396/20, CHEP Equipment Pooling NV und EUGH, Urteil v. 21.10.2021, C-80/20, Wilo Salmson France SAS).

2.8.33 Vorsteuervergütungsverfahren bei unvollständigen Erstattungsanträgen

Steuerpflichtige, die nicht in dem Mitgliedstaat ansässig sind, in dem sie Gegenstände oder Dienstleistungen erwerben, haben unter bestimmten Voraussetzungen einen Anspruch auf Erstattung der Mehrwertsteuer. Laut Richtlinie 2008/9/EG des Rates, die das Erstattungsverfahren regelt, muss der Erstattungsantrag spätestens am 30.9. des auf den Erstattungszeitraum folgenden Kalenderjahres vorliegen.

Das BZSt weist systematisch Vorsteuervergütungsanträge zurück, denen die **Kopien der Rechnungen oder Einfuhrbelege** (ab bestimmten Beträgen) **nicht beigefügt** sind, wenn die Antragsfrist bereits abgelaufen ist. Dies stellt laut EuGH einen Verstoß gegen den Grundsatz der Neutralität der Mehrwertsteuer und die praktische Wirksamkeit des Erstattungsanspruchs dar. Die deutschen Behörden müssen vor Ablehnung im Rahmen der in Art. 20 der o. g. Richtlinie vorgesehenen Möglichkeit den Antragsteller zur Nachreichung der Belegkopien auffordern (EuGH, Urteil v. 18.11.2020, C-371/19).

In einem weiteren Verfahren hatte der EuGH einen Fall zu beurteilen, in dem ein Antrag auf Erstattung der Mehrwertsteuer **keine fortlaufende Rechnungsnummer**, sondern eine andere Nummer enthielt, anhand deren die Rechnung und damit der betreffende Gegenstand oder die betreffende Dienstleistung identifiziert werden könnten. Hier weist der EuGH darauf hin, dass Art. 20 der o. g. Richtlinie dem Mitgliedstaat der Erstattung die Möglichkeit einräumt, u. a. beim Steuerpflichtigen oder bei den zuständigen Behörden des Ansässigkeits-Mitgliedstaats zusätzliche Informationen anzufordern, die innerhalb eines Monats ab Eingang des Informationsersuchens bei dessen Adressaten vorzulegen sind. Dieser Vorgabe widerspricht es laut EuGH, wenn der Mitgliedstaat unabhängig von der Tatsache, dass eine Nummer in den Erstattungsantrag aufgenommen wurde, anhand deren die Rechnung identifiziert werden kann, diesen sofort abweisen könnte.

Vielmehr gebiete das Unionsrecht in einem solchen Fall, dass der Antrag als i. S. v. Art. 15 Abs. 1 der o. g. Richtlinie als „vorgelegt" zu betrachten und zu prüfen sei. Im Rahmen dieser Prüfung könne die betreffende Steuerverwaltung (Ausnahme: bereits Verfügen über das Original oder einer Durchschrift der Rechnung) den Antragsteller auffordern, eine fortlaufende Nummer, die zur Identifizierung der Rechnung einmalig vergeben wird, mitzuteilen. Wenn der Antragsteller dem nicht innerhalb der in Art. 20 Abs. 2 dieser Richtlinie vorgesehenen Frist von einem Monat nachkommt, könne die Verwaltung den Antrag auf Erstattung der Mehrwertsteuer auch abweisen (EuGH, Urteil v. 17.12.2020, C-346/19, BFH/NV 2021 S. 430).

2.8.34 Grenzüberschreitende Güterbeförderung

U. a. in Reaktion auf EuGH-Rechtsprechung aus dem Jahr 2017 zur Reichweite der Steuerbefreiung für grenzüberschreitende Güterbeförderung nahm die Finanzverwaltung in Abschn. 4.3.2 Abs. 4 UStAE eine Regelung auf, wonach die Umsatzsteuerbefreiung des § 4 Nr. 3 Buchst. a UStG nicht greife, wenn die betreffenden Dienste nicht unmittelbar an den Versender oder den Empfänger der Gegenstände geleistet werden. Die anfangs vorgesehene Nichtbeanstandungsfrist einer umsatzsteuerfreien Behandlung bis zum 1.7.2020 wurde im Zeitablauf auf Leistungen vor dem 1.1.2022 verlängert (vgl. BMF, Schreiben v. 6.2.2020, BStBl 2020 I S. 235, und v. 14.10.2020, BStBl 2020 I S. 1043).).

Mit Schreiben v. 27.9.2021 (BStBl 2021 I S. 1810) konkretisiert das BMF nun seine Rechtsauffassung und erweitert den UStAE im entsprechenden Abschnitt um einen Absatz. Darin führt das BMF z.B. auf, in welchen Fällen der **Unterfrachtführer** auch **als Hauptfrachtführer** gelten und insoweit seine Leistung steuerbefreit sein kann (sog. gemischte Sendung). Weiterhin werden Details der Nachweisführung zum Beleg der Steuerbefreiung dargestellt.

Hinweis

Leistende Haupt- und Unterfrachtführer sollten prüfen, ob und welche ihrer Leistungen von umsatzsteuerfrei auf umsatzsteuerpflichtig umzustellen sind. Auf Seiten der Leistungsempfänger sollte beachtet werden, dass sich ggf. ihr Aufwand erhöht.

2.8.35 Organschaft und umgekehrte Steuerschuldnerschaft

Für bestimmte Leistungen (z.B. Bauleistungen oder die Lieferung von Gas oder Elektrizität) kommt eine umgekehrte Steuerschuldnerschaft (§ 13b UStG) in Betracht, bei der der Leistungsempfänger und nicht der Leistende die Umsatzsteuer anmelden und abführen muss. Für manche dieser Leistungen tritt die Umkehr der Steuerschuldnerschaft dabei nur ein, wenn die Umsätze des Leistungsempfängers eine gewisse Größenordnung übersteigen.

Das BMF ist der Auffassung, dass bei der Berechnung der Umsatzschwelle die **Innenumsätze** innerhalb einer Organschaft nicht für die Berechnung zu berücksichtigen sind (BMF, Schreiben v. 27.9.2021, BStBl 2021 I S. 1856).

Hinweis

Betroffene Unternehmen sollten prüfen, ob die veränderte Berechnung zur Folge hat, dass für betreffende Eingangsleistungen die umgekehrte Steuerschuldnerschaft greift oder umgekehrt nicht mehr greift.

Die ergänzte Auffassung ist in allen noch offenen Fällen anzuwenden. Es erstreckt sich damit auch auf vergangene Veranlagungszeiträume, die verfahrensrechtlich noch änderbar sind.

2.8.36 Behandlung von urheberrechtlichen Abmahnungen

Reiner Schadenersatz stellt umsatzsteuerlich kein Entgelt dar. Darunter fällt aber laut Auffassung des BFH **nicht Aufwendungsersatz**, der an einen Unternehmer aufgrund von urheberrechtlichen Abmahnungen zur **Durchsetzung** seines **Unterlassungsanspruchs** geleistet werden. Dieser ist umsatzsteuerlich als Entgelt im Rahmen eines umsatzsteuerbaren Leistungsaustauschs zwischen dem Unternehmer und dem von ihm abgemahnten Rechtsverletzer zu qualifizieren. Dem folgt nun die Finanzverwaltung (BMF, Schreiben v. 1.10.2021, BStBl 2021 I S. 1859).

Hinweis

Neben der umsatzsteuerbaren Abmahnung kann dem Urheber aber auch ein echter (grundsätzlich nicht umsatzsteuerbarer) Schaden entstanden sein.

Im Schreiben führt das BMF aus, dass im Falle einer Abmahnung die Leistung des Abmahnenden darin besteht, dass er dem Abgemahnten einen Weg weise, den Abmahnenden als Unterlassungsgläubiger ohne Inanspruchnahme der Gerichte klaglos zu stellen. Dadurch werde dem Abgemahnten ein konkreter Vorteil eingeräumt, mit dem für den Abmahnenden unmittelbar ein Zahlungsanspruch verbunden sei. Der Leistungszeitpunkt ist der Zugang der Abmahnung bei dem Abgemahnten. Aus Vereinfachungsgründen wird jedoch nicht beanstandet, wenn der Steuerpflichtige die Besteuerung in dem Voranmeldungszeitraum vornimmt, in dem die Abmahnung abgesendet wurde.

Hinweis

Die Grundsätze des Schreibens sind in allen offenen Fällen anzuwenden. Für vor dem 1.11.2021 durchgeführte Abmahnleistungen wird jedoch nicht beanstandet, wenn die Beteiligten bei der Zahlung übereinstimmend von einem nicht umsatzsteuerbaren Vorgang ausgehen.

2.8.37 Haftung bei Forderungsabtretung

Gem. § 13c Abs. 1 Satz 1 UStG haftet ein Abtretungsempfänger für Umsatzsteuer, soweit er sie vereinnahmt hat. Nach Auffassung des BFH vereinnahmt eine Bank in dem Sinne die abgetretenen Forderungen, wenn der Steuerpflichtige, der bei der

Bank ein Konto unterhält, über die abgetretenen Beträge nicht mehr frei verfügen kann, da eine erhebliche Überschreitung der vereinbarten Kreditlinie vorliegt (BFH, Urteil v. 22.6.2021, V R 16/20).

Hinweis

Zur Auffassung der Finanzverwaltung, dass von einer Vereinnahmung bei Zahlungseingang auf einem **Kontokorrentkonto** bereits dann auszugehen ist, wenn der Kreditrahmen bereits mehr als 15 % überschritten ist (Abschn. 13c.1 Abs. 25 UStAE), äußerte sich der BFH nicht.

2.8.38 Zuordnungsentscheidung

Laut EuGH ist die Zuordnungsentscheidung materielle Voraussetzung des Vorsteuerabzugs. Fehlt sie, entfällt das Recht auf Vorsteuerabzug in jedem Fall. Die Mitteilung der Zuordnungsentscheidung an die Finanzverwaltung ist demgegenüber nur eine formelle Voraussetzung des Vorsteuerabzugs. Dieser darf grundsätzlich nicht allein deshalb versagt werden, weil eine formelle Voraussetzung nicht erfüllt ist. Das Recht auf Vorsteuerabzug bleibt also grundsätzlich erhalten, auch wenn die Zuordnungsentscheidung nicht oder verspätet gegenüber der Finanzverwaltung abgegeben wird.

Hinsichtlich der Mitteilung der Zuordnungsentscheidung gegenüber der Finanzverwaltung (formelle Voraussetzung des Vorsteuerabzugs) billigt der EuGH grundsätzlich die Frist, welche von der deutschen Rechtsprechung geschaffen wurde (bis zum Ablauf der gesetzlichen Abgabefrist der Umsatzsteuer-Jahreserklärung). Der EuGH weist den BFH allerdings an, zu prüfen, ob die Rechtsfolge der **Fristversäumnis** (Versagung des Vorsteuerabzugs) das angemessene Mittel ist, um eine rechtssichere Steuererhebung sicherzustellen. Aus Sicht des EuGH könnte beispielsweise eine finanzielle Sanktion angemessener sein, da sie nicht in das fundamentale Recht der Unternehmer auf Vorsteuerabzug eingreift (EuGH, Urteil v. 14.10.2021, C-45/20 und C-46/20).

Hinweis

Es bleibt abzuwarten, wie sich der BFH in der Folge zu den Prüfungsaufträgen des EuGH positioniert und wie die Finanzverwaltung reagiert. Steuerpflichtige, deren Zuordnungsentscheidung ebenfalls zu spät mitgeteilt wurde, sollten prüfen, ob sie gegen ablehnende Umsatzsteuerbescheide Einspruch einlegen und laufende Rechtsbehelfsverfahren ruhend stellen, zumindest bis der BFH seine Folgeentscheidung veröffentlicht hat.

2.8.39 Monatliche Abgabe von USt-Voranmeldungen für Gründer

Unternehmer mit einer Umsatzsteuerlast von mehr als 7.500 EUR im vorangegangenen Kalenderjahr haben gem. § 18 Abs. 2 Satz 2 UStG monatlich eine Umsatzsteuer-Voranmeldung abzugeben. Grundsätzlich ist der Voranmeldungszeitraum das Kalendervierteljahr (§ 18 Abs. 2 Satz 1 UStG), bei einer Steuerlast von weniger als 1.000 EUR im vorangegangenen Kalenderjahr kann das Finanzamt sogar von der Abgabe der Voranmeldungen befreien (§ 18 Abs. 2 Satz 3 UStG).

Für einen Unternehmensgründer, der die Tätigkeit neu aufnimmt, ist gem. § 18 Abs. 2 Satz 4 UStG im laufenden und im darauffolgenden Kalenderjahr der Voranmeldungszeitraum der Kalendermonat, unabhängig von der Höhe der Umsatzsteuer. Ab dem 1.1.2021 wurden Unternehmer im **Jahr der Gründung und im Folgejahr** (befristet) von dem automatisch vorgegebenen **monatlichen Voranmeldungszeitraum befreit**.

Hinweis

Die Anwendung des § 18 Abs. 2 Satz 4 UStG wurde **zunächst befristet** auf den Zeitraum v. 1.1.2021 bis 31.12.2026 ausgesetzt (§ 18 Abs. 2 Satz 6 UStG i.d.F. des Bürokratieentlastungsgesetzes III, BGBl 2019 I S. 1746). Die Bundesregierung plant, die Aussetzung dieser Vorschrift für Existenzgründer bis Ende 2024 zu evaluieren.

2.8.40 Umsatzsteuerbefreiung für die Verwaltung von Wagniskapitalfonds

Durch das Gesetz zur Stärkung des Fondsstandorts Deutschland (FoStoG) v. 3.6.2021 (BGBl 2021 I S. 1498) wurde die Umsatzsteuerbefreiung für die Verwaltung von Investmentfonds nach § 4 Nr. 8h UStG auf Wagniskapitalfonds ausgedehnt. Eine Legaldefinition, was genau unter den Begriff „Wagniskapitalfonds“ fällt, existiert bisher nicht. Im Bericht des Finanzausschusses wurde in diesem

Zusammenhang darauf hingewiesen, dass die fehlende Definition im Wege eines BMF-Schreibens präzisiert werden soll.

Hinweis
Die Regelung ist nach Art. 19 Abs. 1 FoStoG i. V. m. § 27 Abs. 1 UStG auf Umsätze anzuwenden, die ab dem 1.7.2021 ausgeführt werden.

2.9 Stromsteuer

2.9.1 Anlagenbegriff i. S. des Stromsteuergesetzes

Die Regelung des § 9 Abs. 1 Nr. 3 StromStG gewährt eine Steuerbefreiung für Strom, der in **Kleinanlagen** mit einer elektrischen Nennleistung von bis zu zwei Megawatt erzeugt wird (sofern weitere Voraussetzungen erfüllt sind). Laut BFH ist für die Frage, ob mehrere stromerzeugende Aggregate zu einer Anlage zusammengefasst werden müssen, auf die **Gesamtheit der technischen Einrichtungen** und auf den Funktionszusammenhang abzustellen. So solle vermieden werden, dass Stromerzeuger an einem Standort beliebig viele Anlagen mit einer jeweiligen Nennleistung von bis zu zwei Megawatt errichten und zusammen betreiben, ohne dass die Steuerbefreiung für Kleinanlagen entfiele (BFH, Urteil v. 15.9.2020, VII R 30/19 (NV), BFH/NV 2021 S. 455).

Damit waren im konkreten Fall die vier Motoren laut BFH zu einer Anlage zusammenzufassen, da sie unmittelbar miteinander verbunden seien, und die Steuerbefreiung war zu versagen. Dafür spräche insbesondere, dass die in den vier Motoren erzeugte Wärme erst in gemeinsamen Wärmespeichertanks gemischt und gespeichert und dann je nach Fernwärmebedarf der betroffenen Klägerin weiter erhitzt oder direkt in ihr Fernwärmenetz eingespeist wurde. Weiterhin stellt der BFH klar, dass der Einsatz unterschiedlicher Energieerzeugnisse (hier: Rohbiogas und Erdgas) nichts an der Annahme einer einzigen Anlage ändere.

Hinweis
Unternehmen sollten den Umfang ihrer in Anspruch genommenen Steuerfreiheit für die dezentrale Erzeugung von Strom in Kleinanlagen anhand der Ausführungen des BFH analysieren.

2.9.2 Eigenbetriebliche Entnahme von Strom bei automatisierten Anlagen

Unternehmen des Produzierenden Gewerbes (§ 2 Nr. 3 StromStG) können diejenigen Verbräuche von der Stromsteuer entlasten, die sie selbst zu (eigen-)betrieblichen Zwecken entnommen haben (§ 9b Abs. 1 und 3 StromStG). In der Praxis ist insbesondere die erforderliche Zuordnung der Stromverbräuche in Konstellationen problematisch, in denen **mehr als eine Partei involviert** ist (z.B. über das antragstellende Unternehmen hinaus eine Betriebsführungsgesellschaft für den Betrieb einer Anlage). Laut BFH (Beschluss v. 24.6.2021, VII R 26/19 (NV), BFH/NV 2021 S. 1371) wird in Fällen, in denen der **Betriebsführer** auf der Grundlage des mit dem Auftraggeber geschlossenen Betriebsführungsvertrags die **tatsächliche Sachherrschaft** über die stromverbrauchenden Anlagen ausübt, der Strom vom Betriebsführer entnommen, so dass die Entnahme dem Auftraggeber und Eigentümer der Anlage nicht zugerechnet werden kann. Dabei sei laut BFH hauptsächlich auf den sog. „Realakt" abzustellen (und nicht etwa auf vertragliche oder wirtschaftliche Umstände).

Hinweis
Unternehmen sollten auch bei (voll-)automatisierten Anlagen ihre Zuordnung der Stromverbräuche überprüfen. Der BFH hat in seinem Beschluss insbesondere offengelassen, ob er sich dem Informationsschreiben der Generalzolldirektion v. 29.11.2019 zur „Person, die Energieerzeugnisse verwendet bzw. Strom entnimmt" anschließt, das für Sachverhalte mit vollautomatisierten Anlagen abweichende Kriterien heranzieht. Daher werden insoweit auch weiterhin Unklarheiten bestehen bleiben.

2.9.3 Begriff des „Betreibenlassens" i.S. des Stromsteuerrechts

Für die dezentrale Erzeugung von Strom in **Kleinanlagen** ist u.a. eine Steuerbefreiung für denjenigen vorgesehen, der eine Anlage betreibt oder betreiben lässt (wobei weitere Voraussetzungen erfüllt sein müssen, wie die Leistung des Stroms an Letztverbraucher und die Entnahme im räumlichen Zusammenhang). Die Begriffe des „Betreibens" und „Betreibenlassens" beziehen sich auf die Fälle des sog. „**Contractings**", d.h. das Auslagern der Planung, des Baus, der Finanzierung, des Unterhalts und des Betriebs von Energieversorgungsanlagen. Der BFH setzt für ein „Betreibenlassen" die **Möglichkeit einer Einflussnahme** auf den Betreiber der Anlage voraus. Diese Einflussnahme könne rechtlicher, wirtschaftlicher oder tatsächlicher Natur sein (hier insbesondere bejaht worden aufgrund der Entscheidung über die Einleitung des Bebauungsplanverfahrens seitens der Gemeinde). Klarstellend fügt der BFH hinzu, dass es u.a. nicht auf das Tragen des wirtschaftlichen Risikos oder die Verfügungsmacht über die Anlage ankomme (BFH, Urteil v. 15.12.2020, VII R 36/18 (NV), BFH/NV 2021 S. 784).

Hinweis

Unternehmen sollten daher die Vertragskonstellation mit dritten Betreibern von Anlagen vor dem Hintergrund der Entscheidung analysieren. Laut BFH fehlt es an einer für das Betreibenlassen erforderlichen Einflussnahmemöglichkeit, wenn Strom auf dem freien Markt lediglich zugekauft wird (der bloße Ankauf oder das bloße Einspeisen des Stroms ohne Bezug zur Anlage führe nicht zum „Betreibenlassen").

2.9.4 Strom- und energiesteuerlicher Spitzenausgleich

Unternehmen des Produzierenden Gewerbes i.S.v. § 2 Nr. 3 StromStG können, unter engen Voraussetzungen, eine weitgehende Entlastung von der gezahlten Strom- und Energiesteuer im Rahmen des sog. „Spitzenausgleichs" der §§ 10 StromStG sowie 55 EnergieStG beantragen. Die u.a. erforderliche Feststellung eines auch 2021 grundsätzlich möglichen Spitzenausgleichs erfolgte durch das Bundeskabinett am 2.12.2020, bekanntgemacht im BGBl 2020 I S. 2653 v. 7.12.2020.

2.9.5 Verzinsung im Stromsteuerrecht

Für den EuGH sind Erstattungen im Rahmen der Energiesteuer-RL (Richtlinie 2003/96/EG) grundsätzlich zu verzinsen. Die deutsche Finanzverwaltung hatte zunächst eine Stromsteuer-Ermäßigung im Stromsteuergesetz nicht gewährt. Im Zeitablauf erkannte sie jedoch, dass die Tatbestandsmerkmale für eine Ermäßigung vorlagen. Daraus resultierte eine Erstattung. Diese zahlte sie jedoch unverzinst aus. Dem widersprach der EuGH im Urteil v. 9.9.2021 (Rs. C-100/20). Damit knüpft er an seine Rechtsprechung aus anderen Rechtsgebieten, insbesondere dem Mehrwertsteuerrecht an. Danach sieht der EuGH es als Grundsatz des Unionsrechts an, dass unter Verstoß gegen das Unionsrecht erhobene Steuerbeträge zuzüglich Zinsen zu erstatten sind.

Hinweis

Hinsichtlich der Höhe des Zinssatzes hatte der Gerichtshof nicht zu entscheiden. Da sich der Sachverhalt im Jahr 2010 abspielte, wird auch das anstehende Folgeurteil des Bundesfinanzhofs keine Relevanz für die anstehende gesetzliche Neuregelung des § 238 AO haben.

2.10 Grunderwerbsteuer

2.10.1 Grunderwerbsteuerreform

Durch das Gesetz zur Änderung des Grunderwerbsteuergesetzes v. 12.5.2021 (BGBl 2021 I S. 986) wurden die Ergänzungstatbestände (sog. **Share Deal** Regelungen gem. § 1 Abs. 2a, Abs. 3 und Abs. 3a GrEStG) mit grundsätzlicher Wirkung zum 1.7.2021 umfassend geändert.

Die **Beteiligungsgrenze der Ergänzungstatbestände** des § 1 Abs. 2a, Abs. 3 und Abs. 3a GrEStG wurde von 95 % auf **90 %** gesenkt. Auch wurde der maßgebliche **Betrachtungszeitraum** des § 1 Abs. 2a GrEStG von 5 auf **10 Jahre** verlängert.

Zudem wurde ein **neuer Ergänzungstatbestand** in Anlehnung an den bereits bestehenden § 1 Abs. 2a GrEStG für Anteilsübertragungen an grundbesitzenden Personengesellschaften auch für **grundbesitzende Kapitalgesellschaften** in § 1 Abs. 2b GrEStG eingeführt. Danach wird bei grundbesitzenden Kapitalgesellschaften eine (mittelbare) Übertragung von 90 % der Anteile auf Neugesellschafter innerhalb eines 10-Jahreszeitraums besteuert. Nach der neuen Börsenklausel bleiben Übergänge von Anteilen an Kapitalgesellschaften für Zwecke des § 1 Abs. 2a und 2b GrEStG außer Betracht, wenn diese an einem geregelten Markt zum Handel zugelassen sind (§ 1 Abs. 2c GrEStG).

Darüber hinaus wurden in Fällen der **Grundstücksübertragung** auf bzw. von einer Gesamthand die **Haltefristen** von 5 auf 10 Jahre bzw. in Einzelfällen sogar auf **15 Jahre** verlängert (§§ 5 und 6 GrEStG). Die Konzernklausel des § 6a GrEStG wurde nicht angepasst. Hier bleibt es bei der Beteiligungsgrenze von 95 % und der Vor- und Nachbehaltefrist von 5 Jahren. Als weitere spezielle Missbrauchsklausel wurde § 8 Abs. 2 GrEStG in Verbindung mit dem Bewertungsgesetz dahingehend angepasst, dass für Grundstücksverkäufe im Rückwirkungszeitraum von Umwandlungsfällen unter dem Verkehrswert die Ersatzbemessungsgrundlage anzuwenden ist.

Hinweis

Das Gesetz ist am 1.7.2021 in Kraft getreten. Die neuen Vorschriften finden grundsätzlich für Erwerbsvorgänge Anwendung, die nach dem 30.6.2021 verwirklicht werden (§ 23 Abs. 18 GrEStG). Daneben bestehen einige komplexe Übergangsregelungen.

Zu den **Übergangsregelungen** haben sich die obersten Finanzbehörden der Länder mit ihren gleich lautenden Erlassen v. 29.6.2021 (BStBl 2021 I S. 1006) umfassend geäußert. So äußern sich die Erlasse u.a. zum Schutz der Altgesellschaftereigenschaft. Gesellschafter, die bereits am 30.6.2021 gem. § 1 Abs. 2a GrEStG als Altgesellschafter gelten, weil die 5-jährige Haltefrist abgelaufen ist, behalten ihren Status als Altgesellschafter. D. h. Anteilsübergänge auf diese Gesellschafter bleiben unberücksichtigt (§ 23 Abs. 19 GrEStG).

Zudem wurde eine **Weitergeltung des alten Rechts** von § 1 Abs. 2a GrEStG bis zum 30.6.2026 und eine zeitlich unbefristete Anwendung von § 1 Abs. 3 und 3a GrEStG a.F. angeordnet (§ 23 Abs. 20, 21 und 22 GrEStG). Laut den Erlassen ist das alte Recht grundsätzlich subsidiär anzuwenden. Für Anteilseignerwechsel an grundbesitzenden Kapitalgesellschaften i.S. des § 1 Abs. 2b GrEStG werden nur Anteilsübergänge berücksichtigt, die nach dem 30.6.2021 erfolgen (§ 23 Abs. 23 GrEStG). Die Finanzverwaltung erkennt zudem grundsätzlich alle mit Ablauf des 30.6.2021 beteiligten Gesellschafter als Altgesellschafter an. D. h. Anteilsübergänge von Gesellschaftern, die bereits mit Ablauf des 30.6.2021 an der grundbesitzenden Kapitalgesellschaft beteiligt waren, bleiben unberücksichtigt unabhängig von der Beteiligungshöhe.

Die **Börsenklausel** ist laut den Erlassen auf alle offenen Fälle anzuwenden. Für die Befreiungsvorschriften nach §§ 5, 6 und 7 GrEStG bestätigt der Erlass den Schutz von einer bereits bestehenden Rechtsposition. Somit sind die verlängerten Fristen nicht anzuwenden, wenn der nach altem Recht maßgebliche Funfjahreszeitraum zum 1.7.2021 bereits abgelaufen ist. Ist dies nicht der Fall, finden die verlängerten Fristen von 10 bzw. 15 Jahren Anwendung.

Hinweis

Auch trotz der ausführlichen Erlasse bleiben Anwendungsfragen zu den komplexen Übergangsvorschriften offen, so dass eine genaue Analyse im Einzelfall erforderlich ist.

2.10.2 Vorgefasster Plan zur Grundstücksbebauung bei Änderung des Gesellschafterbestands

Die geplante Bebauung ist laut BFH im Falle eines grunderwerbsteuerpflichtigen Gesellschafterwechsels an einer grundbesitzenden Personengesellschaft in die Bemessungsgrundlage mit einzubeziehen. Dies führt zum Ansatz des höheren Grundbesitzwerts zum Zeitpunkt der Fertigstellung des Gebäudes (BFH, Urteil v. 16.9.2020, II R 12/18, BStBl 2021 II S. 632).

Im konkreten Fall kaufte eine GmbH & Co KG ein Grundstück zur Bebauung. Im Kaufvertrag verpflichtete sich die Gesellschaft gegenüber dem Verkäufer, einen Bauantrag zu stellen und bis zu einem vereinbarten Zeitpunkt das Gebäude zu errichten. Bei Nichterrichtung des Gebäudes würde das Grundstück rückübertragen werden. Daneben schloss die Gesellschaft bereits mit einem Dritten einen Mietvertrag über das noch zu errichtende Gebäude. Nach Erhalt der Baugenehmigung erfolgte zudem ein **100 %-iger Gesellschafterwechsel** i. S. des § 1 Abs. 2a GrEStG. Hierfür bezog das Finanzamt die Bebauung in die Bemessungsgrundlage mit ein und setzte daher den höheren Grundbesitzwert zum Zeitpunkt der Fertigstellung des Gebäudes gem. § 8 Abs. 2 Satz 2 Alt. 2 GrEStG a. F. an – und nicht den Wert des unbebauten Grundstücks. Dem folgte der BFH.

Hinweis

Mit diesem Urteil äußerte sich der BFH erstmals umfassend zum vorgefassten Plan im Zusammenhang mit einem vollständigen Gesellschafterwechsel. Das Urteil erging zwar zur alten Fassung des § 8 Abs. 2 Satz 2 Alt. 2 GrEStG, ist aber gleichermaßen für aktuelle Fälle relevant.

2.11 Versicherungsteuer

2.11.1 Bestimmung der Steuerbarkeit

Die gesetzlichen Regelungen zur Bestimmung der Steuerbarkeit (und damit der Frage, ob eine Versicherungsprämie der deutschen Versicherungsteuer unterliegt) wurden im Rahmen des Gesetzes zur Modernisierung des Versicherungsteuerrechts v. 3.12.2020 (BGBl 2020 I S. 2659) angepasst. Das BMF nimmt in seinem Schreiben v. 4.3.2021 (BStBl 2021 I S. 325) die Gesetzesänderung zum Anlass, die Auslegungsregeln der Finanzverwaltung zu konkretisieren. Das bisherige BMF-Schreiben v. 26.9.1990 wird aufgehoben.

2.11.2 Versicherung von im Drittland belegenen Betriebsstätten

Ebenfalls mit dem Versicherungsteuermodernisierungsgesetz erfolgte u.a. auch eine Ausweitung des Besteuerungsrechts bei EU-/EWR-Versicherern in Bezug auf Drittstaatenrisiken. Nach dem neu eingeführten § 1 Abs. 2 Satz 2 Nr. 4 VersStG besteht eine Steuerbarkeit auch für Versicherungen einer außerhalb des EWR belegenen Betriebsstätte oder sonstigen Einrichtung einer nicht natürlichen Person, wenn der Versicherungsnehmer seinen Sitz im Inland hat. Zu einigen über das BMF-Schreiben vom 4.3.2021 (BStBl 2021 I S. 325) hinausgehenden Anwendungs- und Auslegungsfragen, die mit der Neuregelung einhergehen, äußerte sich das BMF mit Schreiben v. 7.9.2021 (BStBl 2021 I S. 1813). Das BMF nimmt dabei u.a. zum Anwendungsbereich des Tatbestands der Nr. 4 in Bezug auf Betriebsstätten Stellung, wie etwa der Auslegung des Merkmals „der Versicherung einer Betriebsstätte".

Hinweis

Weiterhin äußert sich das BMF zum Verhältnis des Spezialtatbestands des § 1 Abs. 2 Satz 2 Nr. 4 VersStG (der die Steuerbarkeit für die Versicherung von im Drittland belegenen Betriebsstätten regelt), zum allgemeinen Tatbestand des § 1 Abs. 2 Satz 3 Nr. 2 VersStG (der andere als die in § 1 Abs. 2 Satz 1 VersStG genannten Risiken und Gegenstände regelt) sowie zu den weiteren Sondertatbeständen in § 1 Abs. 2 Satz 2 Nr. 1 bis 3 VersStG. Ebenfalls enthält das neue Schreiben u.a. Ausführungen zur Versicherung von im Drittland ansässigen Tochtergesellschaften (Abgrenzung von der Versicherung einer Betriebsstätte i.S. des § 1 Abs. 2 Satz 2 Nr. 4 VersStG) sowie zu der Frage, unter welchen Voraussetzungen es zu einer Steuerbarkeit bei einer Versicherung von in Deutschland oder einem EWR-Staat ansässigen Tochtergesellschaften kommen kann.

2.12 Änderungen bei der Forschungszulage

2.12.1 Definition „verbundenes Unternehmen"

Die mit der Forschungszulage förderfähige Bemessungsgrundlage i. H. v. von aktuell maximal 4 Mio. EUR darf von verbundenen Unternehmen nur insgesamt für den Verbund beansprucht werden. Durch das Grundsteuerreform-Umsetzungsgesetz v. 16.7.2021 (BGBl 2021 I S. 2931) wurde die Definition der „verbundenen Unternehmen" im Forschungszulagengesetz verändert. Die Neufassung von § 3 Abs. 6 FZulG orientiert sich an der handelsrechtlichen Definition des beherrschenden Einflusses nach § 290 Abs. 2 bis 4 HGB. Zwei oder mehrere Unternehmen gelten demnach für die Zwecke der Forschungszulage als verbunden, wenn ein Unternehmen auf ein anderes einen beherrschenden Einfluss ausübt. Im Unterschied zur handelsrechtlichen Definition scheint § 3 Abs. 6 Satz 2 FZulG aber darauf abzustellen, dass tatsächlich ein **beherrschender Einfluss** ausgeübt wird. Laut Gesetzesbegründung kommt es dagegen nicht darauf an, ob nach § 290 Abs. 1 HGB eine Pflicht zur Aufstellung des Konzernabschlusses besteht oder ob der Befreiungstatbestand des § 290 Abs. 5 i. V. m. 296 HGB vorliegt. Des Weiteren wurde durch das Grundsteuerreform-Umsetzungsgesetz ein gesondertes Feststellungsverfahren eingeführt.

Hinweis

Die Vorschriften treten **rückwirkend** zum Zeitpunkt der erstmaligen Anwendung des Forschungszulagengesetzes (1.1.2020) in Kraft.

2.12.2 Anwendungsschreiben des BMF

Mit Schreiben v. 11.11.2021 (IV C 3 – S 2020/20/10029 :007) äußert sich das BMF ausführlich zu materiell-rechtlichen und verfahrensrechtlichen Fragen zum FZulG, zur ertragsteuerlichen Behandlung der Forschungszulage und zu EU-beihilferechtlichen Vorgaben, u. a.:

- **Abgrenzung der Aktivitäten**, die unter die Definition von Forschung und Entwicklung (FuE) fallen;
- Darstellung der **verschiedenen Arten**, in denen FuE-Vorhaben durchgeführt werden können (eigenbetriebliche FuE, Auftragsforschung und Kooperationsvorhaben), dabei u. a. **Abgrenzung für den Konzernfall**, wann FuE-Vorhaben

als eigenbetriebliche Forschung und wann als Auftragsforschung zwischen verbundenen Unternehmen (nach § 290 Abs. 2 bis 4 HGB) gelten;

- Definition des **Beginns** eines geförderten **FuE-Vorhabens**;
- Vorgaben für die **korrekte Ermittlung** der förderfähigen Lohnaufwendungen;
- Vorgaben für die **sachgerechte Dokumentation** der geleisteten Arbeitsstunden (nebst aktualisiertem Muster-Stundenzettel, Stand 12.11.2021);
- Ausführungen zum **vorgelagerten Antrag** auf Ausstellung einer **FuE-Bescheinigung** bei der Bescheinigungsstelle Forschungszulage (1. Stufe);
- Ausführungen zum (einheitlichen) Antrag (**Antrag auf Forschungszulage**, 2. Stufe);
- Ausführungen zur **bilanziellen Behandlung** der Forschungszulage;
- Ausführungen zur **Einhaltung der Transparenzverpflichtung** aus § 9 der Allgemeinen Gruppenfreistellungs-Verordnung der EU (Veröffentlichung von Anspruchsberechtigten, die mehr als 500.000 EUR Forschungszulage erhalten, auf einer Plattform der EU-Kommission unter Nennung u. a. des Namens).

Hinweis
Die bisherigen FAQ zum FZulG wurden zunächst offline gestellt. Zum Zeitpunkt des Redaktionsschlusses (29.11.2021) war noch keine überarbeitete Fassung verfügbar.

3 Änderungen für Personengesellschaften

3.1 Buchwertfortführung nach § 6 Abs. 3 EStG

Mit Urteil v. 10.9.2020 (IV R 14/18, BStBl 2021 II S. 367) klärt der BFH eine streitige Frage zum Anwendungsbereich des § 6 Abs. 3 EStG (Buchwertfortführung bei unentgeltlicher Übertragung eines Betriebs, Teilbetriebs oder Mitunternehmeranteils) bei zeitgleichen Übertragungen von funktional wesentlichen Sonderbetriebsvermögen an Dritte.

Die Anwendung der Buchwertfortführung nach § 6 Abs. 3 EStG erfordert, dass ein (gesamter) Mitunternehmeranteil unentgeltlich übertragen wird. Für den BFH ist dafür das im **Zeitpunkt der Übertragung** vorhandene Betriebsvermögen maßgebend, d.h. er nimmt eine zeitpunkt- und keine zeitraumbezogene (also auch keine tageweise) Prüfung vor.

Hinweis

Der BFH stellt mit seiner zeitpunktbezogenen Ansicht streng auf die zeitliche Reihenfolge der Übertragungsvorgänge ab. Für die Anwendung des § 6 Abs. 3 Satz 1 Halbsatz 1 EStG sei es demnach unschädlich, wenn vor Übertragung des Mitunternehmeranteils **funktional wesentliches Sonderbetriebsvermögen** veräußert oder entnommen wird. Dabei reicht es für den BFH aus, wenn die Veräußerung bzw. Entnahme eine „juristische Sekunde" vor der Übertragung des verbliebenen Mitunternehmeranteils erfolgt. Der BFH präzisiert damit seine bisherige Rechtsprechung im Zusammenhang mit § 6 Abs. 3 EStG.

Werden mit der unentgeltlichen Übertragung des Mitunternehmeranteils zeitgleich stille Reserven in funktional wesentlichen Wirtschaftsgütern des Sonderbetriebsvermögens durch Veräußerung oder Entnahme aufgedeckt, greife die Buchwertfortführung des § 6 Abs. 3 Satz 1 Halbsatz 1 EStG dagegen nicht (Folge: Aufgabe des (gesamten) Mitunternehmeranteils i.S.v. § 16 Abs. 3 EStG). Insoweit bestätigt der BFH die Finanzverwaltung (vgl. BMF, Schreiben v. 20.11.2019, BStBl 2019 I S. 1291, Rz. 9). Für die Frage, ob mehrere Übertragungen in zeitlicher Reihenfolge erfolgt sind oder nicht, stellt der BFH auf den Zeitpunkt des Übergangs des wirtschaftlichen Eigentums ab.

Mit BMF-Schreiben v. 5.5.2021 (BStBl 2021 I S. 696) hat die Finanzverwaltung die o.g. Rechtsprechung für alle offenen Fälle in ihren Anwendungserlasses zu § 6 Abs. 3 EStG v. 20.11.2019 übernommen. Danach ist nun auch laut BMF eine **zeitpunktbezogene Prüfung des vorhandenen Betriebsvermögens** bei Übergang des wirtschaftlichen Eigentums vorzunehmen. Demnach ist die Veräußerung oder Entnahme ins Privatvermögen von funktional wesentlichem Sonderbetriebsvermögen selbst dann unschädlich für die steuerneutrale Übertragung, wenn zwischen beiden Vorgängen nur eine juristische Sekunde liegt (vgl. Rdnr. 9a neu).

Hinweis

Bislang versagte das BMF die Buchwertfortführung nicht nur, wenn zeitgleich mit der Übertragung des Anteils am Gesamthandsvermögens funktional wesentliches Sonderbetriebsvermögen entnommen wird, sondern auch, wenn dies taggleich erfolgte (vgl. BMF-Schreiben v. 20.11.2019, bisherige Rdnr. 9).

3.2 Sperrfristverstoß durch Formwechsel einer Oberpersonengesellschaft

Nach einer buchwertneutralen Übertragung eines Wirtschaftsguts gem. § 6 Abs. 5 Satz 3 EStG ist rückwirkend der Teilwert anzusetzen, soweit innerhalb von sieben Jahren nach der Wirtschaftsgutübertragung der „Anteil" eines Körperschaftsteuersubjekts an dem übertragenen Wirtschaftsgut aus einem „anderen Grund" unmittelbar oder mittelbar begründet oder erhöht wird (§ 6 Abs. 5 Satz 6 EStG). Laut BFH wird bei einer **mehrstöckigen Personengesellschaft** ein **Sperrfristverstoß** nach § 6 Abs. 5 Satz 6 EStG auch durch einen Formwechsel der Oberpersonengesellschaft zu Buchwerten ausgelöst (BFH, Urteil v. 15.7.2021, IV R 36/18, BFH/NV 2021 S. 1588). Der BFH versteht unter einem „Anteil" die (unmittelbare oder mittelbare) vermögensmäßige Beteiligung eines Körperschaftsteuersubjekts (hier: Kapitalgesellschaft) an dem übertragenen Wirtschaftsgut. Hinsichtlich der (sperrfristauslösenden) Begründung eines solchen Anteils führt der BFH aus, dass die Formulierung „aus einem anderen Grund" grundsätzlich jeden Vorgang („Vorgang beliebiger Art") erfasst. Dabei erfordere die Anteilsbegründung oder -erhöhung keinen Rechtsträgerwechsel.

Auch die Tatsache, dass auch die Unterpersonengesellschaft im konkreten Fall in eine Abschirmwirkung entfaltende Kapitalgesellschaft formgewechselt wurde, ändert nichts an dem Ergebnis einer Sperrfristverletzung, wenn dieser Formwechsel mit steuerrechtlicher Wirkung zeitlich nach dem Formwechsel der Oberpersonengesellschaft erfolgt.

Hinweis

Der Umfang des Teilwertansatzes nach § 6 Abs. 5 **Satz 6** EStG bestimmt sich dabei laut BFH nach den vermögensmäßigen Beteiligungsverhältnissen im Zeitpunkt der Übertragung nach Satz 3 (und nicht im Zeitpunkt des Sperrfristverstoßes). Auch bei steuerneutralen Vorgängen sollten etwaige Sperrfristverstöße im Vorfeld geprüft werden.

3.3 Merkmale einer (atypisch) stillen Beteiligung

Auch wenn das Mitunternehmerrisiko eines stillen Gesellschafters hinter der Rechtsstellung zurückbleibt, die einem Kommanditisten durch das HGB zugewiesen wird, kann laut BFH dennoch ein atypisch stilles Gesellschaftsverhältnis vorliegen, wenn die Möglichkeit des stillen Gesellschafters zur **Entfaltung von Mit-**

unternehmerinitiative besonders stark ausgeprägt ist. Diese Möglichkeit könne sich bei einer GmbH & Still auch aus der Stellung des stillen Gesellschafters als Geschäftsführer oder Prokurist der GmbH ergeben (BFH, Urteil v 12.4.2021, VIII R 46/18, BStBl 2021 II S. 614). Dabei komme es u.a. darauf an, ob **Geschäftsführungsbefugnisse** oder anderweitige Direktionsrechte, die der stille Gesellschafter z.B. als leitender Angestellter der GmbH hat, rechtlich abgesichert sind.

Hinweis

Im konkreten Fall war der Gesellschafter weder an den stillen Reserven noch am Geschäftswert beteiligt. Aufgrund seiner Stellung als leitender Angestellter und Prokurist der GmbH war es für den BFH jedoch nicht ausgeschlossen, dass ihm Aufgaben der Geschäftsführung (mit einem nicht unerheblichen Entscheidungsspielraum und damit auch Einfluss auf grundsätzliche Fragen der Geschäftsleitung) zur selbstständigen Ausübung übertragen waren.

3.4 Verlustverrechnung bei doppel- und mehrstöckigen Personengesellschaften

Die Nutzung gewerbesteuerlicher Fehlbeträge nach § 10a GewStG setzt sowohl Unternehmensidentität als auch Unternehmeridentität voraus. Beteiligt sich ein Kommanditist später auch als atypisch stiller Gesellschafter an einer GmbH & Co. KG, ist die Entstehung der atypisch stillen Gesellschaft ertragsteuerlich als Einbringung des Betriebs der GmbH & Co. KG in die atypisch stille Gesellschaft i.S. des § 24 UmwStG zu werten. Es entsteht eine doppelstöckige Mitunternehmerschaft. Nach dem BFH-Urteil v. 24.4.2014 (IV R 34/10, BStBl 2017 II S. 233) können in einem solchen Fall vortragsfähige **Gewerbeverluste** der GmbH & Co. KG (**Obergesellschaft**) bei fortbestehender Unternehmensidentität mit dem Teil des Gewerbeertrags der atypisch stillen Gesellschaft (**Untergesellschaft**) verrechnet werden, der auf die Obergesellschaft entfällt.

Auf dieses Urteil reagierte die Finanzverwaltung mit einem Nichtanwendungserlass (Gleich lautende Ländererlasse v. 11.8.2021, BStBl 2021 I S. 1074).

Hinweis

Damit hält die Finanzverwaltung an ihrer bisherigen Auffassung fest, nach der es zur Frage des Vorliegens der **Unternehmeridentität** stets und ausschließlich auf eine **unmittelbare Gesellschafterstellung** ankommt (vgl. R 10a.3 Abs. 3 Satz 9 Nr. 8 Sätze 1 und 2 GewStR 2009).

3.5 Gewinnbegriff des betrieblichen Schuldzinsenabzugs

Nach dem BFH-Urteil v. 3.12.2019 (X R 6/18, BStBl 2021 II S. 77) ist der allgemeine Gewinnbegriff i.S. des § 4 Abs. 1 EStG Grundlage der Berechnung des Gewinns i.S.v. § 4 Abs. 4a EStG. Außerbilanzielle Korrekturen sollen dabei außer Ansatz bleiben. Nicht abziehbare Betriebsausgaben i.S. des § 4 Abs. 5 Satz 1 EStG mindern etwa den Gewinn und damit das Entnahmepotenzial.

Die Finanzverwaltung folgt dem BFH und arbeitete dieses Urteil mit BMF-Schreiben v. 18.1.2021 (BStBl 2021 I S. 119) in ihr bisheriges Schreiben zum betrieblichen Schuldzinsenabzug v. 2.11.2018 (BStBl 2018 I S. 1207) ein. Das BMF benennt auch einige Beispiele für zukünftig nicht zu berücksichtigende **außerbilanzielle Korrekturen**, wie z.B. nicht abzugsfähige Gewerbesteuer samt Nebenleistung (§ 4 Abs. 5b EStG) oder nach § 4d Abs. 3, § 4e Abs. 3 und § 4f EStG verteilte Betriebsausgaben.

Hinweis

Die geänderte Auffassung des BMF ist grundsätzlich in allen offenen Fällen anzuwenden. Aus Vereinfachungsgründen können Steuerpflichtige für Wirtschaftsjahre, die vor dem 1.1.2021 begonnen haben, die Berücksichtigung von außerbilanziellen Hinzurechnungen letztmals beantragen. Bei einer Mitunternehmerschaft ist der Antrag einvernehmlich von allen Mitunternehmern zu stellen.

Nach Auffassung des BMF wird eine daraus resultierende Neuberechnung der Gewerbesteuerrückstellung nicht beanstandet, jedoch insoweit auch nicht als erforderlich angesehen (BMF, Schreiben v. 5.11.2021, IV C 6 – S 2144/19/10003 :008).

3.6 Verwendung von Investitionsabzugsbeträgen

Laut BFH (Beschluss v. 15.11.2017, VI R 44/16, BStBl 2019 II S. 466) kann z.B. bei Bildung des Investitionsabzugsbetrags in der Gesamthandsbilanz eine spätere Investition im Sonderbetriebsvermögen eines Mitunternehmers begünstigt werden. Im Jahressteuergesetz 2020 v. 21.12.2020 (BGBl 2020 I S. 3096) setzte die Finanzverwaltung ihre abweichende Rechtsauffassung in einem neu eingefügten § 7g Abs. 7

Sätze 2 und 3 EStG um. Danach ist die Hinzurechnung von Investitionsabzugsbeträgen nur in dem Vermögensbereich zulässig, in dem der Abzug erfolgt ist.

Hinweis
§ 7g Abs. 7 Sätze 2 und 3 EStG ist erstmals für Investitionsabzugsbeträge anzuwenden, die in nach dem 31.12.2020 endenden Wirtschaftsjahren in Anspruch genommen werden (§ 52 Abs. 16 Satz 2 EStG).

3.7 Betriebsaufspaltung 1: Auch über die Grenze möglich

Der BFH wendet die Grundsätze der Betriebsaufspaltung auch dann an, wenn ein inländisches Besitzunternehmen ein im Ausland belegenes Grundstück an eine ausländische Betriebskapitalgesellschaft verpachtet (BFH, Urteil v. 17.11.2020, I R 72/16, BStBl 2021 II S. 484). Es gebe keinen sachlichen Grund, bei der Qualifikation der Einkünfte des Besitzunternehmens danach zu differenzieren, ob sich das überlassene Geschäftsgrundstück vor oder hinter der Landesgrenze befindet. Der Begründung eines Gewerbebetriebs des Besitzunternehmens durch Verpachtung des Grundstücks stehe es auch nicht entgegen, dass die ausländische Betriebskapitalgesellschaft in Deutschland nicht der Gewerbesteuer unterliegt und sich auch ansonsten keine Auswirkungen auf das deutsche (Ertrag-)Steueraufkommen ergeben. Der BFH stellte maßgebend auf den **einheitlichen geschäftlichen Betätigungswillen** der hinter den beiden Unternehmen stehenden Personen ab.

Hinweis
In dem Verfahren, dem auch das BMF beigetreten war, betont der BFH, dass sich das Institut der Betriebsaufspaltung von der ursprünglichen Intention der Missbrauchsvermeidung gelöst und sich dogmatisch verselbständigt habe.

3.8 Betriebsaufspaltung 2: Personelle Verflechtung bei treuhänderischer Bindung

In Einzelfällen kann trotz Mehrheitsbeteiligung eine für die Betriebsaufspaltung erforderliche **Beherrschungsidentität** zu **verneinen** sein. Das sah der BFH für einen Fall, in dem die mehrheitlich beteiligte Gesellschafterin einen Teil ihrer Anteile an der Besitzgesellschaft lediglich treuhänderisch hielt und ihre eigenen Interessen überwiegend den **Interessen der Treugeber unterordne**n musste. Im konkreten Fall konnte die betroffene Gesellschafterin nach Maßgabe der im Emissionsprospekt, in den Treuhandverträgen und im Gesellschaftsvertrag getroffenen Regelungen in den wesentlichen Fragen, insbesondere in Bezug auf die wesentliche Betriebsgrundlage „Grundstück", bei der Besitzgesellschaft nicht ihren eigenen geschäftlichen Willen durchsetzen (BFH, Urteil v. 20.5.2021, IV R 31/19, BStBl 2021 II S. 768).

Hinweis

Der BFH betont damit, dass anhand der tatsächlichen Verhältnisse des Einzelfalls festzustellen ist, ob die Voraussetzungen der personellen Verflechtung erfüllt sind. Nicht in jedem Fall könne nämlich schon allein aufgrund einer Mehrheitsbeteiligung an Besitz- und Betriebsunternehmen auf eine personelle Verflechtung geschlossen werden. Das ist u.a. bei einem treuhänderischen Halten der Beteiligung zu beachten.

3.9 Betriebsaufspaltung 3: Beteiligung minderjähriger Kinder

Laut BFH liegt eine Betriebsaufspaltung nicht vor, wenn der das Besitzunternehmen beherrschende Gesellschafter in der Betriebskapitalgesellschaft nur über exakt 50 % der Stimmen verfügt. Dabei sind dem Gesellschafter die Stimmen seines ebenfalls beteiligten minderjährigen Kindes jedenfalls dann nicht zuzurechnen, wenn in Bezug auf dessen Gesellschafterstellung eine **Ergänzungspflegschaft** besteht (BFH, Urteil v. 14.4.2021, X R 5/19, BFH/NV 2021 S. 1406). Begründet hat der BFH dies u.a. damit, dass in einem solchen Fall die Ergänzungspflegerin die Interessen des minderjährigen Kindes in der Betriebskapitalgesellschaft unabhängig von den Interessen des Elternteils vertrete und daher keine gleichgelagerten wirtschaftlichen Interessen vorlägen.

Hinweis

Offenlassen konnte der BFH die Frage, ob die zu Ehegatten ergangene Rechtsprechung des BVerfG für minderjährige Kinder entsprechend gilt (vgl. R 15.7 Abs. 8 Satz 1 EStR 2012). Danach seien die Anteile der Ehegatten für Zwecke der personellen Verflechtung grundsätzlich nicht zusammenzurechnen (BVerfG, Beschluss v. 12.3.1985, 1 BvR 571/81 u.a.).

3.10 Entlastung von Kapitalertragsteuer trotz Zwischenschaltung einer GbR

Laut BFH ist eine Ausschüttung einer inländischen Kapitalgesellschaft an ihre ausländische Muttergesellschaft trotz Zwischenschaltung einer vermögensverwaltenden GbR vollständig von der Kapitalertragsteuer zu entlasten. Der BFH sieht hier eine unmittelbare Beteiligung i. S. des § 43b Abs. 2 Satz 1 EStG (BFH, Beschluss v. 18.5.2021, I R 77/17, BFH/NV 2021 S. 1421).

Der BFH bezog sich dabei auf die **steuerrechtliche Bruchteilsbetrachtung** des § 39 Abs. 2 Nr. 2 AO und hat im Urteilsfall die im Gesamthandsvermögen der vermögensverwaltenden, nicht gewerblich geprägten GbR gehaltene Beteiligung an der inländischen AG anteilig als eigenes Wirtschaftsgut der niederländischen Genossenschaft angesehen. Dieser Einbeziehung der Beteiligung über die vermögensverwaltende GbR steht laut BFH auch nicht der Wortlaut des § 43b Abs. 2 Satz 1 EStG entgegen.

Hinweis
Der BFH widersprach damit der Auffassung des BZSt. In vergleichbaren Fällen sollte daher geprüft werden, gegen eine Ablehnung der Kapitalertragsteuerentlastung vorzugehen.

3.11 Thesaurierungsbesteuerung und Solidaritätszuschlag

Laut BFH ist die Nachsteuer nach § 34a Abs. 4 Satz 2 EStG in die Bemessungsgrundlage für den Solidaritätszuschlag einzubeziehen (BFH, Urteil v. 10.11.2020, IX R 34/18, BStBl 2021 II S. 455). Ausgangsgröße für die Berechnung der festzusetzenden Einkommensteuer – und damit für den Soli – ist nach § 2 Abs. 6 EStG die tarifliche Einkommensteuer. Die tarifliche Einkommensteuer wiederum ist die Steuer, die sich bei Anwendung des Einkommensteuertarifs (§ 32a EStG) auf das zu versteuernde Einkommen i. S. des § 2 Abs. 5 Satz 1 Halbsatz 1 EStG ergibt. Für Teile des Einkommens finden dabei die in § 32a Abs. 1 EStG erwähnten Sondertarifvorschriften Anwendung. Dies betrifft u. a. die Vorschrift über die Thesaurierungsbegünstigung gem. § 34a EStG.

Hinweis

In diesem Punkt bestätigt der BFH damit die Auffassung der Finanzverwaltung (BMF, Schreiben v. 11.8.2008, BStBl 2008 I S. 838, Rz. 27).

4 Änderungen für Kapitalgesellschaften

4.1 (Keine) Einlagenrückgewähr einer EU-Kapitalgesellschaft

Ausschüttungen einer EU-Kapitalgesellschaft sind laut BFH steuerpflichtige Gewinnausschüttungen, wenn eine (nicht steuerbare) Einlagenrückgewähr **nicht gesondert festgestellt** wurde (BFH, Urteil v. 27.10.2020, VIII R 18/17, BFH/NV 2021 S. 502). Im Urteilsfall war die Ausschüttung mangels durchgeführten Feststellungsverfahrens (§ 27 Abs. 8 KStG) unmittelbar auf Grundlage der Fiktion des § 27 Abs. 8 Satz 9 KStG steuerpflichtig. Diese Folge ohne die Möglichkeit eines (anderen) Nachweises einer Einlagenrückgewähr verstoße nicht gegen Art. 3 GG.

Hinweis

Anteilseigner von **Drittstaatengesellschaften** können dagegen **selbst** einen **Nachweis führen**; allerdings nur, weil Drittstaatgesellschaften per Gesetz kein Nachweis mittels eines Feststellungsverfahrens eröffnet wird (§ 27 Abs. 8 KStG gilt nur für EU-Gesellschaften).

Offen blieb, ob der BFH einen Verstoß gegen die unionsrechtliche Kapitalverkehrsfreiheit bejaht hätte, sofern im konkreten Fall die Ausschüttung (ohne Fiktion des § 28 Abs. 8 Satz 9 KStG) als Einlagenrückgewähr zu qualifizieren gewesen wäre. Im konkreten Fall sah der BFH keine Anhaltspunkte dafür, dass materiell eine Einlagenrückgewähr vorliegt.

Da eine Unvereinbarkeit des Feststellungsverfahrens nach § 27 Abs. 8 KStG mit Verfassungs- und Unionsrecht nur im Rahmen eines Klageverfahrens gegen einen Feststellungsbescheid zu beantworten gewesen wäre, konnte der BFH dies ebenfalls unbeantwortet lassen. Da die österreichische Gesellschaft das Feststellungsverfahren nicht durchführte, war auch die Frage der Unvereinbarkeit des Feststellungsverfahrens nach § 27 Abs. 8 KStG mit Verfassungs- und Unionsrecht nicht zu beantworten.

4.2 BMF zur Anpassung von „Alt"-Gewinnabführungsverträgen

Durch das Sanierungs- und Insolvenzrechtsfortentwicklungsgesetz vom 22.12.2020 (BGBl. 2020 I S. 3256) wurde mit Wirkung ab dem 1.1.2021 § 302 Abs. 3 Satz 2 AktG geändert (Ergänzung um die mögliche Regelung der Ersatzpflicht in einem „Restrukturierungsplan"). Laut BMF ist es vor dem Hintergrund der jüngeren BFH-Rechtsprechung (vgl. BFH, Urteil v. 10.5.2017, I R 93/15, BStBl 2019 II S. 278) für die weitere Anerkennung von Organschaften mit Organgesellschaften i.S. des § 17 KStG erforderlich, dass die bisherigen Vereinbarungen zur Verlustübernahme in „Alt"-Gewinnabführungsverträgen bis zum Ablauf des 31.12.2021 an die geltende Regelung des § 17 Abs. 1 Satz 2 Nr. 2 KStG angepasst werden (BMF, Schreiben v. 24.3.2021). Dabei muss die Verlustübernahme durch Verweis auf die Vorschriften des § 302 AktG in seiner jeweils gültigen Fassung (dynamischer Verweis) vereinbart werden. Für die Fristwahrung ist laut BMF die **notarielle Beurkundung** des **Zustimmungsbeschlusses** der Organgesellschaft und **Anmeldung** der Änderung zur Eintragung ins **Handelsregister** ausreichend.

Hinweis
Das BMF-Schreiben erfasst dabei vor dem 27.2.2013 abgeschlossene oder letztmalig geänderte Gewinnabführungsverträge, bei denen nach § 17 Satz 2 Nr. 2 KStG a.F. die Verlustübernahme durch statischen Verweis auf die Regelung des § 302 AktG oder durch wörtliche Wiedergabe dieser Regelung vereinbart worden ist („Alt"-Gewinnabführungsverträge). In der Anpassung wird auf Verwaltungsseite kein Neuabschluss des Vertrags gesehen. Die Mindestlaufzeit des § 14 Abs. 1 Satz 1 Nr. 3 Satz 1 KStG beginnt daher aus Sicht des BMF nicht von neuem zu laufen. Darüber hinaus kann eine Anpassung unterbleiben, wenn das Organschaftsverhältnis vor dem 1.1.2022 beendet wird.

4.3 Anwendungsschreiben zu § 8d KStG

Mit einem umfassenden Schreiben v. 18.3.2021 (BStBl 2021 I S. 363) hat das BMF zu Anwendungsfragen des § 8d KStG (**fortführungsgebundener Verlustvortrag**) Stellung genommen. Dabei äußert sich das BMF u.a. ausführlich zu:

- Einzelheiten zum Antragserfordernis (Rz. 4 ff., u.a. zum Zeitpunkt der Antragstellung).
- Begriff des Geschäftsbetriebs (Rz. 16 ff.).

- Zum Katalog der Ereignisse, die zum Untergang des fortführungsgebundenen Verlustvortrags führen (Rz. 25 ff. und Rz. 62 ff.).
- Rechtsfolgen des § 8d KStG (Rz. 49 ff.).
- Zusammenspiel der Regelung mit einem erneuten Anwendungsfall von § 8c KStG (Rz. 72 ff.).
- Erläuternde Beispiele im Bereich der schädlichen Ereignisse i. S. des § 8d Abs. 2 KStG (insbesondere zur Ruhendstellung des Geschäftsbetriebs oder zur Zuführung zu einer andersartigen Zweckbestimmung, die für von der Corona-Pandemie betroffene Unternehmen von Relevanz sein können. Danach stellen weder Corona-bedingte Betriebsschließungen noch zusätzliche Vertriebswege (z. B. Online-Shop) noch eine temporäre Produktionsanpassung an die veränderten Rahmenbedingungen schädliche Ereignisse i. S. des § 8d Abs. 2 KStG dar).
- Gründungszeitpunkt der Körperschaft (als Startpunkt für die sog. Beobachtungszeiträume, maßgebend dabei bereits der Zeitpunkt des Abschlusses des notariellen Gesellschaftsvertrags).

Weitere ergänzende Ausführungen betreffen u. a. den Beginn und das Ende der Beobachtungszeiträume bei einem vom Kalenderjahr abweichenden Wirtschaftsjahr oder den Begriff des Geschäftsbetriebs.

Hinweis

Das Schreiben äußert sich nicht zur **Erheblichkeitsschwelle** bzgl. der **Stellung als Organträger oder Mitunternehmer**. Damit sind für Zwecke des § 8d KStG sowohl das Einnehmen der Stellung eines Organträgers i. S. des § 14 Abs. 1 KStG als auch die Beteiligung an einer Mitunternehmerschaft nach wie vor pauschal schädlich. Ebenfalls ist keine zeitliche Beschränkung in Bezug auf **schädliche Ereignisse** enthalten, die **nach der Feststellung** des fortführungsgebundenen Verlustvortrags eintreten.

Laut gleich lautender Erlasse der obersten Finanzbehörden der Länder v. 19.3.2021 (BStBl 2021 I S. 621) sind die Grundsätze des BMF-Schreibens (der Neuregelung des § 10a Sätze 11 und 12 GewStG zur Anwendung von § 8d KStG folgend) auf gewerbesteuerliche Fehlbeträge von Körperschaften gem. § 10a GewStG entsprechend anzuwenden.

4.4 Versagung der Steuerfreistellung des § 8b KStG bei hybriden Gestaltungen

Nach einem durch das ATAD-Umsetzungsgesetz v. 25.6.2021 (BGBl 2021 I S. 2035) neu eingefügten § 8b Abs. 1 Satz 3 KStG wird die Steuerfreistellung nach § 8b KStG bei hybriden Gestaltungen versagt. Danach gilt die Steuerbefreiung nach § 8b Abs. 1 Satz 1 KStG nur, soweit das Einkommen der anderen Person oder ihr nahestehender Personen nicht niedriger ist als bei einer dem deutschen Recht entsprechenden Zurechnung.

Hinweis

Die Neuregelung findet rückwirkend für nach dem 31.12.2019 zugeflossene Bezüge Anwendung. Zu den neuen Abzugsbeschränkungen im Zusammenhang mit hybriden Gestaltungen (§ 4k EStG) vgl. Kapitel Rückblick Tz. 2.5.1.

4.5 Typenvergleich für Anteile

Im Urteil v. 18.5.2021 (I R 12/18, BFH/NV 2021 S. 1441) äußert sich der BFH zum Typenvergleich im Zusammenhang mit der Qualifizierung von Anteilen an einer ausländischen Gesellschaft im Rahmen von § 8b Abs. 1 KStG sowie deren Ausschüttungen.

Im konkreten Fall war eine deutsche GmbH an einer US-amerikanischen Schwestergesellschaft („X Inc.") über **Vorzugsaktien** („Preferred Shares") beteiligt. Diese Vorzugsaktien waren mit Stimmrechten ausgestattet und bezogen sich – vereinfacht dargestellt – auf eine Sparte der X Inc., den „Financial Asset Securitization Investment Trust" („FASIT"). Der FASIT war vermögensmäßig nicht getrennt von der X Inc. und es wurde u.a. durch die Ausgabe der Preferred Shares ein sog. Regular Interest an dem FASIT gebildet. Hierauf geleistete Zahlungen sind nach US-amerikanischen Recht als Zinsen zu behandeln (Aufwand bei der X Inc.). Für den BFH qualifizierten die Aktien als Anteile i.S. des § 20 Abs. 1 Nr. 1 Satz 1 EStG. Eine Einordnung als Zinsen i.S. des § 20 Abs. 1 Nr. 7 EStG lehnte der BFH ab.

Dabei wendete der BFH den sog. **Rechtstypenvergleich** an. Zunächst nahm er dabei eine Einordnung dem Grunde nach vor, sowohl bezogen auf die Gesellschaftsform als auch auf das Finanzinstrument. Danach ist laut BFH zu prüfen, ob die Preferred Shares so ausgestaltet sind, wie es das Aktienrecht vorgibt, wobei die konkrete Prüfung durch eine rechtliche und wirtschaftliche Gesamtwürdigung zu erfolgen habe. Dabei sei es für den (erfolgreichen) Typenvergleich nicht entscheidend, ob und in welcher Höhe tatsächlich stille Reserven vorhanden sind.

Anders als die Vorinstanz lehnt der BFH eine strenge Bindung an die Kriterien der Beteiligung am Gewinn und am Liquidationserlös (sog. Genussrechtstest) im Wege der Wortlautauslegung des § 20 Abs. 1 Nr. 1 EStG ab.

Hinweis

Zwar betraf der konkrete Fall den VZ 2001, jedoch dürften die Aussagen des BFH auch für die Beurteilung von Anteilen unter der geltenden Rechtslage von Bedeutung sein.

4.6 Organschaft im Zusammenhang mit atypisch stillen Beteiligungen

Nach § 14 Abs. 1 Satz 1 KStG ist das Einkommen der Organgesellschaft (OG) dem Organträger (OT) zuzurechnen, wenn sich die OG durch einen Gewinnabführungsvertrag i.S. des § 291 Abs. 1 AktG verpflichtet, ihren ganzen Gewinn an ein einziges anderes gewerbliches Unternehmen abzuführen und die Voraussetzungen des § 14 Abs. 1 Satz 1 Nr. 1 bis 5 KStG erfüllt sind. Laut FG Düsseldorf kann eine Kapitalgesellschaft, an der eine atypisch stille Beteiligung besteht, **mangels Abführung des ganzen Gewinns** keine Organgesellschaft im Rahmen einer ertragsteuerlichen Organschaft sein (Urteil v. 12.4.2021, 6 K 2616/17 K,G,F). Das FG schließt sich damit der Ansicht der Finanzverwaltung an (vgl. BMF, Schreiben v. 20.8.2015, BStBl 2015 I S. 649). Da der Gewerbeertrag bei der atypisch stillen Gesellschaft zu erfassen sei und daher nicht dem OT zugerechnet werden könne, sei auch eine gewerbesteuerliche Organschaft nicht gegeben. Die Besteuerung der Mitunternehmerschaft habe insoweit Vorrang gegenüber der Organschaft.

Hinweis

In Folge der **verunglückten Organschaft** nahm das FG **verdeckte Gewinnausschüttungen** der OG an den OT an. Da die verdeckten Gewinnausschüttungen im entschiedenen Fall teilweise das Einkommen der OG gemindert haben und die „Veranlagung“ der OG teilweise nicht mehr änderbar war, seien die verdeckten Gewinnausschüttungen nach dem Korrespondenzprinzip (§ 8b Abs. 1 Satz 2 KStG) voll steuerpflichtig. Gegen das Urteil ist unter dem Az. I R 17/21 Revision beim BFH anhängig. Damit hat nun der BFH Gelegenheit, sich zu dieser Fragestellung zu äußern.

4.7 Rückwirkungsfiktion bei mehraktigem unterjährigem Erwerb

Die Steuerbefreiung des § 8b Abs. 1 KStG für Dividenden greift nicht, wenn die erforderliche Mindestbeteiligung von 10 % zu Beginn des Kalenderjahres nicht vorliegt (§ 8b Abs. 4 Satz 1 KStG). Dabei gilt der Erwerb einer Beteiligung von mindestens 10 % als zu Beginn des Kalenderjahres erfolgt (sog. Rückwirkungsfiktion, § 8b Abs. 4 Satz 6 KStG).

Laut Hessischem FG greift die Rückwirkungsfiktion auch bei mehraktigem unterjährigem Erwerb (Urteil v. 15.3.2021, 6 K 1163/17). Mit dem Urteil widersprach das FG der Ansicht der Finanzverwaltung.

Hinweis

Aufgrund des anhängigen Revisionsverfahrens (I R 16/21) sollte in ähnlich gelagerten Fällen geprüft werden, ob Einsprüche eingelegt bzw. weiterverfolgt werden können. Unter Bezug auf das anhängige Revisionsverfahren kann Ruhen des Einspruchsverfahrens beantragt werden.

4.8 Drittstaaten-Kapitalgesellschaften

Die zivilrechtliche Rechtsprechung behandelt Drittstaaten-Kapitalgesellschaften mit **Verwaltungssitz im Inland** als offene Handelsgesellschaften oder als Gesellschaft bürgerlichen Rechts. Nach der Rechtsprechung des BFH sind jedoch auch solche Drittstaaten-Kapitalgesellschaften mit Geschäftsleitung im Inland **unbeschränkt körperschaftsteuerpflichtig** nach § 1 Abs. 1 Nr. 1 KStG. Durch das Steueroasen-Abwehrgesetz v. 25.6.2021 (BGBl 2021 I S. 2056) wurde § 8 Abs. 1 Satz 4 KStG daher insoweit ergänzt, dass Leistungen und Leistungsversprechen zwischen einer Drittstaaten-Kapitalgesellschaft mit Verwaltungssitz im Inland und Personen, die Einkünfte i. S. des § 20 Abs. 1 Nr. 1 und 9 EStG aus dieser erzielen, wie Einkünfte zwischen einer Kapitalgesellschaft und deren Anteilseignern zu behandeln sind. Für die steuerliche Beurteilung gelten demnach alle Grundsätze des EStG, KStG und AStG wie bei einer unbeschränkt steuerpflichtigen Kapitalgesellschaft mit Sitz im Inland. Die Leistungen der Gesellschaft an den Gesellschafter können dem Steuerabzug unterliegen.

Hinweis
§ 8 Abs. 1 Satz 4 KStG ist rückwirkend für VZ vor 2021 in allen offenen Fällen anzuwenden. Wegen dieser Ergänzung entfällt die bisherige Regelung zur Zurechnung von Wirtschaftsgütern auf eine britische Limited, die durch das Brexit-Steuerbegleitgesetz in § 12 Abs. 4 KStG aufgenommen wurde. Daher ist diese Norm letztmals für den VZ 2020 anzuwenden.

Des Weiteren enthält das Steueroasen-Abwehrgesetz auch Ergänzungen in Bezug auf Drittstaaten-Kapitalgesellschaften mit Verwaltungssitz im Inland im Bewertungs-, Erbschaft- und Schenkungsteuergesetz sowie Grunderwerbsteuergesetz.

Hinweis
Die Änderungen im BewG, ErbStG sowie im GrEStG sind zum 1.7.2021 in Kraft getreten.

5 Änderungen für Arbeitnehmer

5.1 Erhöhung Entfernungspauschale

Als Ausgleich für Fernpendler wurde durch das Klimaschutzgesetz 2030 v. 21.12.2019 (BGBl 2019 I S. 2886) die Entfernungspauschale nach § 9 Abs. 1 Satz 3 Nr. 4 EStG angehoben. Für die VZ 2021 bis 2023 (befristeter Übergangszeitraum) gilt **ab dem 21. Kilometer** der Entfernung von der Wohnung bis zur ersten Tätigkeitsstätte ein um 5 Cent erhöhter Abgeltungsbetrag von **0,35 EUR** pro Kilometer und für die VZ 2024 bis 2026 ein Abgeltungsbetrag von 0,38 EUR pro Kilometer. Auf den ersten 20 Kilometern gilt weiterhin der Abzug von 0,30 EUR je vollem Kilometer. Die Höchstgrenzenregelung von 4.500 EUR bleibt bestehen (§ 9 Abs. 1 Satz 3 Nr. 4 Satz 8 EStG).

Eine gleichlautende Regelung wurde für Familienheimfahrten im Rahmen der beruflich veranlassten doppelten Haushaltsführung eingeführt (§ 9 Abs. 1 Satz 3 Nr. 5 Satz 9 EStG). Auch hier gilt die Grenze von 20 Kilometern.

Hinweis

Zudem gelten die Regelungen entsprechend bei der Ermittlung der nicht abziehbaren Aufwendungen für die Wege des Steuerpflichtigen zwischen Wohnung und Betriebsstätte und für Familienheimfahrten (§ 4 Abs. 5 Satz 1 Nr. 6 Satz 4 EStG).

Mit Schreiben v. 18.11.2021 (IV C 5 – S 2351/20/10001 :00) arbeitet das BMF die Erhöhung der Entfernungspauschale in sein Anwendungsschreiben ein. Dabei weist das BMF u. a. darauf hin, dass bei der **Nutzung mehrerer Verkehrsmittel** (etwa eigener Pkw und öffentliches Verkehrsmittel) die erhöhte Pauschale vorrangig bei der Teilstrecke, die mit dem eigenen oder zur Nutzung überlassenen Pkw zurückgelegt wird, und die Grund-Pauschale (0,30 EUR) bei der mit den öffentlichen Verkehrsmitteln zurückgelegten Teilstrecke zu berücksichtigen ist (Rdnr. 22). Die (befristet) erhöhten Kilometerpauschalen sind auch in Fällen zu berücksichtigen, in denen der Arbeitgeber gewährte Sachbezüge oder Zuschüsse hinsichtlich des Arbeitsweges **pauschal besteuert**, § 40 Abs. 2 Satz 2 Nr. 1 EStG (Rdnr. 34). Für alle noch nicht bestandskräftigen Fälle entfalte die Pauschalbesteuerung keine Bindungswirkung für das Veranlagungsverfahren, soweit die pauschal besteuerten Beträge den als Werbungskosten möglichen Betrag nach § 9 Abs. 1 Satz 3 Nr. 4, Abs. 2 EStG übersteigen (Rdnr. 33).

In den weiteren Ausführungen zu den Regelungen der Pauschalbesteuerung nach § 40 Abs. 2 EStG in der ab 1.1.2021 geltenden Fassung äußert sich das BMF u. a. zu der vereinfachenden „15-Tage-Regelung", ihrer Anwendung in Fällen, bei denen nach dienst- oder arbeitsrechtlichen Festlegungen typischerweise an weniger Wochentagen die erste Tätigkeitsstätte aufgesucht wird (z. B. Home-Office, Teilzeitmodelle, verhältnismäßige Minderung der „vereinfachten" Fahrtenanzahl, Rdnr. 41). Die Vereinfachungsregelung darf laut BMF nicht angewendet werden, wenn der Arbeitgeber bei der Ermittlung des Sachbezugs für die Überlassung eines Dienstwagens die tatsächliche Anzahl der Fahrten zwischen Wohnung und erster Tätigkeitsstätte zugrunde gelegt hat (Rdnr. 40).

Neben den Aufwendungen im Zusammenhang mit der Beseitigung oder Linderung von Körperschäden sind laut BMF auch fahrzeug- und wegstreckenbezogene Aufwendungen, die durch einen Unfall auf einer beruflich veranlassten Fahrt zwischen Wohnung und erster Tätigkeitsstätte eingetreten sind, neben der Entfernungspauschale berücksichtigungsfähig (Rdnr. 30). In diesem zweiten Punkt widerspricht das BMF dem BFH (vgl. Urteil v. 19.12.2019, VI R 8/18, BStBl 2020 II S. 291).

Hinweis

Das neue Schreiben ist grundsätzlich mit Wirkung ab 1.1.2021 anzuwenden und schließt damit an das alte BMF-Schreiben vom 31.10.2013 (BStBl 2013 I S. 1376) an. Es enthält zu Aspekten der 15-Tage-Regel eine **Nichtbeanstandungsregelung** (Rdnr. 45).

5.2 Mobilitätsprämie

Im Rahmen des Klimaschutzgesetzes 2030 v. 21.12.2019 (BGBl 2019 I S. 2886) wurde für Pendler, bei denen die Erhöhung der steuerlichen **Entfernungspauschale keinen steuerlichen Effekt** hat, alternativ eine sog. Mobilitätsprämie eingeführt (§§ 101–109 EStG). Hiernach haben Pendler für die **VZ 2021** bis 2026 die Möglichkeit, alternativ zu den erhöhten Entfernungspauschalen von 35 Cent ab dem 21. Entfernungskilometer eine Mobilitätsprämie in Höhe von **14 % dieser erhöhten Pauschale** zu wählen.

Bemessungsgrundlage für die Mobilitätsprämie ist grundsätzlich die erhöhte Entfernungspauschale von 35 Cent ab dem 21. Entfernungskilometer. Ein **Anspruch** besteht nur, **soweit** das zu versteuernde Einkommen, welches sich unter Berücksichtigung der erhöhten Entfernungspauschalen ergibt, **unterhalb des Grundfreibetrags** i. S. des § 32a EStG liegt. Die Mobilitätsprämie gilt zudem bei Arbeitnehmern nur, soweit deren gesamte Werbungskosten den Pauschbetrag von 1.000 EUR übersteigen.

Hinweis

Die Mobilitätsprämie muss beantragt werden und wird mittels Einkommensteuerbescheid festgesetzt (vgl. § 105 EStG i. d. F. des JStG 2020). Hierzu reicht die **Beantragung innerhalb von vier Jahren** nach dem Jahr, indem der

Anspruch entstanden ist. Die Mobilitätsprämie gehört nicht zu den steuerpflichtigen Einnahmen i. S. des EStG.

5.3 Doppelbesteuerung von Rentenbezügen

Der BFH hält den mit dem Alterseinkünftegesetz eingeleiteten Systemwechsel zur nachgelagerten Besteuerung von Altersbezügen und die damit einhergehenden Übergangsregelungen grundsätzlich für verfassungskonform. Allerdings dürfe es aber im konkreten Einzelfall nicht zu einer doppelten Besteuerung von Renten kommen. Laut BFH kann daher einem Steuerpflichtigen, der **nachweisen** kann, dass es in seinem konkreten Einzelfall zu einer **doppelten Besteuerung** von Altersvorsorgeaufwendungen und Altersbezügen kommt, aus verfassungsrechtlichen Gründen ein Anspruch auf eine Milderung des Steuerzugriffs in der Rentenbezugsphase zustehen. Eine solche doppelte Besteuerung liege regelmäßig vor, wenn die Summe der aus dem bereits versteuerten Einkommen aufgebrachten Rentenversicherungsbeiträge höher ist als die Summe der voraussichtlich steuerfrei bleibenden Rentenzuflüsse (steuerfreier Rentenbezug) (BFH, Urteil v. 19.5.2021, X R 33/19, BFH/NV 2021 S. 992).

Hinsichtlich der Ermittlung einer etwaigen doppelten Besteuerung legte der BFH konkrete **Berechnungsparameter** fest. So rechnet er zum **steuerfreien Rentenbezug** nicht nur die jährlichen Rentenfreibeträge des Rentenbeziehers, sondern auch die eines etwaig länger lebenden Ehegatten aus dessen Hinterbliebenenrente. Dagegen sind laut BFH aber etwa der Grundfreibetrag, der Werbungskostenpauschbetrag, der Sonderausgabenanzug für Kranken- und Pflegeversicherung sowie der Sonderausgabenpauschbetrag nicht zu berücksichtigen.

Bei der Berechnung einer etwaigen Doppelbesteuerung stellt der BFH auf das Nominalwertprinzip ab (keine Berücksichtigung der zwischen der früheren Beitragszahlung und dem künftigen Rentenbezug eintretenden Geldentwertung im Rahmen der Berechnung).

Hinweis

Im konkreten Fall (Bezug der Altersrente seit dem Jahr 2007) verneinte der BFH eine Doppelbesteuerung. Spätere Rentnerjahrgänge dürften von einer doppelten Besteuerung ihrer Renten eher betroffen sein, da der für jeden neuen Rentnerjahrgang jeweils geltende Rentenfreibetrag mit jedem Jahr kleiner wird.

In einem weiteren Urteil v. 19.5.2021 (X R 20/19, BFH/NV 2021 S. 980) äußert sich der BFH insbesondere zur Behandlung von **Leistungen aus der freiwilligen Höherversicherung zur gesetzlichen Altersrente**, der Anwendung der sog. Öffnungsklausel, von regelmäßigen Rentenanpassungen sowie der „Rürup"-Rente. Bei den Renten aus privaten Versicherungsverträgen außerhalb der Basisversorgung, die gem. § 22 Nr. 1 Satz 3 Buchst. a Doppelbuchst. bb EStG nur mit dem Ertragsanteil zu besteuern sind, könne es anders als bei gesetzlichen Altersrenten systembedingt keine Doppelbesteuerung geben.

Das BMF hat die **vorläufige Festsetzung der Einkommensteuer** um die Frage der Verfassungsmäßigkeit der Besteuerung von Renten erweitert (BMF, Schreiben v. 30.8.2021, BStBl 2021 I S. 1042). Danach soll der Vorläufigkeitsvermerk alle **Steuerbescheide ab 2005** erfassen, in denen eine Leibrente oder eine andere Leistung aus der Basisversorgung nach § 22 Nr. 1 Satz 3 Buchst. a Doppelbuchst. aa EStG erfasst wird.

In dem Schreiben weist das BMF darauf hin, dass eine **Überprüfung** der möglichen Zuvielbelastung von Alterseinkünften von Amts wegen durch die Finanzämter **ohne Mitwirkung der betroffenen Steuerpflichtigen nicht möglich** sei. Der Vorläufigkeitsvermerk ist daher um einen zusätzlichen Hinweis ergänzt, wonach das Finanzamt für den Fall, dass nach einer künftigen Entscheidung des BVerfG oder des BFH der Steuerbescheid hinsichtlich der Besteuerung von Leibrenten und anderen Leistungen aus der Basisversorgung nach § 22 Nr. 1 Satz 3 Buchst. a Doppelbuchst. aa EStG nach Auffassung des Steuerpflichtigen zu dessen Gunsten zu ändern sei, weitere Unterlagen vom Steuerpflichtigen benötige.

Hinweis

Gegen die beiden Grundsatzurteile des BFH v. 19.5.2021 (X R 33/19 und X R 20/19), mit dem der BFH erstmals konkrete Berechnungsparameter für die Ermittlung einer etwaigen Doppelbesteuerung im System der nachgelagerten Besteuerung festgelegt hat, sind beim BVerfG Verfassungsbeschwerden anhängig (2 BvR 1140/21 und 2 BvR 1143/21, u.a. Frage der Berücksichtigung einer Hinterbliebenenversorge). Steuerpflichtige sollten daher die weiteren **Entwicklungen beobachten** (insbesondere vor dem Hintergrund des **Zusatzes im Vorläufigkeitsvermerk**). Steuerpflichtigen, die sich noch in der Ansparphase befinden, ist anzuraten, ihre Unterlagen wie Steuerbescheide, Erwerbsbiographien, aus denen die gezahlten Vorsorgebeträge hervorgehen, entsprechend aufzubewahren, um später bei Rentenbezug eine etwaige Doppelbesteuerung auch geltend machen zu können. Die Berechnung selbst dürfte jedoch der Finanzverwaltung bzw. den Finanzgerichten obliegen. Im Koalitionsvertrag wurde eine gesetzliche Anpassung angekündigt, vgl. Kapitel Ausblick Tz. 10

5.4 Einkünfte aus ausländischen Altersvorsorgesystemen

Zahlungen aus (auch aus vergleichbaren ausländischen) Pensionsfonds und -kassen, Direktversicherungen und Altersvorsorgeverträgen nach § 22 Nr. 5 EStG sind als sonstige Einkünfte in Deutschland grundsätzlich steuerpflichtig. Die Einkünfte sind grundsätzlich in voller Höhe (nachgelagert) nach § 22 Nr. 5 Satz 2 EStG zu versteuern, wenn die Beitragszahlungen während der Ansparphase nach expliziten Regelungen steuerfrei gestellt oder gefördert wurden (z. B. nach § 3 Nr. 63 EStG). Laut BFH sind Leistungen aus einem US-amerikanischem Altersvorsorgeplan („401(k) pension plan") nur in Höhe der Differenz zwischen Auszahlung und Beitragszahlungen zu versteuern, wenn der Empfänger während der Ansparphase nicht der Besteuerung in Deutschland unterlag (BFH, Urteil v. 28.10.2020, X R 29/18, BStBl 2021 II S. 675).

Hinweis

Der BFH sah im Urteilsfall den Wortlaut des § 22 Nr. 5 Satz 2 EStG nicht als einschlägig an, da der Empfänger während der Ansparphase in Deutschland keiner Einkommensteuerpflicht unterlag. Auch eine analoge Anwendung sah der BFH mangels Regelungslücke nicht. Auch im DBA-USA finde sich keine Regelung, die eine nachgelagerte Besteuerung der Leistungen aus dem „401(k) pension plan" anordne.

6 Änderungen für Kapitalanleger und Vermieter

6.1 Häusliches Arbeitszimmer bei privaten Immobilienveräußerungen

Bei privaten Immobilienveräußerungen, bei denen der Zeitraum zwischen Anschaffung und Veräußerung nicht mehr als zehn Jahre beträgt, ist der Veräußerungsgewinn nach § 23 EStG grundsätzlich einkommensteuerpflichtig, ausgenommen Wirtschaftsgüter, die im Zeitraum zwischen Anschaffung oder Fertigstellung und Veräußerung ausschließlich zu eigenen Wohnzwecken oder im Jahr der Veräußerung und in den beiden vorangegangenen Jahren zu eigenen Wohnzwecken genutzt wurden (§ 23 Abs. 1 Satz 1 Nr. 1 Satz 3 EStG).

Laut BFH ist die Veräußerung **auch in Bezug auf das Arbeitszimmer von der Besteuerung auszunehmen**. Eine „Nutzung zu eigenen Wohnzwecken" liege auch hinsichtlich eines in der Eigentumswohnung befindlichen häuslichen Arbeitszimmers vor. Dabei sei der geringe Umfang der Nutzung des Arbeitszimmers zu eigenen Wohnzwecken nicht erheblich, da § 23 Abs. 1 Satz 1 Nr. 1 Satz 3 EStG in Bezug auf dieses Merkmal **keine Bagatellgrenze** enthalte. Außerdem lasse sich weder dem Wortlaut der Norm noch der Gesetzesbegründung und dem Gesetzeszweck ein Anhaltspunkt dafür entnehmen, dass der Gesetzgeber ein häusliches Arbeitszimmer von der Begünstigung ausnehmen wollte (BFH, Urteil v. 1.3.2021, IX R 27/19, BStBl 2021 II S. 680).

Hinweis

Der BFH widerspricht damit der gegenteiligen Auffassung der Finanzverwaltung (BMF, Schreiben v. 5.10.2000, BStBl 2000 I S. 1383, Rz. 21). In einschlägigen Verfahren kann unter Berufung auf das BFH-Urteil Einspruch oder Klage eingelegt werden.

6.2 Private Veräußerungsgeschäfte mit Genehmigung

Für die Berechnung des Zeitraums zwischen Anschaffung und Veräußerung (sog. Spekulationsfrist bei privaten Immobilienveräußerungen; § 23 Abs. 1 Satz 1 EStG) sind die Zeitpunkte maßgebend, in denen die Verpflichtungsgeschäfte abgeschlossen werden. Laut BFH wirkt eine erst nach Ablauf der zehnjährigen Spekulationsfrist erfolgte sanierungsrechtliche Genehmigung auf den innerhalb der Spekulationsfrist erfolgten Abschluss des Verpflichtungsgeschäfts mit der Folge zurück, dass der Tatbestand eines privaten Veräußerungsgeschäfts erfüllt ist.

Für den BFH waren für das Vorliegen einer „Anschaffung" bzw. „Veräußerung" i. S. des § 23 Abs. 1 Satz 1 Nr. 1 EStG die bindenden rechtsgeschäftlichen Verpflichtungserklärungen beider Vertragspartner innerhalb der Spekulationsfrist entscheidend. Diese **beiderseitige Bindungswirkung** ist im Falle des Vertragsschlusses bei noch **ausstehender sanierungsrechtlicher Genehmigung** gegeben, denn die Vertragsparteien können sich nicht einseitig von ihren Willenserklärungen lösen (BFH, Urteil v. 25.3.2021, IX R 10/20, BStBl 2021 II S. 758).

Hinweis

Der BFH grenzte den entschiedenen Fall von dem Fall ab, in dem auf der Käuferseite ein vollmachtloser Vertreter handelt und sich der Käufer durch Versagung der Genehmigung jederzeit wieder vom Vertrag lösen kann. In diesem Fall ist von keiner beiderseitigen Bindungswirkung auszugehen. Auch eine einseitige Bindung durch ein einseitiges Angebot sei nicht ausreichend.

6.3 Besteuerung von Aktienzuteilungen

Nach der bisher geltenden Fassung des § 20 Abs. 4a Satz 5 EStG waren unter bestimmten Voraussetzungen der Ertrag und die Anschaffungskosten der Aktien bei deren Zuteilung durch Aktiengesellschaften an ihre Anteilseigner mit Null EUR anzusetzen. Die Besteuerung des Wertzuwachses hatte im Zeitpunkt der Veräußerung der eingebuchten Aktien zu erfolgen. Nach der Neufassung der Norm durch das Jahressteuergesetz 2020 v. 21.12.2020 (BGBl 2020 I S. 3096) gilt diese Vereinfachung nur bei **Zuteilung** von Aktien **durch ausländische Gesellschaften**.

Hinweis

Die Neufassung des § 20 Abs. 4a Satz 5 EStG ist für die Zuteilung von Anteilen anzuwenden, wenn diese nach dem 31.12.2020 erfolgt und die die Zuteilung begründenden Anteile nach dem 31.12.2008 angeschafft worden sind (§ 52 Abs. 28 Satz 19 EStG).

Hinweis

Für Anteilszuteilungen vor dem 1.1.2021 (Streitjahr 2014) hat der BFH mit Urteilen v. 4.5.2021(VIII R 14/20 und VIII R 17/18, BFH/NV 2021 S. 1575 und 1579) entschieden, dass eine **Zuteilung** von Anteilen **durch eine EU-Kapitalgesellschaft** beim Anteilseigner einen steuerpflichtigen Kapitalertrag nach § 20 Abs. 1 Nr. 1 Satz 1 EStG darstellt. Zudem äußerte er unionsrechtliche Bedenken gegen die fehlende Möglichkeit für den Anteilseigner einer

EU-Kapitalgesellschaft, den Nachweis einer nicht steuerbaren Einlagenrückgewähr selbst zu führen (Urteil v. 27.10.2020, VIII R 18/17, BFH/NV 2021 S. 502).

6.4 Beschränkung des Andienungsrechts auf Aktien

Sonstige Kapitalforderungen i. S. des § 20 Abs. 1 Nr. 7 EStG können nach aktueller Gesetzeslage ohne Gewinnrealisation in andere Wertpapiere umgewandelt werden (§ 20 Abs. 4a Satz 3 EStG). Dabei gehen die Anschaffungskosten der sonstigen Kapitalforderungen auf die neuen Wertpapiere – Aktien oder andere Wertpapiere – über. In einer Neufassung des Satzes 3 durch das Jahressteuergesetz 2020 wurde die Regelung auf den Eintausch in Aktien beschränkt.

Hinweis

Die Neufassung ist erstmals für Wertpapiere, die nach dem 31.12.2020 angedient werden, anzuwenden (§ 52 Abs. 28 Satz 19 EStG).

6.5 Abgeltungsteuertarif bei Anteilseignern

Nach der bisherigen Regelung des § 32d Abs. 2 Nr. 1 Buchst. b EStG unterliegen bestimmte Zahlungen einer Kapitalgesellschaft an ihren Gesellschafter (z. B. Zinsen nach § 20 Abs. 1 Nr. 7 EStG) dem progressiven Steuertarif des § 32a EStG (und nicht dem Abgeltungsteuertarif), wenn der Gesellschafter zu mindestens 10 % an der Gesellschaft beteiligt ist. Diese Kapitalerträge werden dann in der Veranlagung des Gesellschafters berücksichtigt.

§ 32d Abs. 2 Nr. 1 Buchst. b EStG wurde im Jahressteuergesetz 2020 – analog § 32d Abs. 2 Nr. 1 Buchst. a EStG – um die zusätzliche **Voraussetzung für die Nichtanwendung des Abgeltungsteuertarifs** ergänzt, dass (bzw. soweit) die entsprechenden Aufwendungen auf Seiten der Gesellschaft Werbungskosten oder Betriebsausgaben im Zusammenhang mit Einkünften sind, die der inländischen Besteuerung unterliegen und § 20 Abs. 9 Satz 1 zweiter Halbsatz EStG keine Anwendung findet (§ 32d Abs. 2 Nr. 1 Buchst. b Satz 1 EStG).

Hinweis

Die Neuregelung in § 32d Abs. 2 Nr. 1 Buchst. b Satz 1 EStG ist auf Kapitalerträge anzuwenden, die nach dem 31.12.2020 erzielt werden. Auf Kapitalerträge aus Darlehen an die Kapitalgesellschaft oder Genossenschaft, deren rechtliche Grundlage vor dem 1.1.2021 begründet wurde, ist die Neuregelung ab dem VZ 2024 anzuwenden (§ 52 Abs. 33b Satz 1 und 2 EStG).

6.6 Kapitalertragsteuerabzug bei Kapitalanlage über eine Internet-Dienstleistungsplattform

Die durch das Jahressteuergesetz 2019 (BGBl 2019 I S. 2451) eingeführte Neuregelung in § 43 Abs. 1 Satz 1 Nr. 7 Buchst. c EStG bestimmt, dass die Einkommensteuer auf Zinsen auch dann durch Abzug vom Kapitalertrag erhoben wird, wenn die Zinsen aus einer Forderung stammen, die über eine Internet-Dienstleistungsplattform erworben wurde (z. B. **Crowdlending**). Ergänzend hierzu ist nach § 44 Abs. 1 Satz 4 Nr. 2a Buchst. a EStG der inländische Betreiber einer Internet-Dienstleistungsplattform oder die inländische Zweigniederlassung eines ausländischen Betreibers die für den Kapitalertragsteuereinbehalt verantwortliche auszahlende Stelle. Durch § 44 Abs. 1 Satz 4 Nr. 2a Buchst. b EStG wird sichergestellt, dass der Kapitalertragsteuerabzug auch in den Fällen erfolgt, in denen der Plattformbetreiber ein inländisches Kredit- oder Finanzdienstleistungsinstitut oder eine inländische Zweigniederlassung mit der Auszahlung der Kapitalerträge an den Gläubiger beauftragt hat.

Hinweis

Die beiden Vorschriften sind erstmals auf Kapitalerträge anzuwenden, die dem Gläubiger nach dem 31.12.2020 zufließen (§ 52 Abs. 42 Satz 2, Abs. 44 Satz 1 EStG).

6.7 Besteuerung von Gold-Zertifikaten und Gold-ETFs

Laut BFH zählen Gold-Zertifikate wie „Xetra-Gold" und „Gold Bullion Securities" analog zu physischem Gold nicht zu den Einkünften aus Kapitalvermögen, sondern sind als **private Veräußerungsgeschäfte** zu versteuern (BFH, Urteile v. 12.5.2015, VIII R 35/14, BStBl 2015 II S. 834, und v. 16.6.2020, VIII R 7/17, BStBl 2021 II S. 9). Mit Schreiben v. 19.2.2021 (BStBl 2021 I S. 296) arbeitete die Finanzverwaltung diese Rechtsprechung in das Schreiben zur Abgeltungsteuer v. 18.1.2016 (BStBl 2016 I S. 85) ein.

Danach ist der Gewinn aus der Veräußerung von Gold-Zertifikaten dann nicht nach § 20 Abs. 2 Satz 1 Nr. 7 EStG steuerpflichtig, wenn der Emittent nach den Emissionsbedingungen verpflichtet ist, das zur Verfügung gestellte Kapital nahezu vollständig zum Erwerb von Gold (oder eines anderen Rohstoffes) einzusetzen und der Inhaber bei der Kündigung statt der Auslieferung des Goldes alternativ die Auszahlung des Erlöses aus dem Verkauf des Goldes durch den Emittenten verlangen kann. In diesen Fällen kommt allenfalls eine Besteuerung als **privates Veräußerungsgeschäft** nach § 23 Abs. 1 Satz 1 Nr. 2 EStG in Betracht.

Hinweis

Die neuen Grundsätze sind in allen offenen Fällen anzuwenden. Die Anleger können über ihr Veranlagungsverfahren die von der Bank auf den Gewinn abgeführte Kapitalertragsteuer zurückholen.

Dagegen sind Veräußerungsgewinne aus einem Gold Exchange Traded Funds (ETF) laut BFH den **Einkünften aus Kapitalvermögen** zuzurechnen. Anders als bei Gold-Zertifikaten bestehe im Fall von Gold-ETFs kein schuldrechtlicher Anspruch auf die Lieferung des von dem Fonds angeschafften Goldes. Er sei aber maßgebend für die steuerliche Einordnung. Folglich unterliegen diese Einkünfte der Abgeltungsteuer (BFH, Urteil v. 12.4.2021, VIII R 15/18, BFH/NV 2021 S. 1236).

6.8 Spin-Off bei Streubesitzanteilen im Privatvermögen

Die Aktienzuteilung im Rahmen eines „Spin-Offs" führt grundsätzlich zu einem steuerbaren Kapitalertrag i.S. des § 20 Abs. 1 Nr. 1 Satz 1 EStG in Form einer Sachausschüttung. Bei Streubesitzanteilen unterbleibt jedoch gem. § 20 Abs. 4a Satz 7 EStG eine Besteuerung, wenn die Übertragung der Anteile im Rahmen einer „Abspaltung" auf eine andere Körperschaft erfolgt. Laut BFH muss die Norm des § 20 Abs. 4a Satz 7 EStG aufgrund der Kapitalverkehrsfreiheit (Art. 63 AEUV) in unionsrechtskonformer Auslegung auch auf **ausländische Vorgänge**

Anwendung finden. Dieser müsse demnach nicht alle formellen Voraussetzungen einer Abspaltung nach dem deutschen Umwandlungsgesetz erfüllen. Vielmehr sei entscheidend, dass die Übertragung der Vermögenswerte in einem zeitlichen und sachlichen Zusammenhang mit der und gegen die Übertragung von Aktien an der übernehmenden Gesellschaft erfolgt (BFH, Urteile v. 1.7.2021, u.a. VIII R 9/19 und VIII R 15/20).

Hinweis

Für den BFH war damit der ausländische „Spin-Off" steuerneutral für inländische Anleger realisierbar. Der BFH widerspricht damit der Auffassung der Finanzverwaltung (vgl. BMF, Schreiben v. 18.1.2016, BStBl 2016 I S. 85, Rz. 115 i.V.m. BMF, Schreiben v. 11.11.2011, BStBl 2011 I S. 1314, Rz. 01.36).

6.9 Edelmetall-Pensionsgeschäfte im Privatvermögen

Der BFH äußerte sich zur Einkünftequalifikation und -ermittlung von (echten) Edelmetall-Pensionsgeschäften im Privatvermögen. Bei dieser Art der Geschäfte überträgt der Anleger Edelmetallbestände gegen einen festgelegten Verkaufspreis an die Bank. Zeitgleich wird vereinbart, dass die Bank die Bestände zu einem bestimmten Zeitpunkt zu einem festgelegten Rückkaufpreis zu übertragen hat. Liegt der Rückkaufpreis unter dem Verkaufspreis, erwirtschaftet der Anleger Erträge (sog. **positive Spreads**).

Nach Auffassung des BFH handelt es sich bei den Erträgen aus den Edelmetall-Pensionsgeschäften um **sonstige Einkünfte aus Leistungen** i.S. des § 22 Nr. 3 EStG. Dabei sei bei der Einkünfteermittlung nur der positive oder negative Spread aus dem Pensionsgeschäft steuerlich zu erfassen. Ein positiver Spread fließe im Zeitpunkt der Zahlung des Kaufpreises zu; ein negativer Spread fließe im Zeitpunkt der Zahlung des Rückkaufpreises ab. Wird Verkauf und Rückkauf wie im konkreten Fall auf den in US-Dollar geführten Konten abgewickelt, sei damit bei der Ermittlung der in US-Dollar ausgeführten Edelmetall-Pensionsgeschäfte eine Umrechnung in EUR nur im Zeitpunkt des Zu- oder Abflusses des „Spread" in einer fremden Währung vorzunehmen (BFH, Urteil v. 23.4.2021, IX R 20/19, BStBl 2021 II S. 687).

6.10 Verlust einer privaten Darlehensforderung

Von einem endgültigen Ausfall einer privaten Kapitalforderung i.S. des § 20 Abs. 1 Nr. 7 EStG ist laut BFH jedenfalls dann auszugehen, wenn das Insolvenzverfahren eröffnet wurde und der Insolvenzverwalter gegenüber dem Insolvenzgericht die **Massenunzulänglichkeit angezeigt** hat. Denn in diesem Zeitpunkt stehe mit der erforderlichen Sicherheit fest, dass auf die Forderungen der Insolvenzgläubiger keine Zahlungen mehr erfolgen werden und damit nicht mehr mit einer wesentlichen Änderung des eingetretenen Verlusts gerechnet werden kann (BFH, Urteil v. 1.7.2021, VIII R 28/18, BFH/NV 2021 S. 1561).

Im Fall der **insolvenzfreien Auflösung** einer Kapitalgesellschaft, der gegenüber die private Darlehensforderung besteht, wird die Endgültigkeit des Ausfalls laut BFH regelmäßig erst bei Abschluss von deren Liquidation gegeben sein. Der Verlust könne ausnahmsweise schon zu einem früheren Zeitpunkt entstanden sein, wenn bei objektiver Betrachtung bereits zu diesem Zeitpunkt nicht mehr mit Rückzahlungen auf die Forderung zu rechnen ist (BFH, Urteil v. 27.10.2020, IX R 5/20, BStBl 2021 II S. 600).

Hinweis

Für VZ ab 2020 ist die Verlustverrechnungsbeschränkung nach **§ 20 Abs. 6 Satz 6 EStG** zu beachten (u.a. für nach dem 31.12.2019 entstandene Verluste aus Kapitalvermögen aus dem (teilweisen) Ausfall einer uneinbringlichen Kapitalforderung).

6.11 Verlustverrechnungsbeschränkung bei Kapitaleinkünften

Nach der zum Ende des Jahres 2019 mit dem Jahressteuergesetz 2019 (BGBl 2019 I S. 2451) eingeführten Verlustverrechnungsbeschränkung bei Kapitaleinkünften können Verluste aus dem **Ausfall von Kapitalanlagen** im Privatvermögen bereits seit dem 1.1.2020 nur betragsmäßig beschränkt mit Einkünften aus Kapitalvermögen ausgeglichen werden (§ 20 Abs. 6 Satz 6 EStG). Das Gleiche gilt seit dem 1.1.2021 für **Verluste aus Termingeschäften** (§ 20 Abs. 6 Satz 5 EStG). Durch das Jahressteuergesetz 2020 (BGBl 2020 I S. 3096) wurde der jährliche Betrag für die Verlustverrechnung rückwirkend von den anfangs vorgesehenen 10.000 EUR auf 20.000 EUR verdoppelt.

Mit BMF-Schreiben v. 3.6.2021 (BStBl 2020 I S. 723) wird u.a. die Erhöhung des jährlichen Betrags für die Verlustverrechnung auf **20.000 EUR** nachgezogen. Das BMF-Schreiben lässt aber manche Detailfragen offen, z.B. was unter einer nur teilweise uneinbringlichen Kapitalforderung zu verstehen ist und wie insbesondere bei Kapitalforderungen gegenüber einem ausländischen Gläubiger der Nachweis über die Uneinbringlichkeit zu erbringen ist.

6.12 Verlustverrechnungsbeschränkung bei Aktien

Mit der Einführung der Abgeltungsteuer ab dem VZ 2009 wurde auch die Regelung eingeführt, dass Aktienveräußerungsverluste nur mit Aktienveräußerungsgewinnen und nicht mit anderen Einkünften aus Kapitalvermögen verrechnet werden dürfen (heutiger § 20 Abs. 6 Satz 4 EStG). Der BFH hält die **beschränkte Verrechnung von Aktienverlusten** für verfassungswidrig und legt diese Frage dem BVerfG vor. Entscheidend für den BFH ist die Verletzung des allgemeinen Gleichheitssatzes des Art. 3 Abs. 1 GG. Die betroffene Vorschrift behandelt nach Ansicht des Senats Verluste aus Aktienveräußerungen und Verluste aus der Veräußerung anderer Kapitalanlagen unterschiedlich, ohne dass dies hinreichend gerechtfertigt sei (BFH, Beschluss v. 17.11.2020, VIII R 11/18, BStBl 2021 II S. 562).

Hinweis

Betroffene Veranlagungen sollten daher offengehalten werden, um von einer etwaigen positiven Entscheidung profitieren zu können. Zu prüfen bleibt eine etwaige Übertragbarkeit der Ausführungen auf die im Jahressteuergesetz 2020 angepasste Verlustverrechnungsnorm des aktuellen § 20 Abs. 6 Satz 5 und 6 EStG.

6.13 Zurechnung von Anteilen bei Wertpapiergeschäften

Mit Schreiben v. 9.7.2021 (BStBl 2021 I S. 1002) bezieht das BMF Stellung zur wirtschaftlichen Zurechnung von Anteilen bei Wertpapiergeschäften und erweitert damit sein Schreiben v. 11.11.2016 (BStBl 2016 I S. 1324). Danach sind die im Rahmen einer Wertpapierleihe übereigneten Wertpapiere grundsätzlich dem Darlehensnehmer als zivilrechtlichem Eigentümer auch wirtschaftlich zuzurechnen. Der Darlehensnehmer kann regelmäßig den Darlehensgeber von allen Rechten für die Dauer der Überlassung ausschließen. Das **wirtschaftliche Eigentum**, und damit die steuerliche Zurechnung, kann aber ausnahmsweise beim Darlehensgeber verbleiben, obwohl das zivilrechtliche Eigentum nach dem zivilrechtlichen Vertrag übergangen sei. Dafür spreche im Rahmen einer Gesamtschau u. a. eine kurzfristige Überlassung der Wertpapiere von weniger als 45 Tagen über den Dividendenstichtag hinaus oder eine rein formale Eigentümerposition des Darlehensnehmers. Auch bei einem Gestaltungsmissbrauch können die Anteile dem Darlehensnehmer nicht zugerechnet werden.

6.14 Kirchensteuereinbehalt bei Kapitalerträgen

Die Regelungen zum elektronischen Verfahren zum Kirchensteuereinbehalt bei Kapitalerträgen (KiStA-Verfahren) in § 51a EStG wurden durch das 2. Familienentlastungsgesetz (BGBl 2020 I S. 2616) angepasst. Mit Wirkung für nach dem 31.12.2022 zufließende Kapitalerträge greift danach die Kirchensteuerabzugspflicht nur für **abgeltend besteuerte Kapitalerträge** und nicht für Kapitalerträge, die zu den Einkünften aus Land- und Fortstwirtschaft, aus Gewerbebetrieb, aus selbstständiger Arbeit oder aus Vermietung und Verpachtung gehören (§ 51a Abs. 2b Satz 2 EStG n. F.).

Mit Gleich lautendem Erlass v. 19.7.2021 überarbeitet die Finanzverwaltung ihren ursprünglichen Ländererlass zum KiStA-Verfahren v. 1.3.2017 (BStBl 2017 I S. 464) und v. 19.11.2018 (BStBl 2018 I S. 1229). Der Erlass sieht u. a vor, die schon im bisherigen Erlass enthaltene **Nichtbeanstandungsregelung** für Kapitalerträge aus Betriebskonten auf die nach dem 31.12.2021 und vor dem 1.1.2023 zufließenden Kapitalerträge zu verlängern.

Hinweis
Grundsätzlich gilt der überarbeitete Erlass für Kapitalerträge, die nach dem 31.12.2021 zufließen, und ersetzt den bisherigen Erlass v. 1.3.2017.

6.15 Einlage eines Investmentanteils in ein Betriebsvermögen

§ 22 InvStG fingiert die Veräußerung eines Investmentanteils und Wiederanschaffung am Folgetag, wenn sich der anwendbare Teilfreistellungssatz ändert. Als Veräußerungserlös und Anschaffungskosten wird laut Jahressteuergesetz 2020 (BGBl 2020 I S. 3096) ab 29.12.2020 nach § 22 Abs. 2 Sätze 3 bis 6 InvStG bei

Einlage von Investmentanteilen in ein Betriebsvermögen der Einlagewert i. S. des § 6 Abs. 1 Nr. 5 Satz 1 2. Halbsatz Buchst. c EStG angesetzt (Teilwert; höchstens mit AK/HK). Als Anschaffungs-/Herstellungskosten (Bewertungsobergrenze) gelten dabei die nach § 22 Abs. 2 Satz 1 bis 3 InvStG ermittelten Werte (§ 22 Abs. 2 Satz 4 InvStG). Soweit dieser Wert höher ist als der Wert vor der fiktiven Veräußerung, werden die Wertminderungen nach § 22 Abs. 2 Satz 5 InvStG und in diesem Rahmen liegende Wertaufholungen nach § 22 Abs. 2 Satz 6 InvStG erst zum Zeitpunkt der tatsächlichen Veräußerung berücksichtigt. Da der Wert nach § 22 Abs. 2 Satz 3 und 4 InvStG in der Steuerbilanz anzusetzen ist, ändert sich auch die Bemessungsgrundlage für spätere Teilwertabschreibungen und Wertaufholungen. Die aufgedeckten – noch nicht realisierten – stillen Reserven werden durch eine steuerliche Rücklage kompensiert, so dass es zu keiner abweichenden Ertragsrealisation kommt (§ 22 Abs. 2 Satz 4 InvStG) und der Ansatz passiver latenter Steuern nach § 274 HGB unterbleibt. Die Neuregelung ist insoweit inhaltsgleich zur Übergangsregelung in § 56 Abs. 2 InvStG.

Hinweis

Die vor der Einlage **im Privatvermögen erzielten Wertsteigerungen**, die den für Privatanleger geltenden Teilfreistellungssätzen unterliegen, werden nach § 22 Abs. 3 Satz 2 InvStG auch mit dem **Abgeltungssteuersatz** nach § 32d EStG besteuert, wenn die Investmenterträge im Zeitpunkt der fiktiven Veräußerung den Kapitaleinkünften i. S. des § 20 Abs. 1 Nr. 3 EStG zuzuordnen wären und keine abweichende Zuordnung zu anderen Einkunftsarten nach § 20 Abs. 8 EStG erfolgt. Kommt es nach der Einlage ins Betriebsvermögen zu weiteren fiktiven Veräußerungen nach § 22 Abs. 1 InvStG, ist jeder Veräußerungsgewinn gesondert zu betrachten.

6.16 Basiszinssatz zur Berechnung der Vorabpauschale für Investmentfonds

Anleger von Investmentfonds müssen unter bestimmten Voraussetzungen die sog. Vorabpauschale nach § 18 InvStG versteuern. Mit Schreiben v. 6.1.2021 (BStBl 2020 I S. 56) gab das BMF den für die Vorabpauschale 2021 maßgeblichen **Basiszins** bekannt. Dieser **beträgt -0,45 %** und ist somit erstmals negativ. Damit fällt für das Jahr 2021 keine Vorabpauschale an.

6.17 Ergänzung des Anwendungsschreibens zum InvStG

Mit BMF-Schreiben v. 20.1.2021 (BStBl 2020 I S. 527) wurde das BMF-Schreiben zu Anwendungsfragen zum InvStG v. 21.5.2019 abermals ergänzt. Die Ergänzung beinhaltet insbesondere Aussagen zu §§ 17, 26, 30, 31, 35, 37, 44 und 45 InvStG und damit zu **Publikums- und Spezial-Investmentfonds**. Sie berücksichtigt auch notwendige Aktualisierungen aufgrund der Änderungen des InvStG durch das Jahressteuergesetz 2019 (BGBl 2019 I S. 2451).

So äußert sich das BMF u.a. zur Spezialfondsfähigkeit von geschlossenen Fondsbeteiligungen (**AIF**) und zur Nutzung der sog. **Schmutzgrenze**. Für vermögensverwaltende Personengesellschaften und vermögensverwaltende Personengesellschaften mit gewerblicher Prägung verlangt das BMF für Zwecke der investmentsteuerrechtlichen Einordnung eine **Durchschau** auf die in der Personengesellschaft befindlichen Vermögensgegenstände. Dies gelte auch dann, wenn die vermögensverwaltende und ggf. gewerblich geprägte Personengesellschaft ein AIF ist. Zudem nimmt das BMF zur Ausübung der **Transparenzoption** für inländische Dividenden und sonstige inländische Einkünfte sowie zum Zurechnungszeitpunkt von Erträgen und der Anrechenbarkeit der Kapitalertragsteuer bei inländischen Dividenden Stellung.

6.18 Änderungen im Finanzkonten-Informationsaustauschgesetz

Durch das Steueroasen-Abwehrgesetz v. 25.6.2021 (BGBl 2021 I S. 2056) wird auch das Finanzkonten-Informationsaustauschgesetz (FKAustG) um weitreichende gesetzliche **Pflichten der Kunden** von meldepflichtigen Finanzinstituten (z.B. Banken, Fonds, Versicherungen, bestimmten Investmentvehikeln etc.) **erweitert**. Die Änderung betrifft sowohl natürliche als auch juristische Personen (einschließlich Trusts und Stiftungen). Die Größe des Unternehmens spielt dabei keine Rolle.

Nach der geltenden Rechtslage müssen Kunden von meldepflichtigen Finanzinstituten diesen im Rahmen der Kontoeröffnung eine sog. **„Selbstauskunft“** erteilen hinsichtlich ihrer steuerlichen Ansässigkeit und – bei Rechtsträgern – hinsichtlich ihres sog. „CRS-Status“. CRS steht für den Common Reporting Standard der OECD zum Finanzkonten-Informationsaustausch.

Nach § 3a FKAustG wird die bisherige zivilrechtliche Nebenpflicht im Verhältnis zu dem kontoführenden Finanzinstitut nun durch eine gesetzliche Verpflichtung ersetzt. So sind nach § 3a Abs. 1, Abs. 2 FKAustG sowohl neue als auch bestehende Kontoinhaber verpflichtet, **Selbstauskünfte** oder Belege vollständig und richtig zu erteilen bzw. herauszugeben. Bei Änderung der Gegebenheiten sind die aktuellen Angaben nach § 3a Abs. 3 FKAustG bis zum letzten Tag des maßgeblichen Kalenderjahres oder 90 Kalendertage nach dem Eintritt der Änderung (je nachdem, welches Datum später ist) vollständig und richtig per Selbstauskunft mitzuteilen.

Hinweis
Die nicht erfolgte, nicht richtige oder nicht vollständige Erteilung einer Selbstauskunft nach § 3a FKAustG und die nicht erfolgte, nicht richtige, nicht vollständige oder nicht rechtzeitige Nachmeldung von Änderungen werden als Ordnungswidrigkeit eingestuft und mit einer Geldbuße bis 10.000 EUR belegt (§ 28 Abs. 1 Nr. 1 und Nr. 2 i.V.m. Abs. 1a FKAustG).

Hinweis
Die Neuregelungen im FKAustG sind am Tag nach Verkündung (30.6.2021) in Kraft getreten (Art. 8 StAbwG).

6.19 Verbilligte Wohnraumüberlassung

Nach dem durch das Jahressteuergesetz 2020 (BGBl 2020 I S. 3096) geänderten § 21 Abs. 2 Satz 1 EStG ist die Nutzungsüberlassung in einen entgeltlich und einen unentgeltlich vermieteten Teil **aufzuteilen**, wenn der Vermieter verbilligt eine Wohnung zu **weniger als 50 %** (vor 1.1.2021: 66 %) **der ortsüblichen Miete** überlässt. Abzugsfähig sind dann nur die auf den entgeltlich vermieteten Teil der Wohnung entfallenden Werbungskosten.

Hinweis
Nach der Kurzinformation der OFD Nordrhein-Westfalen v. 2.12.2020 (S 2253 – 2020/0025 – St 231) ist im Rahmen einer Billigkeitsregelung von einer Kürzung des Werbungskostenabzugs abzusehen, wenn der Mieter coronabedingt nicht die übliche Miete zahlen kann.

Beträgt das Entgelt 50 % und mehr, jedoch weniger als 66 % der ortsüblichen Miete, ist eine **Totalüberschussprognoseprüfung** vorzunehmen. Fällt diese Prüfung positiv aus, ist für die verbilligte Wohnraumüberlassung Einkünfteerzielungsabsicht zu unterstellen und der volle Werbungskostenabzug möglich. Führt sie zu einem negativen Ergebnis, ist von einer Einkünfteerzielungsabsicht nur für den entgeltlich vermieteten Teil auszugehen und die Werbungskosten können nur für diesen Teil anteilig abgezogen werden.

Bei einem vereinbarten Mietzins von mindestens 66 % der ortsüblichen Vergleichsmiete muss die Einkünfteerzielungsabsicht nicht überprüft werden (**Vollentgeltlichkeitsgrenze**).

Hinweis
§ 21 Abs. 2 Satz 1 EStG ist erstmals für den VZ 2021 anwendbar.

6.20 Kaufpreisaufteilung auf Grund und Boden

Für Zwecke der Ermittlung der AfA-Bemessungsgrundlage eines Gebäudes ist die Kaufpreisaufteilung auf Grund und Gebäude vorzunehmen. Die Finanzverwaltung bedient sich dabei oftmals der sog. Arbeitshilfe. Danach erfolgt die Kaufpreisaufteilung in einem typisierten Verfahren.

Ob die vom BMF zur Verfügung gestellte "Arbeitshilfe zur Aufteilung eines Gesamtkaufpreises für ein bebautes Grundstück (Kaufpreisaufteilung)" bei der Aufteilung eines vertraglich vereinbarten Kaufpreises auf Grund und Gebäude für Zwecke der AfA-Bemessung zugrunde gelegt werden kann, war für den BFH fraglich. Nach der nun vorliegenden Entscheidung des BFH dürfen Finanzgerichte eine vertragliche Kaufpreisaufteilung auf Grund und Gebäude, die die realen Verhältnisse in grundsätzlicher Weise verfehlt und wirtschaftlich nicht haltbar erscheint, nicht durch die nach Maßgabe der Arbeitshilfe des BMF ermittelte Aufteilung ersetzen. Die Arbeitshilfe gewährleiste für den BFH im Hinblick auf die Verengung der zur Verfügung stehenden Bewertungsverfahren auf das (vereinfachte) Sachwertverfahren nicht die von der Rechtsprechung geforderte Aufteilung nach den realen Verkehrswerten von Grund und Gebäude (BFH, Urteil v. 21.7.2020, IX R 26/19, BStBl 2021 II S. 372).

6.21 Behandlung von Instandhaltungsrücklagen

Der BFH hat seine zum alten WEG-Recht ergangene bisherige Rechtsprechung geändert und entschieden, dass der vereinbarte Kaufpreis als Bemessungsgrundlage der Grunderwerbsteuer beim rechtsgeschäftlichen Erwerb von Teileigentum (auch Wohnungseigentum) nicht um die übernommene Instandhaltungsrücklage zu mindern ist. Die anteilige Instandhaltungsrücklage stelle einen Teil des Verwaltungsvermögens der seit 2007 als teilrechtsfähig ausgestalteten Wohnungseigentümergemeinschaft dar und könne für sich allein nicht Gegenstand der gesonderten Veräußerung sein. Sie sei untrennbarer Bestandteil der Gegenleistung des Erwerbers für das Grundstück und unterliege daher der Grunderwerbsteuer (BFH, Urteil v. 16.9.2020, II R 49/17, BStBl 2021 II S. 339).

Die Finanzverwaltung hat sich der Auffassung des BFH angeschlossen. Danach sind die Urteilsgrundsätze anzuwenden, wenn der **Notarvertrag nach dem** Tag der Veröffentlichung des Urteils im Bundessteuerblatt (**20.5.2021**) **geschlossen** worden ist (koordinierte Erlasse der obersten Finanzbehörden der Länder vom 19.3.2021).

Hinweis

Durch das WEMoG (BGBl 2020 I S. 2187) wurde die Wohnungseigentümergemeinschaft mit Wirkung zum 1.12.2020 mit Vollrechtsfähigkeit ausgestattet (§ 9a WEG). Zudem wurde der Begriff der „Instandhaltungsrücklage" durch „Erhaltungsrücklage" ersetzt (§ 19 Abs. 2 Nr. 4 WEG).

Hinweis

Die Grundsätze sind auch auf den Erwerb einer Eigentumswohnung durch Zwangsversteigerung anwendbar (BFH, Urteil v. 2.3.2016, II R 27/14, BStBl 2016 II S. 619).

6.22 Anpassung der Verwendung von Bodenrichtwerten

Der Wert unbebauter Grundstücke bestimmt sich regelmäßig nach ihrer Fläche und den Bodenrichtwerten. In § 179 Satz 3 BewG wurde im Rahmen des Grundsteuerreform-Umsetzungsgesetzes v. 16.7.2021 (BGBl 2021 I S. 1794) ergänzt, dass stets der Bodenrichtwert heranzuziehen ist, der zuletzt vor dem Bewertungsstichtag von den Gutachterausschüssen ermittelt wurde. Bisher war der Bodenrichtwert heranzuziehen, der als letztes ermittelt wurde.

Hinweis
Die Verwendung von Bodenrichtwerten ist auf Bewertungsstichtage nach dem Tag der Gesetzesverkündung (22.7.2021) anzuwenden (§ 265 Abs. 12 BewG).

6.23 Verwendung von Daten der Gutachterausschüsse

Daten der Gutachterausschüsse werden aufgrund des Erhebungs- und Auswertungsaufwands erst mit einem gewissen zeitlichen Verzug veröffentlicht. Mit der Frage, welche Daten dann zur Anwendung kommen, beschäftigte sich auch der BFH (Urteil v. 18.9.2019, II R 13/16, BStBl 2020 II S. 760).

Um die ermittelten Daten der Gutachterausschüsse sachgerecht verwenden zu können und zur Vermeidung von Streitigkeiten in Bewertungsverfahren darüber, welche Daten der Gutachterausschüsse (z. B. besondere Bodenrichtwerte, Zu- und Abschläge für bestimmte Stadtteile, Baujahresgruppen) im Rahmen der Bewertungsverfahren verwendet werden können, wurde durch Einführung von § 177 Abs. 2 BewG im Rahmen des Grundsteuerreform-Umsetzungsgesetzes v. 16.7.2021 (BGBl 2021 I S. 1794) aufgenommen, dass die relevanten Daten der Gutachterausschüsse grundsätzlich nur für zwei Jahre maßgeblich sind. Beginn der Zwei Jahresfrist ist das Ende des Kalenderjahres, in dem der Auswertungszeitraum des Gutachterausschusses endet. Die Daten können jedoch auch länger angewendet werden, soweit sich die Wertverhältnisse nicht maßgeblich geändert haben.

Um den zeitlichen Anwendungsbereich der von den Gutachterausschüssen für Zwecke der Grundstücksbewertung bereitgestellten Daten weiter zu präzisieren, wird angeordnet, dass jeweils die Daten des letzten Auswertungszeitraums anzuwenden sind, der vor dem Kalenderjahr des Bewertungsstichtags endet. Dies gilt für folgende Daten:

- Vergleichsfaktoren (§ 183 Abs. 2 Satz 3 BewG)
- Erfahrungssätze bei Bewirtschaftungskosten (§ 187 Abs. 2 Satz 2 BewG)
- Liegenschaftszinssätze (§ 188 Abs. 2 Satz 1 BewG)

- Liegenschaftszinssätze im Bereich des Erbbaurechts (§ 193 Abs. 4 Satz 1 BewG)
- Sachwertfaktoren (§ 191 Abs. 1 Satz 2 BewG)

Hinweis
Die Verwendung von Daten der Gutachterausschüsse ist auf Bewertungsstichtage nach dem Tag der Verkündung (22.7.2021) anzuwenden (§ 265 Abs. 12 BewG).

7 Erben und Schenken

7.1 Berechnung des fiktiven Zugewinnausgleichs bei Ehegatten

Verstirbt ein Ehegatte, ist für die Ermittlung der Erbschaftsteuer beim überlebenden Ehegatten der sog. fiktive Zugewinn nach § 5 Abs. 1 ErbStG zu berechnen und steuermindernd in Abzug zu bringen. Laut BFH handelt es sich bei einem nach Eintritt in den Güterstand der Zugewinngemeinschaft erworbenen Pflichtteilsanspruch um eine rechtlich geschützte Position von wirtschaftlichem Wert, die bei Berechnung der fiktiven Zugewinnausgleichsforderung dem Anfangsvermögen des verstorbenen Ehegatten oder Lebenspartners hinzuzurechnen sei (BFH, Urteil v. 22.7.2020, II R 42/18, BStBl 2021 II S. 617).

Hinweis
Der BFH stellt dabei allein auf die Zivilrechtslage ab. Der Pflichtteilsanspruch entsteht kraft Gesetzes sogleich als Vollrecht und gehört von da an zivilrechtlich zum Vermögen des Pflichtteilsberechtigten. Der spätere Eintritt der Verjährung wirkt nicht auf den Zeitpunkt des Erwerbs zurück.

7.2 Erbschaftsteuerliche Abzugsfähigkeit von Kosten

Nachlassregelungskosten i.S. des § 10 Abs. 5 Nr. 3 Satz 1 ErbStG sind regelmäßig dann abzugsfähig, wenn sie unmittelbar durch den Erwerb von Todes wegen anfallen. Bei der Unmittelbarkeit von Kosten ist darauf abzustellen, ob sie dazu dienen, den Umfang des Nachlasses oder Ansprüche Dritter zu klären. Ist ein solcher enger zeitlicher und sachlicher Zusammenhang nicht gegeben, handelt es sich um Verwaltungskosten des Nachlasses, die erbschaftsteuerrechtlich unbeachtlich sind.

Nach Auffassung des BFH können sowohl **Steuerberatungs- als auch Räumungskosten** Nachlassregelungskosten sein. Das ist der Fall, wenn sie zur Feststellung des Umfangs des Nachlasses anfallen. Bei den zur Klärung des Umfangs der Nachlassverbindlichkeiten in Form von Steuerschulden angefallenen Steuerberatungskosten ist es unerheblich, dass der Erbe die Entscheidung zur Beauftragung des Steuerberaters getroffen hat und ob eine kostengünstigere Option möglich gewesen wäre (BFH, Urteil v. 14.10.2020, II R 30/19, BFH/NV 2021 S. 727, Rz. 6).

Hinweis

Der BFH widerspricht damit der Auffassung der Finanzverwaltung (gleich lautende Ländererlasse v. 11.12.2015, BStBl 2015 I S. 1028). Danach können vom Erben getragene Steuerberatungskosten für die Steuerangelegenheiten des Erblassers höchstens – und unter bestimmten Voraussetzungen – abzugsfähige Nachlassverbindlichkeiten i.S. des § 10 Abs. 5 Nr. 1 ErbStG (sog. Erblasserschulden) darstellen. In einschlägigen Fällen kann unter Berufung auf das BFH-Urteil Einspruch eingelegt werden.

Wird nach Eintritt des Erbfalls ein Darlehen vorzeitig abgelöst, ist laut BFH die **Vorfälligkeitsentschädigung** mit dem Zinsanteil erbschaftsteuerrechtlich nicht gesondert als Nachlassverbindlichkeit abzugsfähig. Die Zinsen seien als Teil der Darlehensverbindlichkeit zu betrachten, die als Kapitalschuld zu bewerten und als Erblasserschuld abziehbar sein könne (§ 10 Abs. 5 Nr. 1 ErbStG).

Bei in der Vorfälligkeitsentschädigung enthaltenen **Kosten oder Gebühren** hat der BFH eine differenzierende Betrachtungsweise vorgenommen. Diese sind laut BFH nur dann abzugsfähig, wenn die vorzeitige Kündigung des Darlehens eine Maßnahme der Nachlassregelung war (§ 10 Abs. 5 Nr. 3 Satz 1 ErbStG). Danach könne der Abzug etwa in Betracht kommen, wenn die Darlehenskündigung Teil einer Auseinandersetzung ist. Ist die Darlehenskündigung hingegen Teil einer Vermögensumschichtungsmaßnahme, die auf der Verwaltung einschließlich der Verwertung des Nachlasses beruht, ist der Abzug laut BFH nicht möglich. Vielmehr handele es sich um nicht abzugsfähige Kosten für die Verwaltung des Nachlasses (vgl. § 10 Abs. 5 Nr. 3 Satz 3 ErbStG). Dabei spielt es für den BFH keine Rolle, ob die Kosten durch einen Nachlasspfleger oder durch den Erben selbst veranlasst wurden (BFH, Urteil v. 2.12.2020, II R 17/18, BFH/NV 2021 S. 1014).

7.3 Erbschaftsteuerverschonung von Betriebsvermögen

Laut BFH gilt ein nach § 13a Abs. 2 Satz 2 ErbStG a. F. auf 0 EUR abgeschmolzener Abzugsbetrag als i. S. des § 13a Abs. 2 Satz 3 a. F. ErbStG berücksichtigt. Auch wenn der Abzugsbetrag sich damit bei der Steuerfestsetzung des ersten Erwerbs rechnerisch nicht ausgewirkt habe, trete der Verbrauch insgesamt für das übertragene Vermögen ein. Der **auf 0 EUR abgeschmolzene Abzugsbetrag** könne dann innerhalb des Zehnjahreszeitraums nur für den ersten Erwerb berücksichtigt werden. Damit hat sich der BFH der Auffassung der Finanzverwaltung angeschlossen (vgl. R E 13a.2 Abs. 2 Satz 3 ErbStR 2019). Ein Antragsrecht des Steuerpflichtigen, durch das ein Verbrauch des Abzugsbetrags verhindert wird, sei nicht anzuerkennen (BFH, Urteil v. 23.2.2021, II R 34/19, BStBl 2021 II S. 619).

Hinweis

Die Entscheidung ist zum § 13a Abs. 2 ErbStG a. F. ergangen. Das Urteil dürfte auch für die Neuregelung in § 13a Abs. 2 ErbStG n. F. Bedeutung haben.

7.4 Erbschaftsteuerverschonung bei doppelstöckiger Personengesellschaft

Nach § 13a Abs. 5 ErbStG a. F. kann sich laut BFH rückwirkend steuerschädlich auswirken, dass in einem Beteiligungsverbund von Personengesellschaften die Tochtergesellschaft Betriebsgrundlagen veräußert oder – ohne Veräußerung – betriebsfremden Zwecken zuführt, wenn diese Betriebsgrundlagen wesentlich für den Betrieb der Muttergesellschaft waren. Das sei dann der Fall, wenn die Wirtschaftsgüter für die **Fortführung des Betriebs der Obergesellschaft funktional wesentlich** seien. Ein Grundstück der Unterpersonengesellschaft könne funktional wesentlich für den Betrieb der Obergesellschaft sein, wenn diese auf dem Grundstück ihre Geschäftstätigkeit ausführt. Eine Verpachtung des Grundstücks an einen Dritten könne dann eine Zuführung zu betriebsfremden Zwecken im erbschaftsteuerlichen Sinne sein. Für den BFH sind auch die zeitlichen Komponenten zu berücksichtigen sowie die Umstände des Einzelfalls. Dagegen sei für den erbschaftsteuerlichen Verschonungsabschlag nach § 13a ErbStG die alleinige Eröffnung des Insolvenzverfahrens über eine (Unter-)Personengesellschaft für sich genommen nicht schädlich (BFH, Urteil v. 16.3.2021, II R 10/18, BFH/NV 2021 S. 1141).

Hinweis

Die Entscheidung ist zum § 13a Abs. 5 ErbStG a.F. ergangen. Die Ausführungen des BFH dürften sich auch auf den aktuellen § 13a Abs. 6 ErbStG übertragen lassen.

7.5 Anteilswertermittlung bei nicht börsennotierten Kapitalgesellschaften

Für die Ermittlung des gemeinen Werts von GmbH-Anteilen für Zwecke der Erbschaftsteuer hat allein der Steuerpflichtige die Wahl zwischen einem individuellen Ertragswertverfahren nach § 11 Abs. 2 Satz 2 BewG (z.B. IDW S 1) und der Anwendung des vereinfachten Ertragswertverfahrens nach §§ 199 ff. BewG. Hat sich der Steuerpflichtige für ein unter Beachtung des IDW S 1 erstelltes individuelles Gutachten entschieden, darf das **vereinfachte Ertragswertverfahren nicht als Auffangtatbestand** nachträglich der Bewertung zugrunde gelegt werden. Vielmehr ist laut BFH ein Finanzgericht im Streitfall verpflichtet, einen bislang unzureichend nach dem individuellen Ertragswertverfahren (IDW S1) ermittelten Anteilswert unter Sachaufklärung nachträglich korrekt zu ermitteln (BFH, Urteil v. 2.12.2020, II R 5/19, BFH/NV 2021 S. 1118).

Der BFH hat sich auch zu der Frage geäußert, ob bzw. inwieweit im Hinblick auf das geltende Stichtagsprinzip nach § 11 ErbStG bei der Bewertung von GmbH-Anteilen Entwicklungen berücksichtigt werden können, die am Todestag noch nicht verwirklicht aber ggf. absehbar waren. Laut BFH hat sich die gutachterliche Stellungnahme grundsätzlich auf den Stichtag und Bewertungszeitpunkt zu beziehen. Evtl. wertmindernde **zukünftige Entwicklungen** dürften berücksichtigt werden, soweit mit ihnen am Stichtag bereits konkret zu rechnen ist.

7.6 Nachweis eines niedrigeren Grundstückswerts

Laut BFH kann der Nachweis eines niedrigeren gemeinen Werts eines Grundstücks nach § 198 BewG nur durch ein Gutachten des zuständigen Gutachterausschusses oder eines öffentlich bestellten und vereidigten Sachverständigen erfolgen (BFH, Urteil v. 5.12.2019, II R 9/18, BStBl 2021 II S. 135).

Die Finanzverwaltung belegt das BFH-Urteil mit **Nichtanwendungserlass** und hält an ihrer Auffassung fest, dass ein inhaltlich mängelfreies Gutachten des zuständigen

Gutachterausschusses oder eines **zertifizierten Sachverständigen**, der über besondere Kenntnisse und Erfahrungen auf dem Gebiet der Bewertung von Grundstücken verfügt, die Nachweisanforderungen eines niedrigeren Grundstückswerts bereits erfülle (u.a. R B 198 Abs. 3 Satz 1 ErbStR 2019). Dies sind Personen, die von einer staatlichen, staatlich anerkannten oder nach DIN EN ISO/IEC 17024 akkreditierten Stelle als Sachverständige oder Gutachter für die Wertermittlung von Grundstücken bestellt oder zertifiziert worden sind (gleich lautende Erlasse der obersten Finanzbehörden der Länder v. 2.12.2020, BStBl 2021 I S. 146).

7.7 Kein Übergang von Erhaltungsaufwand auf Erben

Größerer im Rahmen von Einkünften aus Vermietung und Verpachtung angefallener Erhaltungsaufwand kann nach § 82b EStDV über einen Zeitraum von zwei bis fünf Jahren verteilt werden. Die im Verteilungszeitraum noch nicht berücksichtigten Erhaltungsaufwendungen gehen im Todesfall des Steuerpflichtigen laut BFH nicht auf die Erben über, sondern sind im Veranlagungszeitraum des Versterbens **in vollem Umfang als Werbungskosten beim Verstorbenen** abzuziehen. Für den BFH ist die steuerliche Situation im Todesfall mit einer Veräußerung und den übrigen ausdrücklich in § 82b Abs. 2 EStDV aufgeführten Fällen vergleichbar. Die gegenteilige Verwaltungsauffassung in R 21.1 Abs. 6 Satz 2 EStR sei insoweit überholt. Aufwendungen und Verluste seien dem Steuerpflichtigen als einkommensteuerliches Zurechnungssubjekt höchstpersönlich zuzurechnen. Zudem gebe es keine gesetzliche Grundlage für den Übergang von Erhaltungsaufwand des Erblassers auf den Erben (BFH, Urteil v. 10.11.2020, IX R 31/19, BStBl 2021 II S. 472).

7.8 Erweiterung der Steuerfreiheit auf Entschädigungsleistungen

Das ErbStG wurde durch das Grundsteuerreform-Umsetzungsgesetz v. 16.7.2021 (BGBl 2021 I S. 1794) um eine Vorschrift zur Steuerfreiheit von Entschädigungsleistungen, die von einer Religionsgemeinschaft oder einer anderen juristischen Person gezahlt werden, erweitert. Hierdurch werden solche Entschädigungszahlungen steuerfrei gestellt, die in Ansehung der Beeinträchtigung ihrer körperlichen oder seelischen Unversehrtheit, insbesondere aufgrund sexuellen Missbrauchs, durch Handlungen von Personen, die für die Religionsgemeinschaft, juristische Person des öffentlichen Rechts, Körperschaft, Personenvereinigung oder Vermögensmasse oder für eine ihr über-, neben- oder nachgeordnete Einrichtung tätig sind oder waren, wenn die Leistungen in einem geordneten Verfahren gewährt werden, das allen betroffenen Personen offensteht.

Hinweis
Die Änderungen zur Steuerfreiheit der spezifischen Entschädigungsleistungen sind in allen offenen Fällen anzuwenden, sofern die Steuerbescheide noch nicht bestandskräftig sind (§ 37 Abs. 19 ErbStG).

8 Gemeinnützigkeit/öffentliche Hand

8.1 Spartenrechnung bei kommunalen Eigengesellschaften I

Tätigkeiten, die als Dauerverlustgeschäft Ausfluss einer Tätigkeit sind, die bei juristischen Personen des öffentlichen Rechts zu einem Hoheitsbetrieb gehören, sind gem. § 8 Abs. 9 Satz 1 Nr. 1 KStG jeweils gesonderten Sparten zuzuordnen. Laut BFH ist die Durchführung des Schulschwimmens durch einen öffentlichen Schulträger eine hoheitliche Tätigkeit i.S. des § 4 Abs. 5 KStG, die grundsätzlich vom öffentlichen Bäderbetrieb zu trennen ist. Hier komme es laut BFH darauf an, wie die Tätigkeiten der Eigengesellschaft und ihres kommunalen Anteilseigners ohne Zwischenschaltung der Eigengesellschaft nach BgA-Grundsätzen zu beurteilen wären. Bei einer kommunalen Eigengesellschaft, die aus der Zurverfügungstellung des Bades für Schulschwimmen Dauerverluste erzielt, kommt auch dann die Bildung einer gesonderten Sparte für hoheitliche Tätigkeiten in Betracht, wenn sie selbst nicht hoheitlich tätig geworden ist (BFH, Urteil v. 16.12.2020, I R 50/17, BStBl 2021 II S. 443).

8.2 Spartenrechnung bei kommunalen Eigengesellschaften II

Bei einem Versorgungsbetrieb und einer Bädergesellschaft ist die Zusammenfassung der BgA in einem steuerlichen Querverbund unter der Voraussetzung, dass zwischen ihnen ein nach dem Gesamtbild der tatsächlichen Verhältnisse objektiv enge wechselseitige technisch-wirtschaftliche Verflechtung von einigem Gewicht besteht, gem. § 4 Abs. 6 Satz 1 Nr. 2 KStG möglich. Laut BFH kann die erforderliche Verflechtung „von einigem Gewicht“ aber auch dadurch entfallen, dass ein Bad aus Sicht des Bäderbetriebs an Bedeutung verliert, weil es lediglich in Betriebsbereitschaft (für den Publikumsverkehr geschlossen und nur noch als Reservebad im Stand-by-Betrieb) vorgehalten wird (BFH, Urteil v. 16.12.2020, I R 41/17, BFH/NV 2021 S. 1031).

Hinweis

Da die streitigen Verluste aus dem Schulschwimmen wegen der Spartenrechnung bereits nach nationalem Recht nicht mit den Ergebnissen des übrigen Versorgungsbetriebs verrechnet werden konnten, kam es für den BFH auch nicht darauf an, ob die Regelung für Dauerverlustgeschäfte kommunaler Eigengesellschaften gem. § 8 Abs. 7 Satz 1 Nr. 2 i.V.m. § 8 Abs. 9 KStG eine staatliche Beihilfe i.S. des Art. 107 Abs. 1 AEUV darstellt.

8.3 Disquotale Verlusttragung bei Dauerverlustgeschäften

Um die Vorgaben des sog. steuerlichen Querverbundes zu erfüllen, müssen in Fällen, in denen mehrere jPöR an dem Verlustgeschäft beteiligt sind, die gesamten Verluste nachweislich von diesen beteiligten jPöR getragen werden. Bisher war nur eine Verlusttragung anhand der jeweiligen Beteiligungsquote vorgesehen (BMF, Schreiben v. 12.11.2009, Rn. 28 a.F.). Eine davon abweichende, verursachungsbezogene Verlusttragung ließ die Finanzverwaltung bisher nur im ÖPNV-Bereich (ausnahmsweise) zu (vgl. Verfügung des Bayerischem LfSt vom 18.10.2010).

Nun lässt das BMF auch über den ÖPNV-Bereich hinaus einen anderen, nachprüfbar vernünftigen Aufteilungsmaßstab zu (Rn. 28 i.d.F. des BMF, Schreibens v. 6.7.2021, BStBl 2021 I S. 914). Als Beispiel nennt das BMF eine von zwei an einer Bäder-GmbH beteiligten Gemeinden vereinbarte Verlusttragung, wonach die (Teil)Verluste nach Maßgabe der im jeweiligen Gemeindegebiet entstehenden Bäderverluste zu tragen sind (vgl. neugefasste Rn. 28a).

Hinweis

Mit dem nun vorliegenden BMF-Schreiben, dessen Grundsätze in allen offenen Fällen anzuwenden sind, wird die von der Beteiligungsquote abweichende Verlusttragung nun grundsätzlich bundeseinheitlich auch dann anerkannt, wenn sie aus nachvollziehbaren wirtschaftlichen Gründen vereinbart wurde.

8.4 Verpachtungs-BgA bei Verpachtung mehrerer gleichartiger Objekte

Laut BFH führt die Verpachtung von mehreren gleichartigen gewerblichen Objekten durch die Trägerschaft nur dann zur Annahme eines einzigen Verpachtungs-BgA, wenn die Objekte eine Einrichtung i.S. des § 4 Abs. 1 Satz 1 KStG bilden (BFH, Urteil v. 13.4.2021, I R 2/19, BStBl 2021 II S. 777). Dabei sei als eine Einrichtung jede funktionelle Einheit zu verstehen, die einer nachhaltigen wirtschaftlichen Tätigkeit zur Erzielung von Einnahmen dient. Ob diese Voraussetzung gegeben sei, könne sich insbesondere aus einer besonderen Leitung, einem geschlossenen Geschäftskreis, der Buchhaltung oder aus einem ähnlichen, auf eine Einheit hindeutenden Merkmal ergeben.

Entgegen der Ansicht der Finanzverwaltung komme es nicht darauf an, ob die Pachtverträge bei der Trägerkörperschaft von derselben organisatorischen Untergliederung oder nach einheitlichen Maßgaben verwaltet und betreut werden. Auch führt allein die Gleichartigkeit der Betriebe nicht zu einer funktionellen Einheit.

Hinweis

Im konkreten Fall fehlten für den BFH jegliche Anhaltspunkte für eine einheitliche Leitung, Rechnungslegung oder sonstige übergreifende Organisationsmaßnahmen. Auch hat die Trägerkörperschaft von der Möglichkeit einer Zusammenfassung nach § 4 Abs. 6 KStG keinen Gebrauch gemacht. Daher war nicht von einer Einrichtung und einem einzigen Verpachtungs-BgA auszugehen. Vielmehr nahm der BFH eigenständige funktionelle Einheiten und damit mehrere Verpachtungs-BgA an. Hinsichtlich der Frage der Einrichtung sei auf den Pachtgegenstand bzw. Pächter abzustellen. Abzuwarten bleibt die Reaktion der Finanzverwaltung. Die Frage, ob ein einziger, mehrere Pachtverhältnisse umfassender, BgA oder ob mehrere einzelne Verpachtungs-BgA vorliegen, hat u.a. Bedeutung für die Auswirkung des Freibetrags nach § 24 Satz 1 KStG.

8.5 Reform des Gemeinnützigkeitsrechts

Die Regelungen zum Gemeinnützigkeitsrecht in §§ 51 bis 68 AO wurden durch das JStG 2020 (BGBl 2020 I S. 3096) umfangreich geändert. U. a. wurde der Unmittelbarkeitsgrundsatz in § 57 Abs. 3 AO hinsichtlich des Zusammenwirkens mehrerer Körperschaften (**Kooperationen**) angepasst. So ist eine Körperschaft auch dann unmittelbar gemeinnützig tätig, wenn sie planmäßig mit mindestens einer anderen steuerbegünstigten Körperschaft zusammenwirkt. Damit wird u.a. gewährleistet, dass sog. Servicegesellschaften unter bestimmten Voraussetzungen ebenfalls steuerbegünstigt sind. Mit BMF-Schreiben v. 6.8.2021 (BStBl 2021 I S. 1036) äußert sich das BMF zu Anwendungsfragen und nimmt ihre Auffassung in den Anwendungserlass zur Abgabenordnung (AEAO) auf. Insbesondere werden die Anforderungen an das planmäßige Zusammenwirken gem. § 57 Abs. 3 AO und die erforderlichen satzungsmäßigen Voraussetzungen bei den betroffenen Körperschaften umfassend konkretisiert. Darüber hinaus arbeitet das BMF die Erleichterungen für Konzernstrukturen nach § 57 Abs. 4 AO in den AEAO ein.

Weiterhin enthält das Schreiben Ausführungen zur **Mittelweitergabe zwischen steuerbegünstigten Körperschaften** nach § 58 AO. Nach der gesetzlichen Änderung im JStG 2020 können ohne übereinstimmende Satzungszwecke der hingebenden und empfangenden Körperschaft Mittel in beliebiger Höhe an andere steuerbegünstigte Körperschaften weitergeleitet werden. Das BMF-Schreiben konkretisiert in diesem Zusammenhang insbesondere die Anforderungen an die Satzung und die Verwendung der zugewendeten Mittel. Auch äußert sich das BMF zum neu eingeführten § 58a AO (Vertrauensschutz bei Mittelweitergaben).

Hinweis

Weitere Anpassungen des AEAO an die gesetzlichen Änderungen durch das JStG 2020 betreffen u.a. die Erweiterung des Katalogs der gemeinnützigen Zwecke in § 52 AO, die Liste der Zweckbetriebe in § 68 AO und die Anwendung der Anhebung der Bagatellgrenze in § 64 Abs. 3 AO auf 45.000 EUR. Die Anpassungen des AEAO gelten grundsätzlich in allen offenen Fällen.

Steuerausblick

1 Das betrifft alle Steuerpflichtigen

1.1 Einkommensteuertarif

Mit dem Zweiten Familienentlastungsgesetz v. 1.12.2020 (BGBl 2020 I S. 2616) erhöht sich ab dem VZ 2022 der einkommensteuerliche **Grundfreibetrag** (§ 32a Abs. 1 EStG) von 9.744 EUR auf 9.984 EUR. Eine zahlenmäßig entsprechende Erhöhung erfolgt für den Abzug von Unterhaltsleistungen (§ 33a Abs. 1 Satz 1 EStG). Analog verschieben sich auch die **Eckwerte des Einkommensteuertarifs** im VZ 2022, und zwar um 1,17 %.

Hinweis
Der Spitzensteuersatz in Höhe von 42 % beginnt damit im VZ 2022 ab einem zu versteuernden **Jahreseinkommen von 58.597 EUR.**

1.2 Änderungen im Grundsteuergesetz

Mit dem Gesetz zur Reform des Grundsteuer- und Bewertungsrechts (Grundsteuer-Reformgesetz – GrStRefG) vom 26.11.2019 (BGBl. 2019 I S. 1794) hat der Gesetzgeber die Grundsteuer neugestaltet, nachdem das Bundesverfassungsgericht die Bewertung (insbesondere die seit 1935 (Ost) bzw. 1964 (West) nicht mehr aktualisierten Einheitswerte) und Erhebung der Grundsteuer für verfassungswidrig erklärt hatte. Das Gericht hatte dem Gesetzgeber aufgegeben, bis zum 31.12.2019 eine Neuregelung zu treffen (BVerfG, Urteil v. 10.4.2018, 1 BvL 11/14, 1 BvL 12/14, 1 BvL 1/15, 1 BvR 639/11, 1 BvR 889/12, BFH/NV 2018 S. 703) und dieser Frist ist der Gesetzgeber mit der 2019 beschlossenen Reform der Grundsteuer auch nachgekommen. Die bisher bekannten Ertragswert- und Sachwertverfahren wurden ebenfalls erneuert und stehen entsprechend in anderer Form für die Bewertung zur Verfügung.

Mit dem am 22.7.2021 im Bundesgesetzblatt verkündeten Gesetz zur erleichterten Umsetzung der Reform der Grundsteuer und Änderung weiterer steuerrechtlicher Vorschriften (Grundsteuerreform-Umsetzungsgesetz – GrStRefUG) v. 16.7.2021

(BGBl 2021 I S. 2931) sowie mit dem Fondsstandortgesetz (FoStoG) v. 3.6.2021 (BGBl 2021 I S. 1498) werden einige Stellschrauben des sog. Bundesmodells nachjustiert.

Im Bereich des Grundsteuergesetzes wird insbesondere aufgrund der Erhöhung der Nettokaltmieten in Anlage 39 BewG für bebaute Wohngrundstücke in § 15 Abs. 1 Nr. 2 lit. a GrStG die **Steuermesszahl** von 0,34 Promille auf **0,31 Promille** angepasst, um insgesamt Aufkommensneutralität zu gewährleisten.

Des Weiteren werden die **Sozialklauseln** in § 15 GrStG, die einen Abschlag von 25 % auf die Steuermesszahl gewähren, dahingehend angepasst, dass es nun nicht mehr auf einen schriftlichen Verwaltungsakt bei einer Ermäßigung aufgrund einer Förderzusage ankommt (§ 15 Abs. 2 Satz 1 Nr. 1 GrStG). Daneben wird u.a. in § 15 Abs. 2 Satz 2 GrStG geregelt, dass eine **Ermäßigung** nur anteilig auf den Teil eines Gebäudes gewährt werden kann, soweit dieser die Voraussetzungen für eine Ermäßigung erfüllt. In § 15 Abs. 3 GrStG werden neben den Wohnraumförderungsgesetzen der Länder zusätzlich die Förderungen nach dem Ersten und Zweiten Wohnungsbaugesetz als Ermäßigungsgrund aufgenommen.

In diesem Zusammenhang wird auch die Anzeigepflicht für das Wegfallen von Begünstigungsvoraussetzungen aus § 19 Abs. 2 GrStG auf die Sozialklauseln in § 15 Abs. 2 bis 5 GrStG ausgeweitet.

Hinweis

Die Änderungen des Grundsteuergesetzes sind nach § 37 Abs. 1 GrStG erstmals für die Grundsteuer (nach neuem Recht) des Kalenderjahrs 2025 anzuwenden. Die neuen Grundsteuerwerte sollen dafür **erstmals auf den 1.1.2022 festgestellt** werden. Die anschließenden Hauptfeststellungen werden in einem Abstand von sieben Jahren weitgehend automatisch erfolgen. Die zweite Hauptfeststellung ist daher für den 1.1.2029 vorgesehen.

1.3 Bewertung für Zwecke der reformierten Grundsteuer

Für die Ermittlung des **Gebäudealters** im Ertragswertverfahren ist nun nicht mehr der Bewertungsstichtag maßgeblich, sondern der **Hauptfeststellungszeitpunkt** (§ 253 Abs. 2 Satz 3 und 6 BewG). Gleiches gilt für die Berechnung der Alterswertminderung im Sachwertverfahren in § 259 Abs. 4 Satz 2 und 5 BewG. Diese Neuregelung hat der Gesetzgeber im Fondsstandortgesetz (FoStoG) v. 3.6.2021 (BGBl 2021 I S. 1498) getroffen.

Durch Einfügung des § 266 Abs. 5 BewG sind die Regelungen des bisherigen § 26 BewG zur **Zusammenfassung von Wirtschaftsgütern zu wirtschaftlichen Einheiten** bei Ehegatten und Lebenspartnern sowie nach § 34 Abs. 4 bis 6 BewG bei Betrieben der Land- und Forstwirtschaft auch über den 31.12.2024 hinaus und damit für die erste Hauptfeststellung auf den 1.1.2022 anzuwenden. Hintergrund ist, dass in dem neuen Grundsteuer-Bundesmodell keine solche Regelung existiert. Die Verlängerung der Zusammenfassung erspart für die erstmalige Hauptfeststellung einen erheblichen bürokratischen Aufwand, da ansonsten die betroffenen wirtschaftlichen Einheiten regelmäßig in ihre einzelnen Wirtschaftsgüter aufgelöst werden müssen. Die Auflösung der betroffenen wirtschaftlichen Einheiten soll stattdessen erst zum zweiten Hauptfeststellungszeitpunkt automatisiert erfolgen, daher wird der Absatz zum 31.12.2028 vor dem zweiten Hauptfeststellungszeitpunkt wieder aufgehoben (Art. 19 Abs. 3 FoStoG).

Hinweis

Die Änderungen des Bewertungsgesetzes sind nach § 266 Abs. 1 BewG erstmalig für die Hauptfeststellung auf den 1.1.2022 anzuwenden.

1.3.1 Neufassung von Anlage 39

Für die **Bewertung von bebauten Wohngrundstücken** (Ein- und Zweifamilienhäuser, Mietwohngrundstücke sowie Wohnungseigentum) nach dem Ertragswertverfahren (§§ 252 bis 257 BewG) sind die in Anlage 39 (Teil 1) nach Land, Gebäudeart, Wohnfläche und Baujahr des Gebäudes pauschaliert angegebenen monatlichen Nettokaltmieten je Quadratmeter Wohnfläche von Bedeutung. Diese Nettokaltmieten basierten bisher auf Daten aus dem Mikrozensus 2014 und werden nun durch das Grundsteuerreform-Umsetzungsgesetz (GrStRefUG) v. 16.7.2021 (BGBl 2021 S. 2931) auf einer Datengrundlage aus dem Mikrozensus 2018 aktualisiert (und erhöht). Darüber hinaus wird in Teil 2 von Anlage 39 eine **neue Mietniveaustufe 7** eingeführt und dieser ein Zuschlag von +40 % zugewiesen. Die Zu-/Abschläge der Mietstufen 1 und 6 werden geringfügig geändert.

1.3.2 Mietniveau-Einstufungsverordnung

Durch eine Ergänzung des § 263 Abs. 2 BewG im Grundsteuerreform-Umsetzungsgesetz (GrStRefUG) v. 22.7.2021 (BGBl 2021 S. 2931) wird die Ermächtigung für das BMF erweitert, mit Zustimmung des Bundesrats die gemeindebezogene Einordnung in die jeweilige Mietniveaustufe zur Ermittlung der o.g. Zu- und Abschläge nach § 254 i.V.m. Anlage 39 vorzunehmen. Damit wird sichergestellt, dass auch bei Neuentstehung von Gemeinden diesen eine Mietniveaustufe zugeordnet wird.

Hinweis

Am 19.3.2021 hat das BMF darüber hinaus diese Verordnungsermächtigung erstmals ausgeübt und den Referentenentwurf einer Mietniveau-Einstufungsverordnung (MietNEinV) vorgelegt. Jeder Gemeinde wird in dieser Verordnung ein Mietniveau zugewiesen und es wird dabei bereits von der neu vorgesehenen Mietniveaustufe 7 Gebrauch gemacht. Die MietNEinV wurde am 26.8.2021 im Bundesgesetzblatt veröffentlicht (BGBl 2021 I S. 3738).

1.3.3 Aufhebung von Grundsteuerbescheiden

Ergänzend zur bisherigen Übergangsregelung in § 266 Abs. 4 Satz 1 BewG werden nun auch Einheitswertbescheide, Grundsteuermessbescheide und Grundsteuerbescheide, die vor dem 1.1.2025 erlassen wurden, soweit sie auf den §§ 33, 34, 125, 129 des Bewertungsgesetzes in der Fassung vom 1.2.1991 (BGBl 1991 I S. 230), das zuletzt durch Artikel 2 des Gesetzes vom 4.11.2016 (BGBl 2016 I S. 2464) und § 42 des Grundsteuergesetzes vom 7.8.1973 (BGBl 1973 I S. 965), das zuletzt durch Artikel 38 des Gesetzes vom 19.12.2008 (BGBl 2008 I S. 2794) geändert worden ist, beruhen, mit Wirkung für die Zukunft aufgehoben (§ 266 Abs. 4 Satz 2 GrStG).

1.3.4 Erlasse für Grundsteuer-Hauptfeststellung

Am 6.8.2021 hat das BMF den Verbänden die Entwürfe von zwei Länder-Erlassen zur Anwendung der neuen Bewertungsregeln für die Grundsteuer (AE Bew GrSt) zur Stellungnahme geschickt. Die Erlasse sind für diejenigen Bundesländer relevant, welche eine **Bewertung nach dem Bundesmodell** vorsehen.

Hinweis

Die Hauptfeststellung der ab dem 1.1.2025 maßgeblichen neuen Grundsteuerwerte erfolgt auf den 1.1.2022. Dem Vernehmen nach soll die Abgabe der Steuererklärungen nach den Planungen der Finanzverwaltung ab Juli 2022 mit Fristende im 4. Quartal 2022 über ELSTER möglich sein. Mit Bescheiden über die Grundsteuerwerte ist aber wohl nicht vor 2023 zu rechnen. Das Vorgehen soll im März 2022 offiziell bekannt gemacht werden.

Der erste der koordinierten Erlasse behandelt den allgemeinen Teil des neuen Rechts (§§ 218-231 BewG), die Bewertung von Grundvermögen (§§ 243-263 BewG) sowie die Anwendungsvorschriften (§§ 265, 266 BewG). Der zweite Erlass betrifft die Bewertung von land- und forstwirtschaftlichem Grundvermögen (§§ 232-242 BewG). Ergänzend hat das BMF auch Entwürfe der neuen Erklärungsvordrucke zur Feststellung der Grundsteuerwerte zur Verfügung gestellt.

Die Erlassentwürfe enthalten neben Erläuterungen zum Gesetzestext diverse Anwendungsbeispiele, z. B. zur Abgrenzung der verschiedenen Grundstücksarten sowie den einzelnen Bewertungsschritten im Ertrags- und Sachwertverfahren.

Relevant sind hierbei bspw. die Erläuterungen zu einer möglichen wesentlichen **Verlängerung der Restnutzungsdauer eines Gebäudes** für Zwecke der Ermittlung des kapitalisierten Reinertrags im Ertragswertverfahren (AE B 253.1). Von einer solchen ist zukünftig nur noch im Falle einer nach Bezugsfertigkeit des Gebäudes erfolgenden Kernsanierung auszugehen. Der Begriff der **Kernsanierung** wird in den Erlassen legal definiert. Im Jahr der Kernsanierung beträgt die Restnutzungsdauer demnach pauschal 90 % der wirtschaftlichen Gesamtnutzungsdauer des Gebäudes.

Ebenfalls hinzuweisen ist auf die Erläuterungen zu den **Übergangsregelungen** des § 266 Abs. 3 BewG (AE B 266.2). Hiernach sind von den Finanzbehörden mit der Erklärung auf den Hauptfeststellungszeitpunkt 1.1.2022 erstmals bekanntwerdende eingetretene Änderungen der tatsächlichen Verhältnisse im Rahmen eines Grundstücks bei Fortschreibungen nach § 22 BewG und Nachfeststellungen nach § 23 BewG auf Feststellungszeitpunkte vor dem 1.1.2022 nicht zu berücksichtigen. Dies gilt ohne Ermessen sowohl bei Änderungen zugunsten als auch bei Änderungen zuungunsten des Steuerpflichtigen.

Hinweis

Zum Zeitpunkt des Redaktionsschlusses (29.11.2021) lag die finale Fassung der Erlasse noch nicht vor. Es ist dennoch davon auszugehen, dass das BMF diese rechtzeitig zur anlaufenden ersten Hauptfeststellung auf den 1.1.2022 zur Verfügung stellen wird. Darüber hinaus kündigte das BMF an, „zu gegebener Zeit" auch Entwürfe von koordinierten Erlassen zur Anwendung des neuen Grundsteuergesetzes bereitzustellen. Diese sollen den Grundsteuer-Richtlinien 1978 nachfolgen.

1.3.5 Eigenständige Länder-Grundsteuergesetze

Die 16 Bundesländer haben von der mit der Grundsteuerreform eingeführten Öffnungsklausel für eigenständige gesetzliche Regelungen in deutlich voneinander abweichender Form Gebrauch gemacht. Auch wenn noch nicht sämtliche Grundsteuergesetze der Länder das jeweilige Gesetzgebungsverfahren vollständig durchlaufen haben, stehen die wesentlichen Eckpunkte mittlerweile in jedem Bundesland fest.

Die mit neun Ländern größte Gruppe lässt die Möglichkeit eigener Grundsteuerregelungen gänzlich unbeachtet und wendet eins zu eins das Bundesmodell an. Dies ist der Fall in Berlin, Brandenburg, Bremen, Mecklenburg-Vorpommern, Nordrhein-Westfalen, Rheinland-Pfalz, Sachsen-Anhalt, Schleswig-Holstein und Thüringen. Das Saarland und Sachsen weichen vom Bundesmodell lediglich geringfügig durch eigene Messzahlen ab.

Baden-Württemberg dagegen hat ein modifiziertes Bodenwertmodell eingeführt. Bewertet wird ausschließlich das Grundstück nach dem Bodenrichtwert, Gebäude spielen keine Rolle. **Bayern** setzt das seit langem vom Freistaat vertretene Flächenmodell um. Die Flächen von Grund und Boden sowie Wohn- bzw. Nutzfläche werden mit fixen Äquivalenzahlen multipliziert. Hamburg, Hessen und Niedersachsen bauen auf diesem Flächenmodell auf und berücksichtigen zusätzlich bei Wohnflächen die Lage des Grundstücks bei der Bewertung. In **Hamburg** geschieht dies über einen pauschalen Abschlag für Wohnflächen in normalen Lagen. **Hessen** und **Niedersachsen** ermitteln einen Faktor, der über eine spezielle Gewichtung die Abweichung des jeweiligen Bodenrichtwerts vom durchschnittlichen Bodenrichtwert in die Bewertung einfließen lässt.

Darüber hinaus weichen die hier beschriebenen Ländermodelle in mehr oder weniger zahlreichen weiteren Detailpunkten vom Bundesmodell ab. Insgesamt bleibt es aber in allen Modellen dabei, dass nach der Wertermittlung zunächst durch Multiplikation mit einer Messzahl ein Messbetrag ermittelt wird, auf den anschließend die einzelnen Gemeinden ihren Hebesatz anwenden.

Hinweis

Die meisten Länder haben eine insgesamt aufkommensneutrale Reform angekündigt, teilweise sogar durch ausdrückliche gesetzliche Regelungen. Zur Umsetzung dieses Versprechens müssten nach erfolgter Wertermittlung auf den 1.1.2022 insbesondere die Messzahlen und/oder die Hebesätze so angepasst werden, dass das Aufkommen aus der Grundsteuer zumindest im Jahr 2025 noch nicht steigt. Teils erhebliche Verschiebungen im Aufkommen zwischen den einzelnen Steuerpflichtigen sind jedoch unvermeidbar.

2 Änderungen für Kapitalanleger bei der Kapitalertragsteuer-Anmeldung

Im Abzugsteuerentlastungsmodernisierungsgesetz (AbzStEntModG) vom 2.6.2021 (BGBl 2021 I S. 1259) werden auch die Vorschriften der Anmeldung und Bescheinigung der Kapitalertragsteuer angepasst. Neben der Digitalisierung des Prozesses zur Anmeldung, Bescheinigung und Entlastung von Kapitalertragsteuer (KESt) bezwecken die Änderungen insbesondere in §§ 45a ff. EStG, das KESt-Verfahren weniger missbrauchs- und betrugsanfällig auszugestalten.

Die Vorschriften der Anmeldung und Bescheinigung der KESt nach § 45a EStG werden dafür u.a. um eine **Neuregelung für Steuerausländer** in § 45a Abs. 2a EStG ergänzt. Danach tritt an die Stelle der Steuerbescheinigung nach § 45a Abs. 2 EStG die elektronische Übermittlung der Angaben an das BZSt, wenn der Gläubiger der Kapitalerträge beschränkt steuerpflichtig ist (§ 45a Abs. 2a EStG i.V.m. § 45b Abs. 5 EStG). Die Angaben werden zu jedem Zufluss separat und nur auf Verlangen des Gläubigers der Kapitalerträge elektronisch übermittelt. Dabei ist die elektronische Übermittlung die Voraussetzung für die Erstattung bzw. Anrechnung der KESt (vgl. § 50c Abs. 3 S. 3 EStG bzw. § 36 Abs. 2 Nr. 2 S. 2 EStG).

Darüber hinaus erweitert ein neu eingefügter § 45b EStG den Umfang der **in Steuerbescheinigungen** nach § 45a Abs. 2 EStG (unbeschränkt Steuerpflichtige) und in elektronischen Übermittlungen nach § 45b Abs. 5 i.V.m. § 45a Abs. 2a EStG (beschränkt Steuerpflichtige) **auszuweisenden Pflichtangaben.**

Hinweis
Das Gesetz sieht grundsätzlich eine erstmalige Anwendung der Neuregelungen auf Kapitalerträge vor, die ihrem Gläubiger nach dem 31.12.2024 zufließen.

3 Änderungen für Unternehmen

3.1 Körperschaftsteuer

3.1.1 Organschaftliche Einlagelösung

Durch das Körperschaftsteuermodernisierungsgesetz (KöMoG) v. 25.6.2021 (BGBl. 2021 I S. 2050; siehe auch Kapitel Ausblick Tz. 4.1) tritt im Bereich der körperschaftsteuerlichen Organschaft an die Stelle der bisherigen Behandlung von Mehr- und Minderabführungen durch Bildung steuerlicher Ausgleichsposten die sog. Einlagelösung. Minder- oder Mehrabführungen liegen dann vor, wenn der an den Organträger auf der Grundlage des **Ergebnisabführungsvertrags** abgeführte handelsbilanzielle Gewinn vom Steuerbilanzgewinn der Organgesellschaft abweicht und diese Abweichung in organschaftlicher Zeit verursacht ist.

Nach der bislang geltenden Rechtslage war in der Steuerbilanz des Organträgers für organschaftliche **Minder- und Mehrabführungen** der Organgesellschaft ein besonderer aktiver oder passiver Ausgleichsposten in Höhe des Betrags zu bilden, der dem Verhältnis der Beteiligung des Organträgers am Nennkapital der Organgesellschaft entspricht (§ 14 Abs. 4 Satz 1 KStG a. F.).

Künftig gelten organschaftliche Minderabführungen als **Einlage** durch den Organträger in die Organgesellschaft und Mehrabführungen der Organgesellschaft als **Einlagenrückgewähr** der Organgesellschaft an den Organträger (§ 14 Abs. 4 Satz 1 und 2 KStG). Damit erhöhen bzw. mindern sie unmittelbar den Beteiligungsansatz in der Steuerbilanz des Organträgers. Während organschaftliche Ausgleichsposten nur im Verhältnis der Beteiligungsquote zu bilden waren, führen Minderabführungen in voller Höhe zu einer Einlage und Mehrabführungen in voller Höhe zu einer Einlagenrückgewähr. Organschaftliche Minder- und Mehrabführungen gelten dabei in dem Zeitpunkt als erfolgt, in dem das Wirtschaftsjahr der Organgesellschaft endet (§ 14 Abs. 4 Satz 4 KStG).

Darüber hinaus kommt es zu Anpassungen in Zusammenhang mit dem steuerlichen Einlagekonto, die aufgrund der **Einlagelösung** erforderlich sind. Künftig stellt § 27 Abs. 1 Satz 3 KStG klar, dass auch im Fall von organschaftlichen Mehrabführungen ein Direktzugriff auf das steuerliche Einlagekonto zulässig ist. Anders als in **vor**organschaftlicher Zeit verursachte Mehrabführungen stellen **in** organschaftlicher Zeit verursachte Mehrabführungen daher grundsätzlich keine Beteiligungserträge dar. Zudem mindern organschaftliche Mehrabführungen das steuerliche Einlagekonto einer Organgesellschaft vorrangig vor anderen Leistungen (§ 27 Abs. 6 Satz 2 KStG).

Hinweis

Die Regelungen des § 14 Abs. 4 KStG und des § 27 Abs. 1 Satz 3 und Abs. 6 Satz 2 KStG sind erstmals auf Minder- und Mehrabführungen anzuwenden, die nach dem 31.12.2021 erfolgen (§ 34 Abs. 6e Satz 5 KStG). Der Ende Oktober 2021 in die Verbändeanhörung gegebene Entwurf der KStR 2022 (Stand 27.10.2021) enthält keine Ausführungen zu der Anwendung der neuen Regelungen ab 2022. Zur neuen Einlagelösung soll ein separates BMF-Schreiben veröffentlicht werden. Der Entwurf der KStR 2022 enthält u.a. Anpassungen im Bereich der Betriebe gewerblicher Art von juristischen Personen des öffentlichen Rechts (u.a. in Folge der Reform des Gemeinnützigkeitsrechts durch das Jahressteuergesetz 2020 (BGBl 2020 I S. 3096)).

3.1.2 Währungskursschwankungen bei Gesellschafterdarlehen

Nach der geltenden Rechtslage sind Gewinnminderungen, die im Zusammenhang mit einem Anteil i.S. des § 8b Abs. 2 KStG entstehen, nicht abzugsfähig (§ 8b Abs. 3 Satz 3 KStG). Nach § 8b Abs. 3 Satz 4, 5 und 7 KStG gilt dies u.a. auch für Gewinnminderungen im Zusammenhang mit **Darlehensforderungen** eines zu mehr als 25 % beteiligten Gesellschafters und für Gewinnminderungen aus bestimmten vergleichbaren Sachverhalten.

Dabei erfasst die bestehende Fassung nach dem bisherigen Wortlaut auch **Währungskursverluste** im Zusammenhang mit Darlehensforderungen eines Gesellschafters mit der Folge, dass diese bei der Ermittlung des Einkommens nicht zu berücksichtigen sind. Entsprechendes gilt für Währungskursverluste im Zusammenhang mit der Inanspruchnahme von Sicherheiten für Darlehensforderungen sowie für Währungsverluste im Zusammenhang mit Forderungen aus wirtschaftlich vergleichbaren Rechtshandlungen. Dagegen sind Währungskursgewinne eines Gesellschafters, die dieser aus der Rückzahlung eines Fremdwährungsdarlehens realisiert, grundsätzlich steuerpflichtig, da das Fremdwährungsdarlehen nicht unter die Steuerbefreiung für Anteilsveräußerungsgewinne nach § 8b Abs. 2 KStG fällt und § 8b Abs. 3 Satz 3 KStG nur auf Gewinnminderungen Anwendung findet.

Durch den im Körperschaftsteuermodernisierungsgesetz (KöMoG) v. 25.6.2021 (BGBl 2021 I S. 2050; siehe auch Kapitel Ausblick Tz. 4.1) neu eingeführten § 8b Abs. 3 Satz 6 KStG sind künftig Währungskursverluste vom **Abzugsverbot** des § 8b Abs. 3 Satz 4 und 5 KStG ausgenommen. Damit soll die bislang vorherrschende Asymmetrie bei der steuerlichen Behandlung von Währungskursgewinnen und -verlusten bei der Ermittlung des steuerlichen Einkommens beseitigt werden.

Die Regelung des § 8b Abs. 3 Satz 6 KStG ist erstmals für Gewinnminderungen i.S. des § 8b Abs. 3 Satz 4 und 5 KStG anzuwenden, die nach dem 31.12.2021 eintreten (§ 34 Abs. 5 Satz 1 KStG).

Hinweis

Eine vergleichbare Regelung für die Schwestervorschrift in § 3c Abs. 2 EStG ist im Körperschaftsteuermodernisierungsgesetz nicht enthalten.

3.2 Erweiterung steuerneutraler Umwandlungen

Steuerneutrale Umwandlungen von Körperschaften sind im geltenden System bislang nur nach dem ausschließlich auf EU/EWR-Gesellschaften anwendbaren Zweiten bis Fünften Teil des UmwStG (Umwandlungen unter Beteiligungen von Körperschaften als übertragendem Rechtsträger) sowie nach § 12 Abs. 2 KStG (Verschmelzung von Drittstaaten-Körperschaften desselben Staates) möglich. Durch die **ersatzlose Aufhebung des § 1 Abs. 2 UmwStG** im Körperschaftsteuermodernisierungsgesetz (KöMoG) v. 25.6.2021 (BGBl 2021 I S. 2050; siehe auch Kapitel Ausblick Tz. 4.1) entfällt diese Beschränkung und der persönliche Anwendungsbereich des Umwandlungssteuergesetzes wird zum Teil auf Drittstaatenfälle erweitert. Die Regelungen sind nach § 27 Abs. 18 UmwStG erstmals auf Umwandlungen und Einbringungen anzuwenden, deren steuerlicher Übertragungsstichtag nach dem 31.12.2021 liegt. Durch die Änderung sind so

- die **Verschmelzung** einer Kapitalgesellschaft auf eine Personengesellschaft bzw. natürliche Person (§ 3 ff. UmwStG) oder der **Formwechsel** einer Kapitalgesellschaft in eine Personengesellschaft (§ 3 ff. UmwStG) unter Beteiligung von Rechtsträgern aus Drittstaaten,
- die **Verschmelzung oder Spaltung** unter Kapitalgesellschaften (§§ 11 bis 15 UmwStG) oder
- die **Auf- oder Abspaltung** auf eine Personengesellschaft (§ 16 UmwStG)

in räumlicher Hinsicht nicht nur in EU/EWR-, sondern auch in **Drittstaatenfällen** steuerneutral möglich.

Hinweis

Vorstehendes gilt, soweit die Umwandlung die Strukturmerkmale einer inländischen Umwandlung aufweist und keine Besteuerungsrechte der Bundesrepublik Deutschland beschränkt oder ausgeschlossen werden. Außerdem müssen derartige grenzüberschreitende Umwandlungen nach dem Recht der betroffenen Staaten möglich sein. Das bedeutet, der sachliche Anwendungsbereich (§ 1 Abs. 1 UmwStG) bleibt unverändert und insbesondere eine **Vergleichbarkeit** mit einer inländischen Umwandlung i. S. des Umwandlungsgesetzes – auch unter Beachtung von § 122b UmwG – ist weiterhin erforderlich, was in der praktischen Umsetzung den Anwendungsbereich der Neuregelungen künftig einschränken könnte.

3.3 Gewerbesteuerliche Hinzurechnung bei Gewinnausschüttungen

§ 8 Nr. 5 Satz 2 GewStG stellt sicher, dass keine Hinzurechnung für gewerbesteuerliche Zwecke bei Gewinnausschüttungen i. S. des § 3 Nr. 41 Buchst. a EStG erfolgt. Somit soll eine Doppelbelastung durch die Hinzurechnungsbesteuerung und die gewerbesteuerliche Hinzurechnung der nachlaufenden Dividende vermieden werden.

Aufgrund des im ATAD-Umsetzungsgesetz v. 25.6.2021 (BGBl 2021 I S. 2035; siehe auch Kapitel Ausblick Tz. 3.6) nunmehr neu enthaltenen Konzepts des Kürzungsbetrags bei Gewinnausschüttungen gemäß § 11 AStG und der damit einhergehenden Abschaffung des § 3 Nr. 41 EStG wurde § 8 Nr. 5 Satz 2 GewStG ersatzlos gestrichen.

So stellt § 11 Abs. 5 AStG künftig sicher, dass Ausschüttungen oder Anteilsveräußerungen nicht erneut der Gewerbesteuer unterliegen, soweit sie bereits auf passiven Einkünften beruhen, die der Hinzurechnungsbesteuerung unterworfen sind.

Hinweis
Eine erstmalige Anwendung gilt für den Erhebungszeitraum 2022.

3.4 Umsetzung unionsrechtlicher Vorgaben im Umsatzsteuerrecht

Der Bundestag hat am 18.11.2021 das Gesetz zur Umsetzung unionsrechtlicher Vorgaben im Umsatzsteuerrecht verabschiedet. Damit soll zum einen für 2022 der **Durchschnittssatz für Pauschallandwirte** von bisher 10,7 % auf 9,5 % angepasst werden (§ 24 UStG). Die Höhe des Durchschnittssatzes soll zukünftig jährlich geprüft und bei Bedarf gesetzlich neu festgelegt werden (§ 24 Abs. 5 UStG). Zum anderen soll die EU-Richtlinie 2021/1159 v. 13.7.2021 umgesetzt werden, die eine Entlastung für bestimmte europäische Einrichtungen von der Umsatzsteuer als Reaktion auf die COVID-19-Pandemie vorsieht.

Zum Zeitpunkt des Redaktionsschlusses stand die erforderliche Zustimmung des Bundesrats noch aus. Diese ist für 17.12.2021 vorgesehen.

Hinweis
Bereits im Jahressteuergesetz 2020 wurde die Durchschnittssatzbesteuerung für Land- und Forstwirte ab 2022 an die **Umsatzgrenze von 600.000 EUR** gekoppelt (§ 24 Abs. 1 Satz 1 UStG).

3.5 Lohnsteuer

3.5.1 Erhöhung der Sachbezugsfreigrenze

Mit dem Jahressteuergesetz 2020 v. 21.12.2020 (BGBl 2020 I S. 3096) wurde die Freigrenze für Sachbezüge i.S. des § 8 Abs. 2 Satz 11 EStG von 44 EUR auf **50 EUR** angehoben.

Die Erhöhung tritt am 1.1.2022 in Kraft und ist erstmals für den VZ 2022 sowie beim Steuerabzug vom Arbeitslohn auf Vorteile, die in einem nach dem 31.12.2021 endenden Lohnzahlungszeitraum oder als sonstige Bezüge nach dem 31.12.2021 zugewendet werden, anzuwenden.

3.5.2 Bescheinigungsverfahren für steuerfreien Zuschuss und Lohnsteuerberechnung

Entsprechend den derzeit geltenden Regelungen (R 3.62 LStR) muss der Arbeitnehmer seinem Arbeitgeber die **Höhe der Beiträge zu einer privaten Krankenversicherung** und zu einer **privaten Pflege-Pflichtversicherung** für den steuerfreien Zuschuss nach § 3 Nr. 62 EStG und für die Lohnsteuerberechnung nach § 39b Abs. 2 Satz 5 Nr. 3 Buchst. d EStG mittels einer Beitragsbescheinigung des Versicherungsunternehmens nachweisen. Mit dem Jahressteuergesetz 2020 v. 21.12.2020 (BGBl 2020 I S. 3096) wurde ein umfassender Datenaustausch zwischen den Versicherungsunternehmen, der Finanzverwaltung und den Arbeitgebern eingeführt, mit dem alle Papierbescheinigungen vollständig (d.h. auch nicht als alternative Lösung) entbehrlich werden (§ 39 Abs. 4 Nr. 4 und Abs. 4a EStG). Die Änderung in § 39 Abs. 4 Nr. 4 und Abs. 4a EStG ist erstmals ab dem 1.1.2024 anzuwenden; sie kann im Rahmen eines Pilotprojekts mit Echtdaten bereits ab dem 1.1.2023 angewendet werden (§ 52 Abs. 36 Satz 3 EStG).

Hinweis

Durch das Abzugsteuerentlastungsmodernisierungsgesetz (AbzStEntModG) v. 2.6.2021 (BGBl 2021 I S. 1259) wird im Gleichlauf mit der Einführung des Datenaustauschs zwischen den privaten Krankenversicherern, der Finanzverwaltung und den Unternehmen ab dem 1.1.2024 nicht mehr pauschal der steuerfreie Zuschuss zu den Kranken- und Pflegeversicherungsbeiträgen des Arbeitnehmers mindernd berücksichtigt, sondern die unter Berücksichtigung der als **Lohnsteuerabzugsmerkmal** bereitgestellten Beiträge ermittelten und gezahlten Zuschüsse (§ 39b Abs. 2 Satz 5 Nr. 3 lit. d EStG).

3.6 ATAD-Umsetzungsgesetz und AStG-Reform

Mit dem ATAD-Umsetzungsgesetz (ATADUmsG) v. 25.6.2021 (BGBl 2021 I S. 2035) erfolgte nach etlichen Verzögerungen die nationale Umsetzung der europäischen **ATAD-Richtlinie**.

Im Rahmen der ATAD-Umsetzung, die insbesondere Maßnahmen gegen hybride Gestaltungen sowie zur Entstrickungs- und Wegzugsbesteuerung enthält, nimmt das ATADUmsG auch die seit längerem geforderte Reform der **Hinzurechnungsbesteuerung** in Angriff. Die immer wieder als deutlich zu hoch kritisierte Niedrigsteuergrenze von 25 % wird jedoch weiterhin beibehalten. Laut Gesetzesbegründung soll der auf OECD-Ebene geplanten Einführung einer globalen Mindestbesteuerung nicht durch unilaterale Regelungen vorgegriffen werden. Auch enthält das Gesetz keine Entlastungsmöglichkeit von der Gewerbesteuer, insbesondere im Wege der Anrechnung der ausländischen Steuer wie bei der Einkommen- und Körperschaftsteuer. Hinzu kommt u.a. eine in der ATAD nicht vorgesehene Verschärfung der Wegzugsbesteuerung ohne Stundungsmöglichkeit.

3.6.1 Steuerliche Behandlung umgekehrt hybrider Gestaltungen

§ 49 Abs. 1 Nr. 11 EStG setzt Art. 9a der ATAD-Richtlinie um. Im Gegensatz zu § 4k EStG (der rückwirkend seit dem 1.1.2020 anzuwenden ist, siehe auch Kapitel Rückblick Tz. 4.4) wird nicht der Betriebsausgabenabzug bei hybriden Gestaltungen versagt, sondern es werden bislang nicht besteuerte Einkünfte bei umgekehrt hybriden Gestaltungen der inländischen Besteuerung unterworfen.

Nach § 49 Abs. 1 Nr. 11 EStG sind inländische Einkünfte auch Einkünfte aus der Beteiligung an einer Personengesellschaft oder Gemeinschaft, die ihren Sitz oder ihre Geschäftsleitung im Inland hat oder in ein inländisches Register eingetragen ist (**Inlandsbezug**) und keiner Besteuerung unterliegen, weil die Gesellschaft im Inland als steuerlich transparent, dagegen in dem Staat, in dem der Beteiligte seinen Wohnsitz oder gewöhnlichen Aufenthalt hat, als steuerlich intransparent behandelt wird (sog. **umgekehrt hybrider Rechtsträger**).

Eine Voraussetzung ist, dass dem Beteiligten an der Gesellschaft allein oder zusammen mit ihm nahestehenden Personen i.S. des § 1 Abs. 2 AStG, die nicht unbeschränkt steuerpflichtig sind, **mehr als die Hälfte der Stimmrechte oder Anteile am Kapital** unmittelbar oder mittelbar zuzurechnen sind oder dem Beteiligten der Gesellschaft unmittelbar oder mittelbar ein Anspruch auf mehr als die Hälfte des Gewinns oder Liquidationserlöses der Gesellschaft zusteht.

Die Einkünfte werden u.a. von der Besteuerung gemäß § 49 Abs. 1 Nr. 11 EStG ausgenommen, wenn es sich zum einen bei der Personengesellschaft oder Gemeinschaft um einen **Altersvorsorgevermögensfonds** i.S. des § 53 des InvStG handelt.

Hinweis

Die Neuregelung des § 49 Abs. 1 Nr. 11 EStG ist erstmals auf Einkünfte anzuwenden, die nach dem 31.12.2021 zufließen (§ 52 Abs. 45a Satz 4 EStG).

3.6.2 Verschärfung der Wegzugsbesteuerung

Bei Wegzug einer im Inland unbeschränkt steuerpflichtigen natürlichen Person gilt gem. § 6 Abs. 1 Satz 1 AStG der Veräußerungsgewinn i.S. des § 17 Abs. 1 Satz 1 EStG auch ohne Veräußerung der Anteile als verwirklicht.

Die **Wegzugsbesteuerung** wird nunmehr ausweislich der Gesetzesbegründung an den Stand der neueren **EuGH-Rechtsprechung** angepasst. Es handelt sich aber bei Betrachtung der Regelungen im Detail um eine erhebliche Verschärfung der Wegzugsbesteuerung. Fraglich wird in Zukunft sein, ob die Regelungen mit dem Unionsrecht vereinbar sein werden (insbesondere im Hinblick auf die fehlende „echte" Stundungsmöglichkeit in EU-/EWR-Fällen). Die Regelungen im Einzelnen:

- Die Neuregelung sieht in § 6 Abs. 2 AStG vor, die Dauer der vorangegangenen unbeschränkten Steuerpflicht von zehn Jahren auf sieben Jahre zu verkürzen. Im Gegenzug wird der „**Betrachtungszeitraum**", in dem die siebenjährige unbeschränkte Steuerpflicht bestanden haben muss, auf lediglich 12 Jahre begrenzt.
- Hat der Steuerpflichtige die Absicht, nach Deutschland zurückzukehren, sieht § 6 Abs. 3 AStG bereits bisher bestimmte Erleichterungen für den Steuerpflichtigen vor (sog. **Rückkehroption**). Neben der grds. möglichen Stundung entfällt der Steueranspruch in Gänze, sofern der Steuerpflichtige innerhalb von fünf Jahren (mit Verlängerungsmöglichkeit auf zehn Jahre) nach Deutschland zurückkehrt. Gem. § 6 Abs. 3 Satz 1 und 3 AStG beträgt der Rückkehrzeitraum nunmehr grds. sieben Jahre. Eine Verlängerung um fünf Jahre ist auf Antrag weiterhin möglich. Verfahrensrechtlich sieht das Gesetz Erleichterungen für den rückkehrwilligen Steuerpflichtigen in Form einer Steuerstundung und auf Antrag ein Entfallen der Jahresraten vor (§ 6 Abs. 4 Sätze 7 und 8 AStG).
- Die grundlegendste Änderung ist der **vollständige Wegfall** der bisherigen zinslosen und zeitlich unbefristeten **Stundung des Steueranspruchs** bei Wegzug in einen EU-/EWR-Staat. Stattdessen sieht die Neuregelung in § 6 Abs. 4 AStG auf Antrag vor, den Steueranspruch in sieben gleichen Jahresraten zu entrichten. Die Jahresraten sind nicht zu verzinsen und in der Regel gegen Sicherheits-

leistung zu gewähren. Dies gilt auch für **Drittstaatenfälle**. Die bisherige Differenzierung zwischen Wegzügen in EU-/EWR-Staaten und Drittstaaten wird damit aufgegeben (sog. „One-fits-all-Lösung").

Die erstmalige Anwendung gilt ab dem Veranlagungszeitraum 2022 (§ 21 Abs. 1 AStG). Auf am 31.12.2021 noch laufende Stundungen i.S. des § 6 Abs. 4 und Abs. 5 AStG oder laufende Fristen i.S. des § 6 Abs. 3 AStG ist die geltende Fassung jedoch weiterhin anzuwenden (§ 21 Abs. 3 Satz 1 AStG).

Hinweis
Beim BFH ist ein Verfahren zur Frage der Anforderungen an die Wegzugsbesteuerung in Schweiz-Fällen nach der bisherigen Rechtslage anhängig (Az. I R 35/20).

3.6.3 Änderungen der Hinzurechnungsbesteuerung

Bei der deutschen Hinzurechnungsbesteuerung kommt es zwar nicht zu einer grundsätzlichen Systemänderung, jedoch wurden die §§ 7ff. AStG umfangreich überarbeitet und die Änderungen haben teilweise erhebliche Auswirkungen. Wesentliche Inhalte sind u.a.:

- Abkehr von der „Inländerbeherrschung" zu einer gesellschafterbezogenen Betrachtung („Konzernbeherrschung"; § 7 Abs. 1 AStG).
- Beibehaltung des Aktivkatalogs der Tätigkeiten, die der Hinzurechnungsbesteuerung nicht unterliegen (keine Übernahme des ATAD-Passivkatalogs); § 8 Abs. 1 AStG.
- Neufassung der Gegenbeweismöglichkeit (weiterhin grundsätzlich auf EU/EWR-Gesellschaften beschränkt); § 8 Abs. 2-4 AStG.
- Phasengleiche Vereinnahmung des Hinzurechnungsbetrags (statt Zufluss des Hinzurechnungsbetrags nach Ablauf des Wirtschaftsjahrs der Zwischengesellschaft); § 10 AStG. Dies kann insbesondere bei kalendarjahrgleichem Wirtschaftsjahr der Zwischengesellschaft für den VZ 2022 zu einer Erfassung von zwei Hinzurechnungsbeträgen führen.
- Reform des Entlastungssystems (§ 11 AStG) und Wegfall der bisherigen Befreiungsvorschrift in § 3 Nr. 41 EStG sowie entsprechende Anpassung der gewerbesteuerlichen Hinzurechnungsvorschrift in § 8 Nr. 5 GewStG.

Die §§ 7-13, 15-18 und 20 AStG (im Hinblick auf die Einkommen-, Körperschaft- und Gewerbesteuer) sind erstmals für den Veranlagungs- bzw. Erhebungszeitraum anzuwenden, für den Zwischeneinkünfte hinzuzurechnen sind, die in einem Wirtschaftsjahr der Zwischengesellschaft oder der Betriebsstätte entstanden sind, das nach dem 31.12.2021 beginnt (§ 21 Abs. 4 Satz 1 AStG).

3.7 Änderungen im Bereich der Verrechnungspreise

Mit dem Abzugsteuerentlastungsmodernisierungsgesetz (AbzStEntModG) vom 8.6.2021 (BGBl 2021 I S. 1259) wurde eine Reihe von weitreichenden Änderungen im Bereich der steuerlichen Regelungen für Verrechnungspreise umgesetzt.

So enthält § 1 Abs. 3 AStG erstmals eine **Legaldefinition des Fremdvergleichspreises.** Für die Fremdvergleichsprüfung ist künftig auf die Verhältnisse zum Zeitpunkt der Vereinbarung des Geschäftsvorfalls abzustellen. Grundsätzlich werden für die Beurteilung der Fremdüblichkeit zwei Ansätze unterschieden, zum einen der „price setting approach" (Festlegung des Verrechnungspreises zum Zeitpunkt des Vertragsabschlusses auf Basis von bis zu diesem Zeitpunkt verfügbaren Informationen) und zum andern der „outcome testing approach" (Informationen, die erst nach dem Zeitpunkt des Vertragsabschlusses und bis zu einem bestimmten Tag, z.B. Erstellung des handelsrechtlichen Jahresabschlusses, vorliegen). Für die Bestimmung des Fremdvergleichspreises kommt weiterhin der Funktions- und Risikoanalyse eine besondere Bedeutung zu.

Führt die Anwendung des Fremdvergleichsgrundsatzes zu mehreren Werten mit unterschiedlicher Vergleichbarkeit, ist nun gesetzlich in § 1 **Abs. 3a** AStG vorgeschrieben, dass die sich ergebende **Bandbreite** mittels einer Interquartilsmethode einzuengen ist, sodass nur Werte in der Bandbreite verbleiben, die für einen Vergleich am geeignetsten sind. Liegt der verwendete Wert jedoch außerhalb der (eingeengten) Bandbreite, ist der Median maßgeblich, wenn der Steuerpflichtige nicht glaubhaft macht, dass ein anderer Wert innerhalb des Einigungsbereichs dem Fremdvergleichsgrundsatz besser entspricht.

Die bisherige Vorschrift des § 1 Abs. 3 Satz 9 AStG zur **Funktionsverlagerung** findet sich grundsätzlich im neuen § 1 **Abs. 3b** AStG wieder, der erstmals das Transferpaket legal definiert. Wurde bislang darauf abgestellt, dass Wirtschaftsgüter **und** sonstige Vorteile verlagert werden, ist nach der Neuregelung nur noch erforderlich, dass Wirtschaftsgüter **oder** sonstige Vorteile verlagert werden. Eine Vergütung auf der Grundlage des Transferpakets richtet sich laut Gesetzesbegründung nach dem Übernehmer und damit danach, ob ein fremder Dritter bereit wäre, für das Transferpaket ein Entgelt zu entrichten.

Mit dem neuen § 1 **Abs. 3c** AStG wurde erstmalig eine **Definition immaterieller Werte** in das Gesetz aufgenommen und außerdem das in den OECD-Verrechnungspreisrichtlinien 2017 beschriebene DEMPE-Konzept in nationales Recht als Grundlage für die Ertragszuordnung bei immateriellen Wirtschaftsgütern verankert.

Darüber hinaus wurde mit dem neuen § 1a AStG die bislang bestehende Regelung zu **Preisanpassungsklauseln** bei wesentlichen immateriellen Werten oder Vorteilen angepasst. Künftig soll in Fällen der Übertragung eines wesentlichen immateriellen Werts der angemessene Anpassungsbetrag im 8. Jahr nach Geschäftsabschluss besteuert werden, wenn innerhalb von 7 Jahren nach Geschäftsabschluss die tatsächliche Gewinnentwicklung erheblich von der Gewinnerwartung abweicht und keine Preisanpassungsklausel vereinbart wurde, die unabhängige Dritte vereinbart hätten.

Die Änderungen des § 1 Abs. 3, 3a, 3b und 3c AStG und § 1a AStG sind erstmals für die Einkommen- und Körperschaftsteuer für den VZ 2022 anzuwenden.

Hinweis

Die geplanten § 1a Abs. 1 AStG-E „**Finanzierungsbeziehungen**" und § 1a Abs. 2 AStG-E „**Finanzierungsdienstleistungen**" wurden trotz mehrfacher Forderungen des Bundesrats weder in das AbzStEntModG noch in das ATADUmsG (dort zuletzt als § 1 Abs. 3d und Abs. 3e AStG-E im Gespräch) aufgenommen. Ebenfalls nicht aufgenommen wurde die anfänglich im ATADUmsG geplante Absenkung des **Schwellenwerts** von 100 Mio. EUR auf 50 Mio. EUR bei der Stammdokumentation (**Master File**, § 90 Abs. 3 AO-E).

4 Änderungen für Personengesellschaften

4.1 Optionsmodell zur Körperschaftsteuer (§ 1a KStG)

Mit der Einführung des sog. „Optionsmodells" nach § 1a KStG durch das Gesetz zur Modernisierung des Körperschaftsteuerrechts (KöMoG) v. 25.6.2021 (BGBl 2021 I S. 2050) wird Personenhandels- oder Partnerschaftsgesellschaften ein (ertragsteuerliches und verfahrensrechtliches) Wahlrecht eingeräumt, sich wie eine Kapitalgesellschaft und ihre Gesellschafter wie die nicht persönlich haftenden Gesellschafter einer Kapitalgesellschaft besteuern zu lassen. Die Ausübung des

Wahlrechts hat damit für die Personenhandels- oder Partnerschaftsgesellschaft eine vollständige Gleichstellung mit einer Kapitalgesellschaft für **ertragsteuerrechtliche Zwecke** zur Folge. Für diese Zwecke wird die optierende Gesellschaft in den Katalog der unbeschränkt körperschaftsteuerpflichtigen Körperschaften nach § 1 Abs. 1 KStG aufgenommen (§ 1 Abs. 1 Nr. 1 KStG).

Die Regelungen des § 1a KStG sind erstmals für den Veranlagungszeitraum 2021 mit der Maßgabe anzuwenden, dass der Antrag erstmals für nach dem 31.12.2021 beginnende Wirtschaftsjahre gestellt werden kann (§ 34a Abs. 1a KStG).

Hinweis

Auf die Erbschaftsteuer oder Grunderwerbsteuer schlägt die Option nach § 1a KStG damit grundsätzlich nicht durch, allerdings wird das GrEStG infolge der Einfügung des § 1a KStG in Bezug auf die Inanspruchnahme der Begünstigungsnormen nach §§ 5, 6 GrEStG angepasst, um eine Anwendung dieser Begünstigungen auf eine optierende Gesellschaft nur in sehr engen Grenzen zuzulassen. Die Gewerbesteuer wird über einen neuen § 2 Abs. 8 GewStG in das Optionsmodell einbezogen.

4.1.1 Antrag zur Optionsausübung

Gemäß § 1a Abs. 1 Satz 1 KStG ist zur Ausübung der Option ein unwiderruflicher Antrag zu stellen. Der Antrag ist von der Personenhandels- oder Partnerschaftsgesellschaft nach amtlich vorgeschriebenem Datensatz durch Datenfernübertragung grundsätzlich bei dem für die gesonderte und einheitliche Feststellung der Einkünfte nach § 180 AO zuständigen Finanzamt (in der Regel das örtlich zuständige Finanzamt) zu stellen (§ 1a Abs. 1 Satz 2 KStG).

Hinweis

Da sich die Antragstellung unmittelbar auf die Besteuerung aller Gesellschafter auswirkt, gilt § 217 Abs. 1 UmwG sinngemäß. Danach kann der Gesellschaftsvertrag zwar vorsehen, dass für die Antragstellung eine **Mehrheitsentscheidung** der Gesellschafter ausreicht. Diese Mehrheit muss dann jedoch

mindestens drei Viertel der abgegebenen Stimmen betragen. Sofern keine entsprechende Regelung im Gesellschaftsvertrag enthalten ist, müssen alle Gesellschafter zustimmen.

4.1.2 Zeitpunkt der Optionsausübung

Gemäß § 1a Abs. 1 Satz 2 KStG ist der Antrag spätestens **einen Monat vor Beginn des Wirtschaftsjahrs** zu stellen, ab dem die Besteuerung als Kapitalgesellschaft gelten soll. Eine rückwirkende Ausübung der Option ist nicht vorgesehen.

Für Optionsanträge 2022 ist der Stichtag damit der 30.11.2021.

4.1.3 Anwendungsbereich des Optionsmodells

Vom persönlichen Anwendungsbereich des § 1a KStG sind laut Gesetzesbegründung grundsätzlich alle Gesellschaften erfasst, die auch für einen tatsächlichen Formwechsel nach § 25 UmwStG in Frage kommen.

Hinweis

Auch für vermögensverwaltende Gesellschaften sollte die Option zur Körperschaftbesteuerung möglich sein, auch wenn diese mangels Erfüllung der Tatbestandsmerkmale der §§ 25, 20 Abs. 1 UmwStG nicht steuerneutral, sondern nur unter Realisation der stillen Reserven erfolgen kann.

Ausdrücklich ausgenommen sind Investmentfonds i. S. des Investmentsteuergesetzes, weil das Investmentsteuergesetz als spezielleres Gesetz der Regelung des § 1a KStG vorgeht.

Hinsichtlich des „sachlichen" Anwendungsbereichs gilt, dass auf die optierende Gesellschaft alle Regelungen des KStG, EStG, UmwStG, InvStG oder des AStG Anwendung finden, die auf Kapitalgesellschaften oder auf Körperschaften Bezug nehmen. Dagegen finden Regelungen, die nur für bestimmte, ausdrücklich bezeichnete Kapitalgesellschaften gelten, auf die optierende Gesellschaft keine Anwendung (z. B. § 9 Abs. 1 Nr. 1 KStG). Entsprechendes gilt, wenn einzelne Tatbestandsmerkmale nur von einer „echten" Kapitalgesellschaft erfüllt werden können. Bspw. sind Vorschriften, wie § 28 KStG, die sich auf das Nennkapital einer Kapitalgesellschaft beziehen, auf eine optierende Gesellschaft nicht anzuwenden, da Personengesellschaften nicht über Nennkapital im Sinne dieser Regelungen verfügen.

Hinweis
Im Übrigen wird einzelgesetzlich in den weiteren Steuergesetzen geregelt, wenn die Regelungen zur optierenden Gesellschaft aus systematischen Gründen nicht angewendet werden können oder mit welcher Maßgabe sie anzuwenden sind.

4.1.4 Übergang zur Körperschaftsbesteuerung

Gem. § 1a Abs. 2 Sätze 1 und 2 KStG gilt der Übergang zur Körperschaftsbesteuerung als Formwechsel i.S. des Umwandlungssteuergesetzes. Die §§ 1 und 25 UmwStG sind dabei entsprechend anwendbar. Somit sind auch ertragsteuerrechtliche Regelungen anwendbar, die bestimmte Rechtsfolgen im Fall eines Formwechsels vorsehen (z.B. § 20 Abs. 1 Nr. 10 Buchst. b Satz 2 EStG). Darüber hinaus muss – wie bei einer echten Umwandlung – ein nachversteuerungspflichtiger Betrag gem. § 34a EStG aufgedeckt werden.

Hinweis
Als Zeitpunkt des Formwechsels gilt das **Ende des Wirtschaftsjahres**, welches dem Wirtschaftsjahr der Optionsausübung unmittelbar vorangeht. Die Möglichkeit einer Umwandlung mit steuerlicher Rückwirkung ist nicht vorgesehen (§ 1a Abs. 2 Satz 3 2. Halbsatz KStG).

4.1.5 Rechtsfolgen der Option auf der Gesellschafterebene

Auf Gesellschafterebene werden die von der Gesellschaft gezahlten Vergütungen (Zinsen, Mieten etc.) als solche und nicht mehr als Sondervergütungen (Sonderbetriebseinnahmen) behandelt (§ 1a Abs. 3 Sätze 1 und 2 KStG). Die **Einnahmen der Gesellschafter** sind wie folgt zu qualifizieren:

- **Durch** das **Gesellschaftsverhältnis veranlasste** Einnahmen führen zu Einkünften i.S. des § 20 Abs. 1 Nr. 1 EStG (§ 1a Abs. 3 Satz 2 Nr. 1 KStG).

- Einnahmen, die von der Gesellschaft für **Tätigkeiten im Dienst der Gesellschaft** bezogen werden, stellen Einkünfte i.S. des § 19 EStG dar (§ 1a Abs. 3 Satz 2 Nr. 2 KStG).
- Einnahmen aus der **Hingabe von Darlehen** qualifizieren als Einkünfte i.S. des § 20 Abs. 1 Nr. 7 oder Abs. 2 Satz 1 Nr. 7 EStG (§ 1a Abs. 3 Satz 2 Nr. 3 KStG).
- Einnahmen aus der **Überlassung von Wirtschaftsgütern** (Mieten) zählen zu Einkünften i.S. des § 21 oder § 22 EStG (§ 1a Abs. 3 Satz 2 Nr. 4 KStG).

Hinweis

Diese Zuordnung gilt nur, soweit vergleichbare Leistungen einer „echten" Kapitalgesellschaft ebenso zu behandeln wären. In diesem Zusammenhang sind insbesondere die Grundsätze der Betriebsaufspaltung zu beachten. So stellen z.B. Vergütungen aus der Vermietung eines von der Betriebsgesellschaft genutzten Grundstücks Einkünfte aus Gewerbebetrieb der Besitzgesellschaft dar.

4.1.6 Rückoption zur Besteuerung nach Personengesellschaftsgrundsätzen

Eine sog. Rückoption sieht der neue § 1a Abs. 4 KStG vor. Danach kann die optierende Gesellschaft beantragen, künftig nicht mehr wie eine Kapitalgesellschaft sowie ihre Gesellschafter nicht mehr wie die nicht persönlich haftenden Gesellschafter einer Kapitalgesellschaft behandelt zu werden. Dabei ist der Antrag spätestens einen Monat vor Beginn des Wirtschaftsjahrs zu stellen, ab dem die Besteuerung wieder nach dem Transparenzprinzip erfolgen soll (§ 1a Abs. 4 Satz 1 ff. KStG). Die Rückoption gilt gem. § 1a Abs. 4 Satz 2 KStG wiederum wie die Option als Formwechsel gem. § 9 Sätze 1 und 2 UmwStG und kann ebenfalls nicht rückwirkend erfolgen.

Hinweis

Gem. § 1a Abs. 4 Satz 4 KStG treten die Folgen der Rückoption auch ohne Antragstellung ein, wenn die Voraussetzungen des § 1a Abs. 1 KStG nachträglich entfallen. Bspw. kann dies nach der Gesetzesbegründung dann der Fall sein, wenn aus der Personenhandelsgesellschaft eine GbR wird oder im Geschäftsleitungsstaat keine Körperschaftsteuerpflicht mehr besteht.

4.1.7 BMF-Schreiben zum Optionsmodell

Mit Anwendungsschreiben vom 10.11.2021 (IV C 2 – S 2707/21/10001 :004) äußert sich auch das BMF zur Option zur Körperschaftsbesteuerung.

Hinsichtlich des **persönlichen Anwendungsbereichs** äußert sich das BMF u.a. zu den Voraussetzungen, unter denen der Anwendungsbereich für ausländische Gesellschaften eröffnet ist.

Für die **Antragstellung** wird u.a. klargestellt, dass im Fall eines kalenderjahrgleichen Wirtschaftsjahres der Antrag spätestens am 30.11. des vorangehenden Jahres zu stellen ist, sofern sich nicht aus § 108 Abs. 3 AO etwas anderes ergibt. Außerdem sei eine Option zur Körperschaftsbesteuerung für das erste (Rumpf-) Wirtschaftsjahr einer (neu) gegründeten Gesellschaft ausgeschlossen.

In Bezug auf den Übergang zur Körperschaftsbesteuerung (**fiktiver Formwechsel** nach § 25 UmwStG) wird grundsätzlich geklärt, dass, wenn einzelne Gesellschafter nicht die persönlichen Anwendungsvoraussetzungen des § 1 Abs. 4 UmwStG erfüllen, die stillen Reserven im Betriebsvermögen der optierenden Personengesellschaft insoweit zwar zwingend aufzudecken sind, eine Option aber möglich sei. Gleiches gilt für vermögensverwaltende Personengesellschaften, die nur unter Aufdeckung der stillen Reserven optieren können, da sie keine Mitunternehmerschaften sind und § 20 UmwStG nicht zur Anwendung kommt. Zudem bestätigt das BMF, dass für eine steuerneutrale Option zu Buchwerten sämtliches funktional wesentliches Sonderbetriebsvermögen zwingend in zeitlichem und wirtschaftlichem Zusammenhang mit der Ausübung der Option, spätestens bis zum fiktiven Einbringungszeitpunkt, in die optierende Gesellschaft eingebracht werden muss.

Auch hinsichtlich der ertragsteuerlichen Behandlung der optierenden Gesellschaft und ihren Gesellschaftern werden einige Ausführungen getroffen, u.a. bestätigt, dass die Gesellschaft abkommensberechtigt nach DBA ist, allerdings sei sie keine Gesellschaft i.S. der Mutter-Tochter-Richtlinie.

Hinweis

Ist die optierende Gesellschaft Organträgerin, kann die Organschaft unverändert fortgeführt werden, eine Anerkennung der optierenden Gesellschaft als Organgesellschaft verneint das BMF. Dies scheitere an der Eintragungspflicht ins Handelsregister.

4.2 Gesetz zur Modernisierung des Personengesellschaftsrechts

Mit dem Gesetz zur Modernisierung des Personengesellschaftsrechts (MoPeG) v. 17.8.2021 (BGBl 2021 I S. 3436) wird die sich im Laufe der Zeit entwickelte **Rechtspraxis der Gesellschaft bürgerlichen Rechts** (GbR) gesetzlich konsolidiert und gleichzeitig das Recht der Personengesellschaften insbesondere durch die Neufassung und Ergänzung der §§ 705-740c BGB modernisiert. Das MoPeG tritt zum 1.1.2024 in Kraft.

Um dem Rechtsverkehr Gewissheit über Haftung und Vertretungsverhältnisse einer GbR zu verschaffen, wird ein Gesellschaftsregister eingeführt. Die **Registrierung** einer GbR im Gesellschaftsregister ist freiwillig. Neben der registrierten rechtsfähigen GbR wird es eine nicht rechtsfähige GbR und eine rechtsfähige, jedoch nicht registrierte GbR geben. Lediglich für die Eintragung der GbR als Berechtigte in Objektregistern, insbesondere im Grundbuch, wird das **Erfordernis einer Voreintragung** aufgestellt.

Hinweis

Die eingetragene GbR wird verschmelzungsfähiger Rechtsträger im Sinne des Umwandlungsgesetzes.

Die Rechtsformen der Personenhandelsgesellschaften können künftig grundsätzlich auch für die **gemeinsame Ausübung Freier Berufe** durch die Gesellschafter gewählt werden. Dadurch soll den Angehörigen der Freien Berufe ermöglicht werden, ihre Haftung auch für andere Verbindlichkeiten als aus Schäden wegen fehlerhafter Berufsausübung zu beschränken.

Hinweis

Eine wichtige Intention des MoPeG ist die **Aufgabe des Gesamthandsprinzips** bei Personengesellschaften. Im Hinblick auf die steuerlichen Auswirkungen der Reform enthält das Gesetz keine Änderungen der Steuergesetze, welche auf die Gesamthand der Personengesellschaft abstellen. Der Bericht des Rechtsausschusses bringt aber zum Ausdruck, dass nach Auffassung des Gesetzgebers die ertragsteuerlichen Grundsätze bei der Besteuerung von Personengesellschaften, insbesondere die transparente Besteuerung, vom MoPeG unberührt bleiben sollen. Zudem bestünden andere Strukturmerkmale, die Personengesellschaften von Kapitalgesellschaften unterscheiden, etwa die Selbstorganschaft, unverändert fort.

5 Stand der Doppelbesteuerungsabkommen

5.1 Umsetzung des Multilateralen Instruments (MLI)

Deutschland hat die innerstaatliche Umsetzung des mehrseitigen Übereinkommens zur Umsetzung steuerabkommensbezogener Maßnahmen (Multilaterales Instrument, „MLI") aus dem 2015 abgeschlossenen „BEPS-Projekt" der OECD immer noch nicht vollständig abgeschlossen. Damit entsprechen die von Deutschland im Rahmen des MLI für Änderungen vorgesehenen DBA weiterhin nicht den international verabredeten Vorgaben. Diese 14 DBA sind: Frankreich, Griechenland, Italien, Japan, Kroatien, Luxemburg, Malta, Österreich, Rumänien, Slowakei, Spanien, Tschechien, Türkei, Ungarn.

Andere Teile des deutschen Abkommensnetzwerks wurden dagegen bereits durch bilaterale DBA-Änderungen angepasst (s.a. Kapitel Ausblick Tz. 5.2). Deutschland wird das MLI innerstaatlich in zwei Stufen umsetzen. Erst anschließend kann Deutschland das MLI ratifizieren und die Änderungen sind unter Beachtung weiterer Fristen anwendbar.

Stufe 1 – Umsetzung des MLI

Nach der Veröffentlichung im Bundesgesetzblatt (BGBl 2020 II S. 946) am 27.11.2020 hat Deutschland mit der Hinterlegung der Ratifikationsurkunde bei der OECD am 18.12.2020 die erste Stufe des Umsetzungsprozesses abgeschlossen. Aufgrund eines von Deutschland nach Art. 35 Abs. 7 MLI eingelegten Vorbehalts bleibt die Anwendung des MLI aber blockiert, bis auch die nächste Stufe der innerstaatlichen Umsetzung vollzogen ist.

Stufe 2 – Änderung der DBA-Vertragstexte

In einem zweiten Schritt werden die Modifikationen, die sich aus dem Übereinkommen unter Berücksichtigung der Auswahlentscheidungen Deutschlands und des jeweils anderen Vertragsstaats für die erfassten Steuerabkommen ergeben, durch ein Anwendungsgesetz konkretisiert. Erst nach diesem zweiten Schritt kann das MLI auf einzelne DBA angewendet werden. Für die einzelnen erfassten Steuerabkommen können sich unterschiedliche Zeitpunkte für das Wirksamwerden der sich aus der Umsetzung des Übereinkommens ergebenden geänderten Anwendung ergeben. Auch der jeweils andere Staat muss aufgrund des von Deutschland nach Art. 35 Abs. 7 MLI eingelegten Vorbehalts den Abschluss der innerstaatlichen Umsetzung in Bezug auf das einzelne DBA mit Deutschland bei der OECD notifizieren (Art. 35 Abs. 7 c) MLI). Ausschlaggebend ist der Eingang der späteren der beiden Notifikationen.

5.2 Bilaterale Doppelbesteuerungsabkommen

Im Zuge der Ratifizierung des mehrseitigen Übereinkommens zur Umsetzung steuerabkommensbezogener Maßnahmen (**Multilaterales Instrument**, „MLI") hat sich Deutschland dazu entschieden, einige seiner Doppelbesteuerungsabkommen (DBA) statt über das MLI in bilateralen Verhandlungen anzupassen. In diesen Fällen ist, nachdem beide Vertragsstaaten das Änderungsprotokoll unterzeichnet haben, für die Umsetzung in Deutschland jeweils ein nationales Gesetzgebungsverfahren erforderlich.

Das Änderungsprotokoll zum **DBA mit Estland** aus dem Jahr 1996 wird bereits ab dem 1.1.2022 Wirkung entfalten. Laut Bekanntmachung im Bundesgesetzblatt wurden nach der Ratifikation durch Deutschland (BGBl 2021 II S. 562) auch die Ratifikationsurkunden mit Estland ausgetauscht (BGBl 2021 II S. 923). Damit ist das Änderungsprotokoll nun auch zwischenstaatlich rechtlich bindend. Enthalten sind insbesondere Änderungen zur Umsetzung der Standards aus dem MLI:

- Artikel 6 MLI (Zweck eines unter das Übereinkommen fallenden Steuerabkommens),
- Artikel 7 MLI (Verhinderung von Abkommensmissbrauch),
- Artikel 8 MLI (Transaktionen zur Übertragung von Dividenden),
- Artikel 9 MLI (Gewinne aus der Veräußerung von Anteilen oder Rechten an Rechtsträgern, deren Wert hauptsächlich auf unbeweglichem Vermögen beruht) und
- Artikel 17 MLI (Gegenberechtigung).

Das Änderungsprotokoll zur Änderung des Doppelbesteuerungsabkommens zwischen Deutschland und dem **Vereinigten Königreich** aus dem Jahr 2014 wurde durch die Ratifikation und Veröffentlichung im Bundesgesetzblatt (BGBl 2021 II S. 666) am 2.6.2021 in nationales (deutsches) Recht überführt. Im Vordergrund des Änderungsprotokolls stehen mit der Implementation von

- Artikel 6 MLI (Zweck eines unter das Übereinkommen fallenden Steuerabkommens),
- Artikel 7 MLI (Verhinderung von Abkommensmissbrauch) und
- Artikel 13 MLI (Künstliche Umgehung des Betriebsstättenstatus)

insbesondere Änderungen im Sinne der BEPS-Mindeststandards im Vordergrund. Das Inkrafttreten bedarf jedoch noch dem Austausch der Ratifikationsurkunden. Anschließend wird das Änderungsprotokoll ab dem 1.1. des Kalenderjahres anzuwenden sein, das dem Jahr folgt, in dem das Abkommen in Kraft getreten ist.

Hinweis

Zusätzlich zum Änderungsprotokoll haben die britischen und deutschen Behörden eine **gemeinsame Erklärung** veröffentlicht. Darin bekräftigen beide Staaten ihre Bereitschaft, vor dem Hintergrund des vollzogenen Austritts des Vereinigten Königreiches aus der EU, bis Ende des Jahres 2021 weitere Änderungen des Abkommens aufzunehmen. Zum Zeitpunkt des Redaktionsschlusses (29.11.2021) lag ein derartiges Änderungsprotokoll noch nicht vor.

Weiterhin wurden bereits im Bundesgesetzblatt die Änderungsabkommen zu den DBA mit **Dänemark** (BGBl II S. 483), **Liechtenstein** (BGBl II S. 566), **Irland** (BGBl II S. 947), **Zypern** (BGBl II S. 731) und den **Niederlanden** (BGBl II S. 735) veröffentlicht. Am 8.10.2021 haben zudem Deutschland und **Mexiko** ein Änderungsprotokoll unterzeichnet. Mit den Änderungsprotokollen werden in nahezu allen Fällen die Artikel 6 MLI (Zweck eines unter das Übereinkommen fallenden Steuerabkommens) zur Änderung der Präambel und Artikel 7 MLI (Verhinderung von Abkommensmissbrauch) zur Einführung eines Principal-Purpose-Tests implementiert. Einige Änderungsprotokolle enthalten zudem die Regelungen der Artikel 13 MLI (Umgehung des Betriebsstättenstatus) und Artikel 16 MLI (Verständigungsverfahren).

Hinweis

Für alle DBA-Änderungsprotokolle gilt, dass nach Abschluss des Gesetzgebungsverfahrens die **Ratifikationsurkunden** mit dem jeweils anderen Staat ausgetauscht werden müssen. Erst dann können die geänderten DBA in Kraft treten (wobei im Einzelfall weitere Fristen zu beachten sind) und sind jeweils ab dem auf das Inkrafttreten folgenden Jahr anwendbar. Zum Zeitpunkt des Redaktionsschlusses (30.11.2021) liegt eine Bekanntmachung über den Austausch der Ratifikationsurkunden für die o.g. DBA noch nicht vor. Es ist daher davon auszugehen, dass die Änderungsprotokolle nicht vor dem Jahr 2023 Wirkung entfalten werden.

Darüber hinaus hat Deutschland das bisherige DBA vom 1.7.2010 zwischen Deutschland und den **Vereinigten Arabischen Emiraten** auslaufen lassen. Das DBA trat entsprechend seinem Art. 30 Abs. 1 Satz 1 i.V.m. Art. 29 Abs. 2 1. HS am 31.12.2021 außer Kraft. Die Regelung sah vor, dass beide Vertragsstaaten einer Verlängerung zustimmen und sich gegenseitig schriftlich auf diplomatischem Weg bis zum 30.6.2021 unterrichten mussten, dass die innerstaatlichen Erfordernisse für eine Verlängerung um weitere zehn Jahre erfüllt sind. Laut einer Mitteilung auf der Homepage des BMF wurden am 14.6.2021 die Vereinigten Arabischen Emirate auf diplomatischem Weg darüber informiert, dass eine solche Verlängerung von deutscher Seite nicht beabsichtigt ist. Wann ein neues DBA zwischen beiden Staaten in Kraft tritt, ist derzeit nicht absehbar.

6 Steueroasen-Abwehrgesetz

Das Gesetz zur Abwehr von Steuervermeidung und unfairem Steuerwettbewerb und zur Änderung weiterer Gesetze v. 25.6.2021 (BGBl 2021 I S. 2056) sieht insbesondere die Schaffung eines sog. Steueroasen-Abwehrgesetzes (StAbwG) vor. Mit diesem sollen Geschäftsvorgänge von Unternehmern und Privatpersonen mit nicht kooperativen Steuerhoheitsgebieten eingedämmt werden.

Das StAbwG löst die **Steuerhinterziehungsbekämpfungsverordnung** v. 18.9.2009 (BGBl 2009 I S. 3046) ab, die neben den Verordnungsermächtigungen in § 51 Abs. 1 Nr. 1 lit. f EStG und § 33 Abs. 1 Nr. 2 lit. e KStG aufgehoben wird. Die bestehenden Regelungen waren bisher nicht von Bedeutung, da ein BMF-Schreiben vom 5.1.2010 (BStBl 2010 I S. 19) festlegte, dass kein Staat oder Gebiet die Voraussetzungen für Maßnahmen nach der Steuerhinterziehungsbekämpfungsverordnung erfüllt. Dementsprechend mussten bisher auch die mit diesen in Zusammenhang stehenden erweiterten Mitwirkungs- und Dokumentationspflichten nicht angewendet werden.

Dies ändert sich nun – aufbauend auf den Schlussfolgerungen des EU-Rates zur Liste nicht kooperativer Länder und Gebiete für Steuerzwecke (sog. **EU-Blacklist**) sowie den seitdem in diesem Zusammenhang durch die Gruppe Verhaltenskodex (Unternehmensbesteuerung) verhandelten Abwehrmaßnahmen – durch das StAbwG für nicht kooperative EU-Blacklist-Staaten. Ähnlich wie die Steuerhinterziehungsbekämpfungsverordnung versagt das StAbwG bei Geschäftsbeziehungen oder Beteiligungen mit Bezug zu nicht kooperativen Steuerhoheitsgebieten u. U. den Abzug von Betriebsausgaben oder Werbungskosten, die Anwendung der Abgeltungsteuer, das Schachtelprivileg nach § 8b KStG und das Teileinkünfteverfahren. Hinzu kommen gesteigerte Mitwirkungs- und Dokumentationspflichten für die Steuerpflichtigen. Außerdem wird § 90 Abs. 2 Satz 3 AO aufgehoben und durch § 12 Abs. 3 StAbwG ersetzt (eidesstattliche Versicherung durch den Steuerpflichtigen in Bezug auf die Richtigkeit und Vollständigkeit der Angaben). Über die bisher in der Verordnung angelegten Regelungen hinaus werden für Geschäftsvorgänge mit nicht kooperativen Steuerhoheitsgebieten eine verschärfte Hinzurechnungsbesteuerung eingeführt, der Katalog des § 49 EStG (beschränkte Steuerpflicht) erweitert und Quellensteuern erhoben.

Nicht kooperative Steuerhoheitsgebiete i. S. des StAbwG werden mit **gesonderter Rechtsverordnung** bekannt gegeben. Der Ende Oktober 2021 veröffentlichte Entwurf einer Steueroasenabwehrverordnung (StAbwV) orientiert sich strikt an den in der EU-Blacklist als Steueroase qualifizierten neun Ländern (s. a. Kapitel Ausblick Tz. 9.2).

Hinweis
Die Gegenmaßnahmen und Mitwirkungspflichten sind grundsätzlich ab dem 1.1.2022 anzuwenden, vorausgesetzt, die StAbwV tritt noch bis Jahresende 2021 in Kraft. Allerdings bestehen unterschiedliche Anwendungszeitpunkte einzelner Normen in Abhängigkeit von der erstmaligen Listung in der Rechtsverordnung über nicht-kooperative Staaten (§ 3 StAbwG).

7 Transparenzregister- und Finanzinformationsgesetz

Das Transparenzregister- und Finanzinformationsgesetz (TraFinG) ist nach Veröffentlichung im Bundesgesetzblatt (BGBl 2021 I S. 2083) am 1.8.2021 in Kraft getreten, wobei rechtsformspezifische Übergangsregelungen vorgesehen sind. Nach dem TraFinG sind nun grundsätzlich alle Unternehmen verpflichtet, ihre sog. „**wirtschaftlich Berechtigten**" an das Transparenzregister mitzuteilen. Gesetzestechnisch erfolgt dies durch Abschaffung der sog. „**Mitteilungsfiktion**" des § 20 Abs. 2 GwG, auf deren Grundlage bisher zahlreiche Rechtseinheiten von der Mitteilungspflicht befreit waren (z.B. bei nur fiktiven wirtschaftlich Berechtigten in Person der Geschäftsführer oder bei tatsächlichen wirtschaftlich Berechtigten, die aus den Gesellschafterlisten im Handelsregister ersichtlich waren). Die neuen Mitteilungspflichten gelten z.B. auch für börsennotierte Unternehmen.

Hinweis

Eine **Ausnahme** besteht nur für eingetragene Vereine. Für diese sieht das Gesetz eine automatische Eintragung durch das Transparenzregister selbst vor, erstmalig zum 1.1.2023.

Für die erforderlichen Mitteilungen sind ansonsten je nach Gesellschaftsform unterschiedliche Fristen vorgesehen sind:

- AG, SE, KGaA: bis 31.3.2022
- GmbH, (Europäische) Genossenschaften, Partnerschaften: bis 30.6.2022
- alle anderen juristischen Personen des Privatrechts und eingetragene Personengesellschaften: bis 31.12.2022

Hinweis

Für **Verstöße** gegen die neuen Mitteilungsfristen kommen **Bußgeld**regelungen zur Anwendung, allerdings erst ein Jahr nach Ablauf der o.g. Mitteilungsfristen und damit erst im Jahr 2023.

8 OECD-Pläne zur Besteuerung der digitalisierten Wirtschaft

Im Oktober 2021 einigten sich 136 der 140 Staaten der OECD/G20 BEPS 2.0 Initiative – darunter alle G20- und EU-Staaten – auf eine Neuzuordnung von

Besteuerungsrechten auf die Marktstaaten und die Einführung einer globalen effektiven Mindestbesteuerung.

Die **Neuverteilung der Besteuerungsrechte**, die sog. Säule 1 dieser Einigung, bezieht sich als Anwendungsbereich auf multinationale Unternehmen mit weltweiten Umsätzen von über 20 Mrd. EUR und einer Profitabilität von über 10 %, wobei eine Reduzierung der Schwelle auf 10 Mrd. EUR im Laufe der Zeit geplant ist. 25 % des eine 10 % Profitabilität übersteigenden Residualgewinns sollen an die Marktstaaten verteilt werden. Zusätzlich ist die Einführung eines allgemeinen und verpflichtenden Streitvermeidungs- und Streitbeilegungsmechanismus mit Bindungswirkung für Amount A geplant, ein Wahlrecht für Entwicklungsländer ist dabei vorgesehen. Die Maßnahmen sollen in einem multilateralen Übereinkommen umgesetzt werden. Eine Ratifizierung ist für 2022 geplant, die Anwendung folgt voraussichtlich 2023.

Kern der Säule 2 sind die sog. „Global Anti-Base-Erosion Rules" („GloBE"), die ein **globales Mindestbesteuerungsniveau sicherstellen** sollen. Die GloBE Regeln setzen sich aus einer vorrangig anzuwendenden „Income Inclusion Rule" und einer nachgelagert anzuwendenden „Undertaxed Payment Rule" zusammen. Der effektive **Mindeststeuersatz** wird bei exakt 15 % festgelegt. Unter die Regelungen fallen multinationale Konzerne mit einem globalen Umsatz von mind. 750 Mio. EUR. Neben den GloBE-Regeln soll eine „Subject to Tax"-Regel die Erhebung von Quellensteuern ermöglichen, wenn die Zahlung beim Empfänger unter einem Mindeststeuersatz von 9 % besteuert wird. Die Modellregelungen zur gesetzlichen Umsetzung von Säule 2 sollen bis Ende November 2021 und ein multilaterales Instrument bis Mitte 2022 erarbeitet werden. Auch die Regelungen der Säule 2 sollen ab 2023 bzw. 2024 anzuwenden sein.

Hinweis

Das OECD-Statement zur Zwei-Säulen-Lösung enthält auch eine Festlegung zur Abschaffung bzw. Abstandnahme von Neueinführungen sog. „Digital Services Taxes" und ähnlicher Maßnahmen. In einer am 21.10.2021 veröffentlichten gemeinsamen Erklärung haben sich einige europäische Staaten mit den USA auf einen Kompromiss geeinigt, wie bis zum Inkrafttreten der Säule 1 mit den existierenden Digitalsteuern umzugehen ist. Danach wird es einen Gleichlauf der Abschaffung mit der Einführung von Säule 1 geben. Gleichzeitig verpflichten sich aber die Staaten Frankreich, Italien, Spanien,

Österreich und Großbritannien, die bis zur Einführung von Säule 1 eingenommene Digitalsteuer auf die unter Säule 1 erhobene Körperschaftsteuer anzurechnen. Die USA verzichten im Gegenzug auf alle Handelssanktionen in diesem Zusammenhang gegen die genannten Staaten. Die Entwicklungen bei der auf EU-Ebene geplanten „Digital Levy“ bleiben abzuwarten.

9 Steuerpolitik der Europäischen Union

9.1 Das „Fit for 55"-Programm der Europäischen Kommission

Am 14.7.2021 hat die europäische Kommission ein umfangreiches Gesetzgebungspaket – betitelt „Fit for 55“ – vorgelegt. Ziel des Maßnahmenpakets ist eine Senkung der Nettotreibhausgasemissionen innerhalb der europäischen Union um mindestens 55 % gegenüber dem Stand von 1990 bis 2030. Die acht bereits vorhandenen Verordnungsvorschläge und die fünf neuen Richtlinienvorschläge beinhalten Preissetzungs-, Zielsetzungs- und Unterstützungsmaßnahmen für verschiedene Branchen und Sektoren.

Hinweis

Das zentrale Instrument der EU-Kommission bleibt weiterhin das Emissionshandelssystem (EHS). Die Zertifikate sollen hierbei verknappt und der Emissionshandel auf weitere Sektoren ausgeweitet werden.

9.1.1 Neufassung der EU-Energiesteuerrichtlinie

Die EU-Energiesteuerrichtlinie (2003/96/EG) legt die Rahmenbedingungen zur Besteuerung von Energieerzeugnissen und elektrischem Strom für die Mitgliedstaaten fest. Grundlegende Änderungen im Rahmen von „Fit for 55“ sollen dabei in der Besteuerungssystematik und im Bereich der Steuerbegünstigungen kommen. Demnach soll ein Energieerzeugnis nun durch den Nettoheizwert („net calorific value“) und der dadurch entstehenden Umweltleistung besteuert werden. Zusätzlich sollen sämtliche Energieerzeugnisse grundsätzlich zum Mindeststeuersatz besteuert werden. Umweltschädliche Kraftstoffe sollen zukünftig zudem am höchsten besteuert werden, während klimaneutrale Kraft- und Heizstoffe vergleichsweise niedrig besteuert werden. Auch in der Luftfahrt als Kraftstoff verwendete Energieerzeugnisse werden in Zukunft besteuert. Diese Regelung gilt verpflichtend für Personenflüge innerhalb der Europäischen Union, die Ausweitung auf Flüge mit Drittlandsbezug liegt im Ermessen der Mitgliedsstaaten. Die Mindeststeuersätze für Kerosin sollen schrittweise über einen Zehn-Jahres-Zeitraum bis zum finalen Mindestsatz steigen. In Deutschland dürften zudem zukünftig höhere Steuern für den Einsatz von Strom und Energieerzeugnissen zu mineralogischen Prozessen anfallen (welche aktuell vollständig von der Steuer befreit sind), da diese nun in den Anwendungsbereich der Richtlinie fallen.

Hinweis
Die Richtlinie soll ab 2023 in die Praxis umgesetzt werden, die konkrete Umsetzung auf nationaler Ebene ist aber noch nicht absehbar.

9.1.2 Reform des Emissionshandelsystems

Eine Verknappung der ausgegebenen Zertifikate, die Berücksichtigung neuer Sektoren und die Aufhebung einzelner Sonderregelungen sollen das Emissionshandelssystem (EHS) reformieren. Konkret wird es eine einmalige Entfernung von 117 Mio. Zertifikaten geben und die Reduktion soll jedes Jahr 4,2 % anstatt der bisherigen 2,2 % betragen.

Bis 2026 sollen Schiffs-Reedereien 100 % der Zertifikate für die durch sie verursachten Emissionen vorhalten, außer bei Routen, die nur einen Hafen innerhalb der Europäischen Union betreffen. Hier müssen Schiffe mit einer Bruttoregistertonnage von mehr als 5.000 Zertifikate für 50 % der Emissionen nachweisen.

Ein eigenständiges Emissionshandelsystem soll sowohl für den Straßenverkehr als auch den Gebäudesektor bis 2026 etabliert werden. Daraus ergeben sich allerdings bereits Berichterstattungspflichten für die Jahre 2024 und 2025, in denen Anbieter die von ihnen in Verkehr gebrachten CO2-Äquivalenzen melden müssen.

Hinweis
Eine ebenfalls einzuführende Marktstabilitätsreserve (MSR) soll sicherstellen, dass die Kommission bis zu 50 Mio. zusätzliche Zertifikate freigeben kann, wenn der durchschnittliche Preis bei drei aufeinanderfolgenden Versteigerun-

gen mehr als doppelt so hoch ist wie der durchschnittliche Preis der vorherigen sechs Monate. Weitere 100 Mio. Zertifikate können freigegeben werden, wenn sich der Preis verdreifacht.

9.1.3 CO2-Grenzausgleichssystem (CBAM)

Das Outsourcing von energieintensiven Herstellungsprozessen und dem anschließenden Import dieser Produkte in die Europäische Union soll durch einen Grenzausgleich vermieden werden (sog. Carbon Border Adjustment Mechanism (CBAM)). Dieser soll für ausgewählte Waren in den Bereichen Zement, Elektrizität, Düngemittel, Eisen, Stahl und Aluminium gelten. Diese Regelung gilt, sobald die Produkte in das Zollgebiet der Union gelangen und zollrechtlich zur Einfuhr abgefertigt werden. Der Grenzausgleich soll an das bereits bestehende System für Treibhausgasemissionszertifikate (Richtlinie 2003/87/EG) angelehnt sein, aber gleichzeitig selbstständig organisiert werden. Die Ausdehnung auf weitere Waren wird noch geprüft.

Hinweis

Für das Jahr **2023** sind bereits die **ersten Meldepflichten** geplant.

In dieser Grenzausgleichserklärung müssen die Anzahl importierter Waren, die darin direkt enthaltenen CO2-Emissionen und die im Ursprungsland gezahlten CO2-Preise angegeben werden. Derzeit wird noch geprüft, ob indirekte Emissionen in die Berechnung einbezogen werden sollen.

9.2 Öffentliches Country-by-Country Reporting (pCbCR)

Am 28.9.2021 haben die EU-Mitgliedstaaten im Europäischen Rat die Richtlinie über die **öffentliche länderbezogene Berichterstattung** (öffentliches Country-by-Country Reporting) formal angenommen, die parlamentarische Zustimmung erfolgte am 11.11.2021. Die Richtlinie tritt 20 Tage nach Veröffentlichung im EU Amtsblatt in Kraft. Die Mitgliedstaaten haben dann 18 Monate Zeit, die Richtlinie in nationales Recht umzusetzen. Nach dem Wortlaut der Richtlinie muss die erste Berichterstattung für Steuerjahre erfolgen, die ab zwei Jahren und sechs Monaten nach Inkrafttreten der Richtlinie beginnen.

Im Kern soll mit dem aktuellen Vorschlag die Bilanzrichtlinie (2013/34/EU) um das öffentliche CbCR ergänzt werden und Unternehmen mit EU-Nexus (insbesondere Sitz einer Gesellschaft oder einer Zweigniederlassung in einem EU-Mitgliedstaat), die in zwei aufeinanderfolgenden Wirtschaftsjahren jeweils einen konsolidierten Konzernumsatz von mehr als 750 Mio. EUR ausweisen, zur Veröffentlichung eines länderbezogenen Berichts über **ertragsteuerliche Informationen** verpflichtet werden. Die Offenlegungspflicht umfasst gemäß dem Entwurf die folgenden Informationen:

- Name des Unternehmens
- Kurzbeschreibung der Tätigkeiten
- Anzahl der Beschäftigten
- Nettoumsatzerlöse
- Gewinn oder Verlust vor Steuern
- Länderbezogene geschuldete Ertragsteuern aufgrund des Gewinns im laufenden Jahr
- Länderbezogene Steuerzahlungen in Bezug zum laufenden Jahr
- Betrag der einbehaltenen Gewinne

Laut Richtlinienentwurf sind die Details über die wirtschaftlichen Aktivitäten nicht nur in EU-Mitgliedstaaten, sondern auch über Drittstaaten zu veröffentlichen. Dies soll allerdings nur für Drittstaaten gelten, die im Annex I der Liste nicht-kooperativer Jurisdiktionen (sog. „**EU-Blacklist**“) verzeichnet sind oder zwei Jahre in Folge auf im Annex II der Liste nicht-kooperativer Jurisdiktionen (sog. „**EU-Greylist**“) der Europäischen Union stehen. Weiter konnten sich die Unterhändler auf eine fünfjährige Schutzklausel für geschäftlich sensible Informationen einigen. Sie sieht vor, dass die Veröffentlichung solcher Informationen bis zu fünf Jahre verzögert werden kann.

Hinweis

Am 5.10.2021 haben die Finanzminister der EU-Mitgliedstaaten im Rat der EU (ECOFIN) beschlossen, Anguilla, die Seychellen und Dominica vom Annex I der Liste nicht-kooperativer Jurisdiktionen („EU-Blacklist“) zu entfernen. Damit verbleiben nach der zweiten regulären Überarbeitung der Liste im Jahr 2021 neun Länder auf der EU-Blacklist: Amerikanisch-Samoa, Fiji, Guam,

Palau, Panama, Samoa, Trinidad und Tobago, Amerikanische Jungferninseln und Vanuatu. Die nächste Aktualisierung der „Blacklist“ ist für Februar 2022 vorgesehen.

9.3 Erneute Überarbeitung der Amtshilferichtlinie (DAC 7)

Am 22.3.2021 haben die EU-Mitgliedstaaten im Europäischen Rat dem Kommissionsvorschlag für eine erneute Überarbeitung der Richtlinie über die Zusammenarbeit der Verwaltungsbehörden im Bereich der Besteuerung (2011/16/EU) („Amtshilferichtlinie“), der sog. **„Directive on Administrative Cooperation – DAC 7“**, zugestimmt. Ziel der DAC 7 ist es, die in der EU geltenden steuerlichen Transparenzvorschriften auf Betreiber digitaler Plattformen auszuweiten. Zentrale Aspekte der DAC 7 sind u. a. die Einführung von **Meldepflichten für Online-Plattformen** und ein entsprechender Rahmen für den Informationsaustausch (EoI). Zudem werden die geltenden Amtshilfevorschriften ausgeweitet und Vorgaben zum Informationsaustausch für Lizenzgebühren und der Erleichterung gemeinsamer Audits eingeführt. Ein rechtlicher Rahmen für die sog. **„Joint Audits“** soll spätestens bis 2024 in Kraft treten.

Die Vorschriften der DAC 7 sind von den Mitgliedstaaten bis zum 31.1.2022 in nationales Recht umzusetzen und sollen spätestens zum 1.1.2023 in Kraft treten. Meldepflichtige Plattformbetreiber müssen alle Informationen bis zum 31.1. des Folgejahres abgegeben haben. Plattformbetreiber, welche nicht in der EU ansässig sind, sind davon befreit, solange ihr Hauptsitz in einem Drittstaat ist, mit dem bereits ein relevanter Informationsaustausch durch andere Abkommen festgelegt ist.

Hinweis

In der Zwischenzeit hat die Kommission bereits mit der Arbeit an der nächsten Aktualisierung der Amtshilferichtlinie („**DAC 8**“) begonnen, die den Austausch steuerlich relevanter Daten für neue alternative Zahlungs- und Anlagemittel wie **Krypto-Assets** und E-Geld betrifft. Die Kommission hatte angekündigt, einen Vorschlag bis Herbst 2021 vorzulegen. Zum Zeitpunkt des Redaktionsschlusses (29.11.2021) lag ein entsprechender Entwurf noch nicht vor.

10 Ausblick auf die Steuerpolitik der 20. Legislaturperiode

Der am 24.11.2021 vorgestellte Koalitionsvertrags zwischen den Parteien SPD, Bündnis 90/Die Grünen und FDP sieht keine Vermögensteuer oder breite Steuererhöhungen bei Erbschaft-, Körperschaft-, Einkommen- oder Umsatzsteuer vor. Ein steuerpolitischer Schwerpunkt soll die **Digitalisierung des Besteuerungsverfahrens** werden, u. a. durch die vorausgefüllte Steuererklärung (Easy Tax), Verbesserung von Schnittstellen, die Modernisierung und Beschleunigung der Betriebsprüfung und eine Überprüfung der digitalen Umsetzbarkeit steuerlicher Regelungen. Darüber hinaus kündigt die Ampel u. a. folgende Punkte an:

Für Privatpersonen:

- Vorziehen des Vollabzugs von Rentenversicherungsbeiträgen als Sonderausgaben bereits ab 2023, Vollbesteuerung von Renten erst ab 2060.
- Überarbeitung der Dienstwagenbesteuerung, u. a. stärkere Ausrichtung der Besserstellung für Plug-In-Hybridfahrzeuge auf die rein elektrische Fahrleistung.
- Verlängerung der Homeoffice-Pauschale bis zum 31.12.2022.
- Anhebung des Sparerpauschbetrags auf 1.000 (bzw. 2.000 EUR bei Zusammenveranlagung).
- Erhöhung des Ausbildungsfreibetrags von 924 auf 1.200 EUR.
- Grunderwerbsteuer: Länder sollen den Erwerb selbst genutzten Wohneigentums erleichtern können (ggf. Freibeträge).

Für Unternehmen:

- Superabschreibung/Investitionsprämie für Klimaschutz und digitale Wirtschaftsgüter in den Jahren 2022 und 2023.
- Verlängerung der erweiterten Verlustverrechnung bis Ende 2023, Ausweitung des „Verlustvortrags“ auf die unmittelbar vorangegangenen zwei Veranlagungszeiträume.
- Evaluierung und ggf. Anpassung der Thesaurierungsbesteuerung (§ 34a EStG) und des Optionsmodells (§ 1a KStG).
- Meldepflicht für rein nationale Steuergestaltungen für Unternehmen mit einem Umsatz von mehr als 10 Mio. EUR.

- Anhebung der linearen Abschreibung für den Neubau von Wohnungen von zwei auf drei Prozent.
- Ausweitung der Quellenbesteuerung insbesondere durch Anpassung von DBA sowie Ergänzung der Zinsschranke durch eine nicht näher bezeichnete „Zinshöhenschranke".
- Erstmalige Einführung eines sog. e-Invoicing: elektronisches Meldesystem für die Erstellung, Prüfung und Weiterleitung von Rechnungen zur Bekämpfung von Umsatzsteuerbetrug.
- Einführung einer „Plastiksteuer" für Hersteller und Inverkehrbringer von Plastik.
- Steuerrechtliche Erleichterungen für Sachspenden an gemeinnützige Organisationen sowie für Lebensmittelspenden.
- Grunderwerbsteuer: Erneute Reform bzgl. Share Deals.

Stichwortverzeichnis